Study on Hot Issues in Labor
Market under the New Economic Normal

经济新常态下
劳动力市场热点问题研究

王阳 等 ◎ 著

经济管理出版社

图书在版编目（CIP）数据

经济新常态下劳动力市场热点问题研究/王阳等著.—北京：经济管理出版社，2019.3
ISBN 978-7-5096-6473-5

Ⅰ.①经… Ⅱ.①王… Ⅲ.①劳动力市场—研究—中国 Ⅳ.①F249.212

中国版本图书馆 CIP 数据核字（2019）第 054415 号

组稿编辑：申桂萍
责任编辑：申桂萍　杜羽茜
责任印制：黄章平
责任校对：王淑卿

出版发行：经济管理出版社
　　　　　（北京市海淀区北蜂窝 8 号中雅大厦 A 座 11 层　100038）
网　　址：www.E-mp.com.cn
电　　话：（010）51915602
印　　刷：三河市延风印装有限公司
经　　销：新华书店
开　　本：720mm×1000mm/16
印　　张：16.25
字　　数：266 千字
版　　次：2019 年 5 月第 1 版　2019 年 5 月第 1 次印刷
书　　号：ISBN 978-7-5096-6473-5
定　　价：68.00 元

·版权所有　翻印必究·
凡购本社图书，如有印装错误，由本社读者服务部负责调换。
联系地址：北京阜外月坛北小街 2 号
电话：（010）68022974　邮编：100836

前　言

我国经济发展进入新常态，发展的环境、条件、任务、要求等都发生了新变化，发展动力从主要依靠资源和低成本劳动力等要素投入转向创新驱动。劳动力市场是要素市场的重要组成部分，其市场化和规范化进程对社会主义市场经济体制的确立和完善具有重要意义。

劳动力市场的发育和改革，尤其是在一些关键领域形成突破，促进了就业扩大和劳动力重新配置，是推动我国经济社会高质量发展的重要动力。一方面，人力资源的市场化配置促进了劳动者跨地区、跨城乡、跨行业的流动，特别是劳动者从低生产率部门（如农业）向高生产率部门转移，成为提升经济效率的重要源泉之一。另一方面，劳动力市场提供了大量的就业机会，在充分发挥我国拥有丰富的人力资源这一比较优势的同时，使更广大的劳动者群体通过就业创业分享改革发展的成果。

选入本书的研究报告都是紧紧围绕经济新常态下我国劳动力市场形势变化、改革发展问题，以及社会关注的重点、热点、难点劳动力市场问题撰写的。它们凝聚了作者对这些问题的深入思考和严谨探索。全书的研究报告共计十篇。

第一篇《新一轮科技和产业革命对劳动力市场的影响及建议》指出，互联网、大数据、云计算、物联网、移动互联网，以及机器人、3D打印、虚拟制造、人工智能等技术的快速发展和广泛应用，揭开了新一轮科技和产业革命的大幕，开启了人类历史上又一次具有革命性意义的技术进步历程。在新技术、新产业迅猛发展促进经济社会发展的同时，对其可能带来的失业率上升、贫富分化加剧等社会问题以及伦理道德冲击，也产生了质疑和忧虑的声音。从理论上看，新一轮科技和产业革命对劳动力市场的影响具有复杂的发生机理，也产生了多重的效应。实证研究结果显示，此轮科技和产业革命虽然对就业的冲击不小，但只要超前谋划、妥善应对，就可以将挑战转化为机遇，促进我国劳动力市场健康有序发展，就业规模和质量"双提升"。

第二篇《农村电子商务发展对农民创业就业的影响及建议》指出，农村电商在加快新农村建设、促进农民增收、扩大农村居民就业创业等方面发挥了重要作用。通过分析农村电商的发展模式、网络经济发展对就业创业的影响，及农村电商对农民就业创业的影响途径等，厘清了我国农村电商发展面临的困难和问题，尤其是农村电商通过何种途径对农村居民就业创业产生影响。最后，建议充实完善就业政策，提升政府支持网络创业就业服务水平；培育错层式农村经济发展格局，因地制宜选择合适的农村电商发展模式；引导网络就业创业向农村、不发达地区扩展，完善农村基础设施；深耕上游，加强生产环节控制，注重农产品品牌建设和标准的制定；培养农户网购习惯，强化网络创业教育培训，推进当地农村电商专业人才队伍建设。

第三篇《化解过剩产能受影响职工的规模估计及安置建议》指出，随着经济结构性矛盾日益加剧，化解产能过剩成为供给侧结构性改革的重要手段。在产能缩减进程中，受影响职工的规模引发社会广泛的关注，在综述已有测算方法的基础上，分别采用投入产出法与广义矩估计法测算了钢铁、水泥、电解铝、平板玻璃、船舶五大产能过剩行业受影响职工的规模。进而利用调研数据，分析了受影响职工的特征和结构，及职工安置存在的主要问题。最后，建议职工安置应由市场主导，政府兜底；鼓励各类型企业吸纳受影响职工；针对性地开展就业技能培训与多元参与机制；发挥失业保险的稳岗补贴作用。

第四篇《化解过剩产能中劳动关系问题的研究》指出，化解过剩产能矛盾牵涉面广、政策性强，涉及劳动者的切身利益，直接影响劳动关系和谐稳定。当前，化解过剩产能中劳动关系运行总体平稳可控，劳动关系的调整和转移接续有序开展，职工权益得到基本保障，但部分地方和企业的局部性问题突出，矛盾有所积聚，可能给局部地区的社会稳定带来不利影响。建议政府始终将做好去产能中劳动关系处理工作置于优先位置，加强对去产能企业劳动关系处理的统筹协调，完善指导企业处理劳动关系的整体性和具体化方案措施，及劳动关系预警预防和矛盾调处等机制和措施，确保不出现系统性、严重性劳动关系矛盾冲突。

第五篇《我国企业的劳动力成本高吗?——中外企业社会保险缴费率的比较和启示》指出,中国法定企业社会保险缴费率在30%左右,经过2015年和2016年社会保险缴费率的两次调整,总体缴费率已经降至27.25%左右。利用宏观数据测算的2015年企业实际社会保险缴费率为20.92%。经济合作与发展组织国家2015年社会保障项目雇主缴费率均值为19.61%,低于中国的法定企业社会保险缴费率。此外,比较中国和经济合作与发展组织国家的社会保险单项目也显示,中国各项社会保险的项目缴费水平偏高。考虑经济发展阶段的因素,中国社会保险的缴费率过高。为此,建议深化社会保障制度改革,进一步降低企业社会保险缴费率,并加快养老保险制度改革。

第六篇《我国城镇职工基本医疗保险制度政策效应评价》指出,提高医疗机构和医疗卫生资源配置质量、医疗市场的公平性和普及度,及医疗保险基金的使用效率,对促进医疗保险系统发展和完善医疗保险制度都具有重要意义。构建一套具操作性的评价指标体系,利用层次分析法确定指标权重,运用2005~2015年全国层面统计数据,综合评价了我国城镇职工基本医疗保险制度效应。结果显示,制度的参保公平性不断提升,但费用负担公平性有待提升;医疗效率不断改善,但需提升卫生资源配置效率;城镇职工医疗保险基金的可持续性稳步增强。为此,建议进一步扩大制度覆盖面,完善筹资机制,提高基金使用效率,优化医疗资源的配置,提升使用效率,坚持医疗保险体制改革的"三改并举",切实切断医务人员与药品营销人员的利益关系。

第七篇《我国知识工作者过度劳动问题研究——以高校教师为例》通过构建适度劳动的理论均衡模型及进行问卷调查,研究结果表明,以高校教师为典型代表的我国知识工作者普遍存在过度劳动现象,平均周工作时间46.96小时(其中深夜工作时间6.97小时),超时工作总时长的17.4%。过度劳动成因的影响因素和作用效果大小情况分别为:宏观因素是社会环境,中观因素依次是组织管理制度、时间保护、时间紧迫感、工作模式,微观因素依次是行为追求偏好、工作/家庭、职业生涯。建议引导社会舆论和大众媒体对知识工作者建立合理、适度的职业期望和要求;设计弹性的学术制度,避免生理年龄对学术人才潜能的开发、保持产生限制和制约;适当减少宏观政策上过度的外在刺激。

第八篇《我国过度教育的特点及影响因素分析》指出,过度教育是教育和劳动力市场不匹配的一种表现。通过回顾不同经济发展水平国家高等教育大众化的发展历程，提出过度教育的"倒U形曲线"假说及其具有的时间趋势和空间特征。利用统计数据，验证了我国过度教育呈现上升趋势，在空间上表现为东部高于中西部的时空特点。产业结构、行业结构和职业结构都对过度教育存在影响，表现为第三产业劳动力需求占比下滑，生产性服务业未能发挥出吸纳高水平劳动者就业的作用，及适合大学生就业的岗位数量年平均增长率不及应届毕业生岗位需求量的年增长率。此外，一些宏观经济因素也影响了过度教育，突出表现为经济规模决定教育投资水平及经济结构影响人力资源流动等。因此，应对过度教育的产生和加剧问题给予更大的重视。

第九篇《数字技术支持的平台工作及其雇佣关系》指出，数字化技术涉及的范围及其发展速度前所未有，其对经济、社会带来的可能结果造成一定程度的恐慌。此次新技术引进和产业变革之所以给雇佣关系带来颠覆性影响，主要是数字化技术带来的平台经济模式，及其形成的工作模式对传统雇佣关系的挑战。分析数字技术支持的平台经济、工作模式和平台工作的主要特征发现，除了支持其规划、分配、监督和支付方式的新数字技术外，平台经济中的工作安排和关系并不新。平台工作仍是一种不稳定的工作形式，但并不是由技术决定的。技术不是唯一主体，技术变革是一个社会过程。在分析数字技术变革对雇佣关系的影响时，应当跳脱技术决定论，应在更大的政治经济背景中分析参与整个过程的主体权力关系。

第十篇《新就业形态中非典型雇佣关系的影响因素及优化建议》指出，公共政策、宏观经济、平台企业、劳动者和消费者等对非典型雇佣关系都具有显著作用。其中，宏观经济对非典型雇佣具有较大的促进作用，公共政策对非典型雇佣的影响也较大；集体合同签订率和行业协会参与度有利于非典型雇佣关系的和谐稳定；消费者情绪和消费者评价影响非典型雇佣关系的和谐度；对非典型雇佣劳动者而言，影响雇佣关系和谐的因素是薪酬水平、组织承诺、工作乐趣、家业平衡、工作自由度和人际关系简单。建议通过减免税收、延缓缴纳社保等鼓励创新，通过设立职业互助基金、发放非典型雇佣员工培训补贴等保护劳动者，大力推进区域、行业工会和雇主协会的发展，通过团队简报与员工报告等加强沟通。

本书的出版得到了国家社会科学基金项目《经济新常态下劳动力市场监

测指标体系与实现路径研究》(项目编号：16CSH036)的资助。感谢经济管理出版社编辑老师严谨负责、专业高效的工作态度。

十篇研究报告的作者都是劳动经济、公共经济研究领域的青年学者。为了研究报告的写作，在过去的几个月里付出了大量的心血和努力。大家都怀有一个心愿，那就是能够彰显新时代赋予青年学者的责任和担当，为我国建设统一、稳定和高效的劳动力市场贡献自己全部的才智和能量。研究报告的写作中参考了大量的论著、论文、工作报告（含研究类和调研类）、互联网文章等公开出版或发布的文献材料，在每篇报告中均以页下注或文后参考文献的方式列出。在此，向国内外学术界的诸位研究前辈和同行学者表示诚挚的谢意和敬意。本书难免存在疏漏之处，恳请广大读者批评指正。

本书全体作者
2019 年 2 月

目 录

新一轮科技和产业革命对劳动力市场的影响及建议 …………………… 1
  一、新一轮科技和产业革命的主要特点和发展趋势 ……………… 2
  二、新一轮科技和产业革命对劳动力市场影响的发生机制：以就业
      变化为引导 ……………………………………………………… 7
  三、新一轮科技和产业革命对劳动力市场影响的实证分析和形势
      研判 …………………………………………………………… 14
  四、妥善应对新一轮科技和产业革命对劳动力市场影响的政策建议 … 22

农村电子商务发展对农民创业就业的影响及建议 …………………… 28
  一、我国农村电子商务的发展现状及模式 ……………………… 29
  二、我国网络经济发展对创业就业的影响 ……………………… 34
  三、农村电子商务对农民创业就业的影响途径 ………………… 36
  四、农村电子商务促进创业就业的对策建议 …………………… 46

化解过剩产能受影响职工的规模估计及安置建议 …………………… 53
  一、研究背景 …………………………………………………… 53
  二、研究目标与内容 …………………………………………… 54
  三、方法与模型 ………………………………………………… 55
  四、已有相关研究结论的述评 ………………………………… 57
  五、测算结果分析 ……………………………………………… 62
  六、化解过剩产能受影响职工的总体情况与基本特征 ……… 73

七、职工安置存在的主要问题与对策建议 …………………… 76

化解过剩产能中劳动关系问题的研究 …………………………… 80
 一、引言 ……………………………………………………… 80
 二、化解产能过剩中劳动关系的现状分析 …………………… 81
 三、化解产能过剩中应对劳动关系矛盾的做法经验 ………… 84
 四、化解产能过剩中劳动关系存在的矛盾问题 ……………… 90
 五、化解产能过剩中劳动关系问题的原因分析 ……………… 97
 六、化解产能过剩中劳动关系问题的治理应对 ……………… 101

我国企业的劳动力成本高吗？
——中外企业社会保险缴费率的比较和启示 ………………… 106
 一、引言 ……………………………………………………… 106
 二、文献综述 ………………………………………………… 108
 三、中国企业社会保险缴费率状况 …………………………… 110
 四、经济合作与发展组织国家社会保障项目雇主缴费率及其与
  中国的比较 ……………………………………………… 116
 五、经济合作与发展组织国家养老保障项目雇主缴费率及其与
  中国的比较 ……………………………………………… 123
 六、经济合作与发展组织国家其他保障项目雇主缴费率及其与
  中国的比较 ……………………………………………… 129
 七、结论和启示 ……………………………………………… 132

我国城镇职工基本医疗保险制度政策效应评价 ………………… 136
 一、已有国内外文献的述评 …………………………………… 136
 二、城镇职工基本医疗保险制度运行现状 …………………… 139
 三、城镇职工基本医疗保险评价指标体系的构建 …………… 143
 四、我国城镇职工基本医疗保险的政策效应评估及结果分析 … 151
 五、完善我国城镇职工基本医疗保险的对策及建议 ………… 158

我国知识工作者过度劳动问题研究

——以高校教师为例 …… 162
- 一、问题的提出 …… 162
- 二、文献回顾 …… 163
- 三、知识工作者过度劳动问题的理论探讨 …… 165
- 四、典型群体过度劳动问题的实证研究——以高校教师为例 …… 172
- 五、思考与建议 …… 181

我国过度教育的特点及影响因素分析 …… 185
- 一、引言 …… 185
- 二、过度教育的时空性特点 …… 186
- 三、我国产业结构、行业结构、职业结构对过度教育的影响 …… 193
- 四、其他宏观经济因素对过度教育的影响 …… 204

数字技术支持的平台工作及其雇佣关系 …… 208
- 一、引言 …… 208
- 二、数字技术支持的平台经济 …… 209
- 三、平台经济的工作模式 …… 211
- 四、平台工作的主要特征 …… 212
- 五、历史视角的平台工作 …… 213
- 六、平台工作的用工逻辑 …… 216
- 七、平台工作与传统标准雇佣关系 …… 219
- 八、结论 …… 222

新就业形态中非典型雇佣关系的影响因素及优化建议 …… 227
- 一、问题的提出 …… 227
- 二、理论模型、方法及主要研究变量 …… 229
- 三、实证分析及结果 …… 235
- 四、结论与建议 …… 245

新一轮科技和产业革命对劳动力市场的影响及建议

王 阳 范宪伟[*]

科学技术改变全球的经济社会生活，重塑一国的综合国力和国际竞争力。新一轮科技和产业革命又称第五次科技和产业革命，是相对于前四次科技和产业革命而言的。从以往的经验来看，新科技革命通常会带来经济结构和生产生活方式的转变，继而导致劳动力市场尤其是就业的一系列变化。劳动力市场是向高质量就业发展的关键因素之一。就业是民生状况和经济增长的重要晴雨表。当前，全球科技创新呈现出了多元深度融合特征，"人—机—物"三元融合加快，物理世界、数字世界和生物世界的界限越发模糊，以信息技术为引领，生物技术、新材料技术、新能源技术等技术群广泛渗透，交叉融合。同时，前沿技术呈现多点突破态势，重大颠覆性创新不时出现，以绿色、智能、泛在为特征的群体性技术突破不断涌现，多技术群相互支撑、齐头并进的链式变革已经形成。[①]

新一轮科技和产业革命牵引着劳动力市场和就业的变化，考验着世界各国政府的劳动就业治理能力和水平。欧美等发达国家和很多中等收入国家政府针对第五次科技和产业革命的影响，已经在就业政策和相关领域工作上做出了一系列改进和创新。我国正在深入实施创新驱动发展战略，推进"大众创业、

---

[*] 王阳，国家发展和改革委员会社会发展研究所副研究员，经济学博士，主要研究领域：公共政策与劳动力市场、人力资源开发；范宪伟，国家发展和改革委员会社会发展研究所助理研究员，管理学博士，主要研究领域：公共政策与区域发展、科技创新与服务。

[①] [美] 亚力克·罗斯（Alec Ross）.新一轮产业革命 [M].浮木译社译.北京：中信出版社，2016：3-19，209-229.

万众创新""互联网+""中国制造2025"。新一轮科技和产业革命的到来，既为我国产业结构升级与转型提供了难得的机遇和契机，又对劳动力市场活跃度、就业稳定乃至伦理道德构成了一定的冲击，造成了失业率上升、贫富分化加剧、工作贫穷现象等社会问题。习近平总书记多次强调，在加快实施创新驱动发展战略的过程中要处理好创新和就业的关系。要把握好科技创新和稳定就业的平衡点，既要坚定不移加快创新，也要实施有效的社会政策特别是教育和社保政策，解决增强劳动人口就业能力和保障基本生活的问题，确保社会大局稳定。

基于此，新一轮科技和产业革命如何影响我国的劳动力市场和就业，国外政府有哪些经验做法，我国应该采取怎样的手段和方法来妥善应对，是本文要着重探讨的主要问题。

一、新一轮科技和产业革命的主要特点和发展趋势

新一轮科技和产业革命以绿色、低碳、健康为主题，由新一代信息技术、新能源、生物、纳米、新材料等领域的群体性科学技术突破和融合引发经济社会的深刻变革。它将引发农业、医疗、工业、能源等领域的深刻变革，为解决人类社会发展面临的资源环境、粮食安全、健康等问题提供强有力的手段（王昌林，2018）。新一轮科技和产业革命具有极大的冲击力，正在对人类社会带来难以估量的作用和影响，引发未来世界经济政治格局的深刻调整，重塑国家竞争力在全球的位置，颠覆现有很多产业的形态、分工和组织方式，实现多领域融通，重构人们的生活、学习和思维方式，乃至改变人与世界的关系。

（一）主要特点

新一轮科技和产业革命可以概括为"一主多翼"[①]。"一主"是指数字化、网络化、智能化技术的创新发展和广泛深度应用；"多翼"是指能源技术、材料技术和生物技术等的创新发展及其应用。"一主"和"多翼"之间还体现出交叉融合、群体发展的协同效应。2016年5月30日，习近平总书记在全国科

[①] 国务院发展研究中心，施耐德电气．以创新和绿色引领新常态：新一轮产业革命背景下中国经济发展新战略［M］．北京：中国发展出版社，2015：1-4．

技创新大会、两院院士大会、中国科协第九次全国代表大会上指出:"当今世界，新一轮科技革命蓄势待发，物质结构、宇宙演化、生命起源和意识本质等一些重大科学问题的原创性突破正在开辟新前沿新方向，一些重大颠覆性技术创新正在创造新产业新业态。"这一重大判断指明了科学技术的发展趋势和在时代发展中的重要作用。

新一轮科技和产业革命以智能化为侧重点，发端于21世纪初，主要科技成就包括信息技术、生物技术、新能源技术、新材料技术等交叉融合领域，主要产业广泛涵盖第一、第二和第三产业。[①] 归纳而言，新一轮科技和产业革命呈现如下五个特征。

1. 科技发展呈现多点突破、交叉汇聚的趋势

许多基本科学问题面临突破，生命科学、纳米科技、信息技术和认知科学等学科间交叉汇聚，自然、人文与社会科学交叉渗透，不断催生新的学科生长点。物质科学不断向宏观拓展、微观深入和极端条件方向发展。生命科学呈现出集成综合，向精确化、可再造、可调控方向发展。信息技术的发展使人类进入精细调控物质和能量的时代，导致科研模式的变革。复杂系统科学向"整体统一"的方向发展。融合式创新日益显现，科技创新与产业创新、社会创新、管理创新跨界融合，不断突破地域、组织和技术的界限。

2. 新一代信息技术推动科学技术本身的深刻变革

物联网、云计算、社会计算、大数据和第五代移动通信技术等新一代信息技术的快速发展，与用户创新、开放创新、大众创新、协同创新等创新模式的变革相结合，推动科学技术本身带来了变革性的深刻影响，引发互联网、神经科学、计算科学等与其他技术高度融合的颠覆性创新，推动开放式、大众式新型科技创新模式的形成和发展，加速推动新科技革命的到来。

3. 可持续发展激发科技领域创新，也使风险担忧增加

人类对可持续发展的需求催生了相关领域的科技突破。人类面临能源、环境、健康、农业、宇宙开发等诸多关系可持续发展的紧迫问题，其中蕴涵大量跨学科的共性、复杂性科学问题。这迫使人类谋求科学突破和重大技术变革，

---

① 城市中国计划. 大势：世界科技革命与产业变革趋势及其影响 [M]. 北京：中国计划出版社，2015：2-12.

推动众多科学领域协同创新和交叉发展。但同时，科技领域的大发展，又触发了人们对科技风险的反思，科技"双刃剑"的特点更加凸显。为谋求可持续发展，低风险技术研究引起了重视。人类精准基因工程技术、转基因、核能、机器人等在为人类带来福祉的同时，引发新的伦理问题或社会风险，促使人类开展对技术的反思和低风险技术的发展。

4. 跨领域结合引发多方面变革，孕育新的经济增长点

物联网、服务业与制造业相互融合，引发了生产方式和商业模式的变革。通过价值链和价值网络实现横向集成，建立横跨价值链的端对端工程、垂直集成和网络化的制造系统，如"德国工业4.0"、美国工业互联网、日本机器人计划、"中国制造2025"和"互联网+"等，由此催生了若干未来的新兴技术，包括模仿人神经形态技术将促进自然人工智能的快速发展，人工智能可能开启新一代机器人技术开发与应用的新纪元；数字技术的发展将促进个性化治疗和靶向治疗，无人机技术和机器自行飞行技术有可能取得突破；基于数字信息的分布式制造有望得到普遍应用，3D打印在集成电子部件及智能服装制造方面有可能取得突破。

5. 创新竞争在全球快速升级，抢占先机成为核心目标

为应对新一轮科技和产业革命，抢占未来发展先机，世界主要国家纷纷出台创新战略和政策，重构创新体系、提高创新效率、努力率先实现重点领域创新突破。如，美国自2005年以来陆续提出了多项与国家竞争力相关的计划和法案，发布了"美国创新战略（2009版、2011版和2015版）"；欧盟于2012年提出了"展望2020"计划，积极推进创新活动突破发展；德国从"高技术战略2020"（2010年）到"工业4.0"（2013年）再到"新高技术战略"（2014），创新支持政策从科学技术领域扩展到社会领域；英国在《2014~2018年新兴技术发展战略》中明确提出，资助潜在前沿创新研究，并支持其加速推广和产业化；法国于2014年提出了未来十年的科教领域创新发展目标，日本基于第十次科技预测调查，出台了第五期科技基础计划；俄罗斯于2013年改组了其国立科学院，并于2014年发布了2030年科技发展预测，提出未来俄罗斯应在七个科技领域保持竞争优势。

（二）发展趋势

新一轮科技和产业革命的到来，标志着科学发展进入新的大科学时代。由

于科技创新的发展速度和传播速度较历次的科技和产业革命时期都要快,世界各国都将迎来一场深刻的系统性变革(白春礼,2015)。2013年3月4日,习近平总书记在全国政协科协、科技界委员联组会上发表重要讲话时指出:"现在世界科技发展有这样几个趋势:一是移动互联网、智能终端、大数据、云计算、高端芯片等新一代信息技术发展将带动众多产业变革和创新;二是围绕新能源、气候变化、空间、海洋开发的技术创新更加密集;三是绿色经济、低碳技术等新兴产业蓬勃兴起;四是生命科学、生物技术带动形成庞大的健康、现代农业、生物能源、生物制造、环保等产业。"上述论断反映了中央领导对世界科技创新发展革命引发新一轮科技和产业革命的深刻洞察。

展望未来5~10年世界科技发展的新态势,可能发生若干类型的重大科技突破,主要包括:一是在基本科学问题认知方面的重大突破,并引发系统性科技创新、多元群发的技术创新;二是发现现有理论体系难以解释或无法解释的新现象;三是重大技术突破引发产业创新,或导致重大工具的出现,有效解决瓶颈制约,对人类生产生活方式产生重大影响;四是人类突破极限的重大活动(潘教峰、张凤,2016)。

具体而言,新一轮科技和产业革命的发展趋势表现为如下四个方面。

1. 基础科学和高新技术群体跃进态势明显

随着科学技术的快速发展,新兴学科不断涌现,前沿领域不断延伸,物质结构、宇宙演化、生命起源、意识本质等基础科学领域有望取得重大进展。例如,合成生物学进入快速发展阶段,有助于人类从系统整体的角度和量子的微观层面认识生命活动资助的规律,为探索生命起源和进化开辟了崭新途径,这将掀起新一轮生物技术人员发展的浪潮。在信息网络、生物科技、清洁能源、新材料与先进制造等领域,正在孕育一批具有广泛应用前景的新技术,如量子计算机与量子通信,干细胞与再生医学,合成生物体和"人造绿叶体",纳米科技和量子点新技术,石墨烯新材料等,可能对经济社会发展带来重大影响,从而推动经济格局和产业形态的深刻调整。

2. 信息、生物、制造、新能源等技术加快向生产生活各领域渗透

信息技术、生物技术、新材料技术、新能源技术广泛渗透到几乎所有领域,带动了以绿色、智能、泛在为特征的群体性重大技术变革。信息技术加快向交通、物流、城市建设和生活等领域渗透。生命科学和生物技术在推动健

康、农业、资源环境等领域发展中的作用更加凸显，成为改善民生福祉的重要力量。人机共融的智能制造模式、智能材料与3D打印结合形成的4D打印技术，将推动工业品由大批量集中式生产向定制化分布式生产转变。分布式、智能化、低碳化的新技术正在改变经济社会发展的动力结构，可再生能源、非常规油气技术大规模应用，第四代核能技术有望取得重大进展。

3. 小型化、专业化、扁平化的产业组织特征日益明显

随着计算机设计技术、3D打印技术、人工智能技术等新技术的不断突破，在相当一部分产品领域，产品的设计环节和生产环节已经可以单独存在，人与人、企业与企业之间的信息交流成本大幅降低，每个微观主体可以以平等的方式参与研发和生产活动，产业组织方式将改变以往集中化、扩张化的趋势，代之以小型化、专业化、扁平化。例如，在制造业领域，很多处在不同地区的设计者共同参与设计生产方案，并运用人工智能技术指挥相关企业进行定制化生产。相较于传统的生产组织方式，这种新方式有两方面的优点：一是灵活性较强，能够针对不同用户的特定需求提供针对性的生产和服务；二是与传统的生产方式相比，这种方式更为尊重个体价值。

4. 创新战略成为世界主要国家的核心战略

科学技术的发展将给人类社会带来难以估量的作用和影响，可能颠覆现有的很多产业形态、分工和组织方式，重塑国家竞争力在全球的位置。为抢占未来经济科技制高点，在新的国际竞争中赢得先发优势，世界主要国家都提前部署面向未来的科技创新战略和行动。① 美国从奥巴马总统上台后连续三次推出国家创新战略；德国连续颁布三次高新技术战略，在此基础上又制定了工业4.0计划；日本、韩国以及俄罗斯、巴西、印度等新兴经济体，都在积极部署出台国家创新发展战略或规划。整体来看，发达国家的创新优势依然明显，但已呈现版图东移趋势。虽然科技顶尖人才、专利等创新资源仍以发达国家为主导，但新兴经济体和发展中国家的创新能力显著增强。2000年以来，美欧占全球研发投入总量的比例由61%降至52%，亚洲经济体的比例从33%升至40%，新兴"金砖国家"占比显著提高（万钢，2016）。

---

① [美]亚力克·罗斯. 新一轮产业革命[M]. 浮木译社译. 北京：中信出版社，2016：169-206.

二、新一轮科技和产业革命对劳动力市场影响的发生机制：以就业变化为引导

新一轮科技和产业革命的本质是技术进步。技术进步对劳动力市场的影响是多方面的。以就业作为结果变量展开深入分析，发现技术进步对劳动力市场的影响具有两面性。一方面，技术进步提高劳动生产率，导致企业固定产出需要的劳动力大幅减少，即技术进步对就业的破坏效应。同时，伴随技术进步，还会发生组织、管理、文化、市场等的创新，通过提升产品商业价值和市场竞争力而产生经济效益，提升生产和经营效率，改善企业的组织结构，从而进一步强化破坏效应（吴翌琳，2015）。另一方面，技术进步使得生产成本大幅降低，新产品因价格优势或新特性而需求上升，而市场创新进一步扩大产品的知名度和市场容量，需要更多劳动力进行产品生产，即产生技术进步对就业的补偿效应。同时，技术进步还对就业结构产生影响，推动劳动力资源再配置（张红霞，2011）。

（一）对就业规模影响的发生机制

1. 技术进步的就业破坏机制

其主要包括机械化效应机制、管理效应机制、生命周期效应机制、波动效应机制、滞后效应机制五个具体的发生机制，其表现为就业规模的减少。五个发生机制的作用机理如下：

（1）机械化效应机制。技术进步对劳动手段的改变主要表现为从手工劳动向机械化、自动化以及信息化的转变。先进生产工具的使用，减少了单位产量所需的劳动，在生产规模不变的情况下，失业人数增加。当生产规模随着劳动生产率的提高而扩大时，在技术扩散作用下，产量增加的同时总是伴随着劳动生产力的节约。

（2）管理效应机制。除狭义的技术进步外，经济学中所讲的技术进步还包括经济发展过程中劳动技能的提高和扩散，资源配置的效率，政府、企业管理水平的提高等。其中，技术进步带来的管理环境、管理模式、管理理论等的创新使生产过程中的各要素更加合理、更加明确地协调组织起来，在生产规模不变的条件下，劳动力需求减少，同时，企业裁减冗员，就业量下降（陈霖，2006）。

(3) 生命周期效应机制。流通领域内，技术进步最大的影响是导致企业产品的生命周期变短，即产品的利润回报期缩短。一方面，利润回报期的缩短增加了企业运营的成本，利润空间被挤占，短期内企业可能进入衰退阶段，劳动力需求减少；另一方面，利润回报期的缩短导致企业（尤其是劳动密集型企业）运营风险加大，投资的净收益贴现率降低，抑制了外来投资，社会就业岗位减少。

(4) 波动效应机制。熊彼特指出，技术进步是波动式的推动经济和社会向前发展的，与此相关，就业率或失业率也会随经济增长的周期而出现高速波峰或低谷的反复。在技术进步的起步阶段，由于经济波动的存在，市场投资风险较大，导致资金流出，生产规模较小。同时，在此阶段技术扩散效应有限，就业总量整体呈下降趋势（朱轶、熊思敏，2009）。

在技术进步发展初期，尽管技术进步会对就业产生破坏效应，但从经济周期角度上看，在技术进步的持续发展阶段，随着核心产业规模的迅速扩大，核心产业对相关产业的扩散效应也渐渐显现，就业总量迅速增长，产业结构调整与技术进步的适应性和协调性不断增强；到技术进步的后期，技术进步对劳动力就业的影响逐渐减弱，新一波的技术进步周期开始孕育。技术进步对劳动力就业总量的影响呈现出由弱至强、再减弱、再增强的规律，技术进步与就业结构的关系也由不协调到协调，每一次技术进步周期都如此循环往复，这就是技术进步对劳动就业影响的周期性规律。

(5) 滞后效应机制。长期来看，技术进步对就业具有积极的影响，但在短期内，由于劳动力素质结构、产业结构的调整不能一蹴而就，所以，技术进步对劳动就业会呈现硬性排斥和滞后效应。一方面，技术进步带来的劳动生产率的提高短期内会导致失业，劳动者针对实际情况进行工作技能职业教育和再培训等均需要时间，因此，存在着劳动者对新兴技术进步的适应和再次就业的时间上的不同步；另一方面，技术进步促进了新兴产业的兴起以及传统产业的改造，由于新兴产业在组织结构、资本积累等方面的发展需要一个过程，因此造成了技术进步与增加就业之间的相对滞后。

综上所述，将技术进步的就业破坏机制分解成五个具体的发生机制，有助于更好地理解就业破坏机制的形成过程。技术进步会导致企业生产机械化、缩短产品的生命周期、提高企业的管理水平、改变劳动力需求和产业结构、给社会经济带来波动,从而使得投资减少、机器代替部分劳动力、裁减冗员、技术进步效果滞后,最终导致就业量的减少。技术进步的就业破坏机制如图1所示。

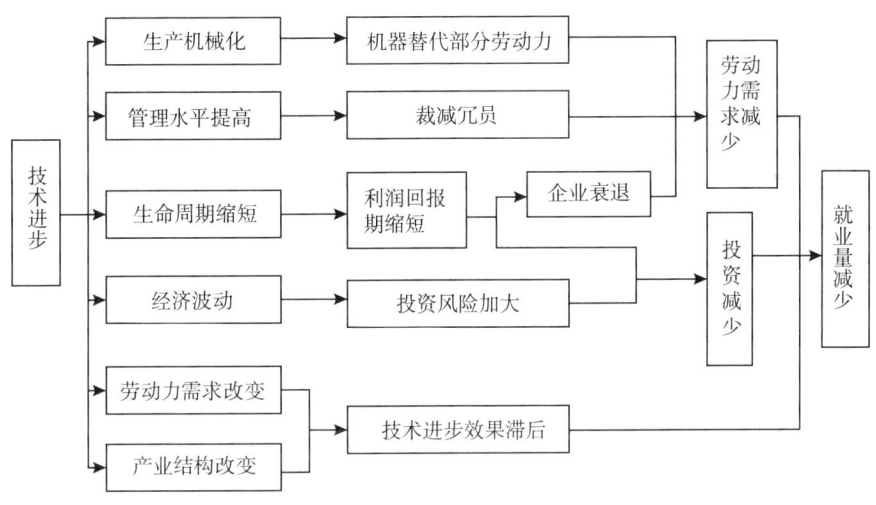

图1 技术进步的就业破坏机制

资料来源:笔者根据五个具体的发生机制绘制而成。

2. 技术进步的就业补偿机制

其主要包括价格效应机制、收入效应机制、技术乘数效应机制、时间效应机制、资本化效应机制、国际化效应机制六个具体的发生机制,表现为就业规模的扩大。六个发生机制的作用机理如下:

(1)价格效应机制。技术进步提高了劳动生产率,引起商品生产成本的下降,进而价格降低,刺激消费者对商品的需求。一方面,在给定的名义工资水平下,企业倾向扩大生产规模,重新吸收那些暂时失业的劳动力,使得就业量上升;另一方面,随着价格的变动,当需求也发生变化时,其他与该生产部门相配套的生产部门的产出也会发生相应的变化,就业变动方面表现出一致性(肖延方,2001)。

(2)收入效应机制。技术进步推动了经济的发展,居民收入水平普遍提高,进而对就业产生诸多积极的影响。一是收入水平的提高导致消费者预算线外移,有效需求增加,企业扩大生产规模,就业增加。二是收入的增加导致居民对自身人力资本投资的增加，缓解就业压力的同时，由于扩散效应的存在，经济也得到进一步发展，从而增加了就业量。三是收入水平提高后，因为谨慎动机，居民储蓄倾向加强，从而为投资需求提供源源不断的资金支持，创造大量就业机会。

（3）技术乘数效应机制。技术进步总是带来新的产品和新兴产业的发展，新的产品进而引发新的需求。一方面创造出了新的消费市场，对需求产生明显的拉动作用，从而极大地促进经济增长和增加就业；另一方面扩大了社会生产领域，社会分工细化，创造更多就业岗位，就业量增加（张种文等，2017）。

（4）时间效应机制。技术进步必然导致劳动者知识结构的变化。一方面，劳动者为了适应新的技术必然会延长受教育时间；另一方面，收入水平的提高增加了劳动者对人力资本投资的力度，就业压力得到缓解。部分劳动力增加人力资本投资，劳动力市场供给量减少，竞争力下降，从而失业率降低。

（5）资本化效应机制。技术进步提高了人力资本的实际应用价值。一方面，生产活动的收益净现值提高，企业倾向于扩大再生产，对劳动力的需求增加；另一方面，产品生产的复杂程度提高，生产协作关系日益复杂，工作岗位增加，失业率下降。

实际上，技术进步引起资本有机构成的提高，虽然从短期来看会减少对劳动的需求，但从长期来看却有利于就业扩大。首先，资本有机构成的提高虽然意味着资本吸收劳动能力的下降，但由于资本有机构成反映的只是对劳动的相对需求，因此它并不排斥工人就业量的绝对增加，事实上，只要资本的增长幅度超过了资本对劳动的排斥幅度，就业总量就会上升。其次，个别企业通过率先提高劳动生产率而获得超额利润，从而增加资本积累，有利于生产规模的扩大，增加就业。当整个社会的资本有机构成提高时，整个社会的资本积累都能增加。最后，劳动生产率的提高意味着单位产品价值的降低，这使得生活资料变得更便宜，从而增加工人的实际收入，这不仅能扩大消费者的实际有效需求，促进产品产量的增加，增加对劳动的需求，而且能提高消费层次，刺激新的需求，促进产品生产向精、细、多样化方向发展，从而扩大就业。

（6）国际化效应机制。技术进步促进了经济国际化，各国利用自身优势参与国际分工，劳动力在国际间的配置得到优化。一方面，国际贸易的扩大带动了本国相关产业的发展，就业岗位增加；另一方面，劳务输出减少了本国就业压力,扩大了劳动力在国际市场就业。此外,外资的引入,扩大了本国生产规模,劳动力需求增加,就业量扩大(顾玲琍、汪慧玲,2006)。

综上所述,将技术进步的就业补偿机制分解成六个具体的发生机制,有助于更好地理解就业补偿机制的形成过程。一方面,技术进步带来劳动生产率的提高,产品价格下降,劳动者收入水平提高,消费需求增加,生产规模扩大,就业量增加;另一方面,技术进步导致新产品、新产业的出现,生产领域扩大,就业岗位增加。此外,在经济全球化的背景下,就业补偿效应进一步扩大。技术进步的就业补偿机制如图2所示。

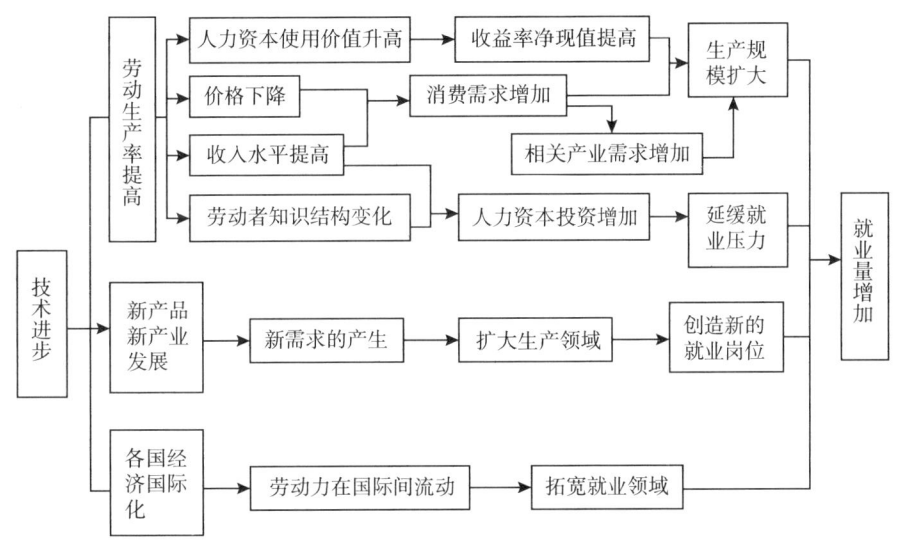

图2 技术进步的就业补偿机制

资料来源:笔者根据六个具体的发生机制绘制而成。

3. 技术进步对就业规模影响的总发生机制

受到技术进步的就业补偿机制与就业破坏机制共同作用,最终表现为技术进步对就业规模影响的总发生机制,如图3所示。

(二)对就业结构影响的发生机制

技术进步对就业结构的影响效应是由技术进步所产生的对劳动力资源的再配置效应引起的。主要包括如下两个方面:一是技术进步导致产业间、行业间劳动生产率水平差异,进而加速了劳动力流动(屈小博等,2016);二是技术

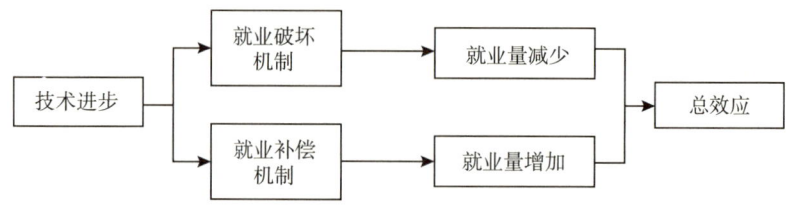

图 3 技术进步对就业规模影响的总发生机制

资料来源：笔者设计和绘制。

进步导致劳动力技能结构发生变化（赵利，2010）。

1. 技术进步的产业结构效应机制

技术进步对产业结构变动产生根本性影响。新技术的使用导致新的产业和产品的兴起，采用旧有技术的产业、产品逐渐退出市场，继而产业结构发生变动。产业结构的变动必然带来就业结构的变化。就业结构反映的是国民经济各部门所占用的劳动数量、比例及其相互关系，反映在产业层面上，即产业的就业结构，因此，产业结构的变化必然引起就业结构的变化。从世界各国的就业结构变动的历史过程来看，主要有两种方式：一种方式是就业结构的"递增式"变动，这主要发生在最早进入工业化进程的资本主义国家，如英国等，其特点是劳动力在三大产业之间依次流动，顺次转移；另一种方式是就业结构的"跳跃式"变动，主要发生在后起的资本主义国家，如美国等，其特点是劳动力较大幅度地直接流向第三产业，第二产业的就业比例变化不大。

2. 技术进步的行业结构效应机制

技术进步通过行业结构变动影响就业结构变动。技术进步带动了传统行业的发展，同时创造了许多提供相应配套服务的行业。例如，信息化的普及和推广，创造了许多如信息服务业、信息流通业、软件业等新兴行业，增加了劳动力需求。从短期来看，技术进步减少了传统行业对劳动力的需求，对就业产生负面影响；但从长期来看，技术进步会促进行业结构和就业结构的调整，推动经济发展，创造新的就业机会。此外，技能偏好型的技术进步也可能会导致劳动密集型行业就业岗位的增加。因为技能偏好型的技术进步带来了劳动密集型行业分工的细化，为提高生产效率，企业倾向于增加对低技能劳动力的需求。

3. 技术进步的劳动力素质结构效应机制

通常可以将技术进步分为两种类型：一种是技能偏好型的技术进步，另一种是技能退化型的技术进步。技能偏好型的技术进步增加对高技能劳动力的雇佣，而技能退化型技术进步倾向于吸纳低技能劳动力，两者共同作用影响就业结构。但是，从微观层面上看，对于企业来说，在低级劳动力市场解雇职工和招录新人的机会成本要比在高级劳动力市场低得多；对于劳动者来讲，低工资待遇下的职业选择与流动发生的概率要比高级劳动力市场高得多。因此，技术进步的长期性倾向于对高技能劳动力的需求增加，对低技能劳动力的需求降低，技能退化型工种岗位交替的可能性增大，最终导致低技能劳动力失业率较高。

4. 技术进步对就业结构影响的总发生机制

受到技术进步的产业结构效应机制、劳动力素质结构效应机制和行业结构效应机制共同作用，最终表现为技术进步对就业结构影响的总效应机制，如图4所示。

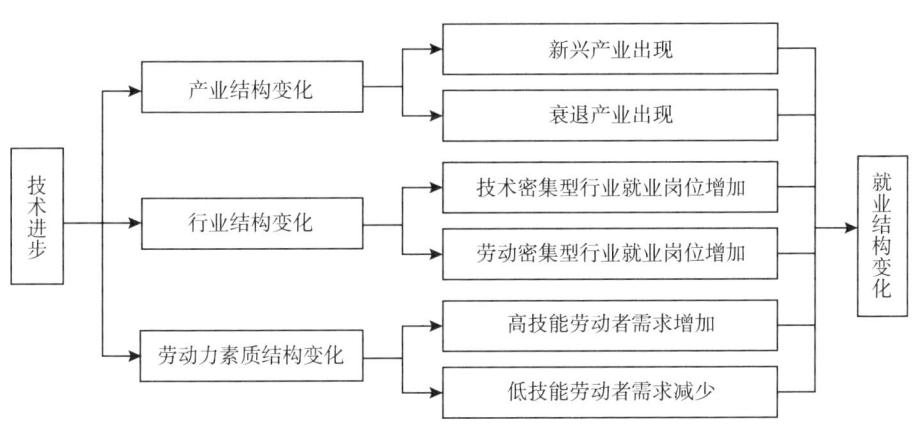

图4 技术进步对就业结构影响的总发生机制

资料来源：笔者根据三个发生机制绘制而成。

综上分析，一方面，技术进步导致产业结构的变化，进而带来就业结构的变化；另一方面，技术进步带来的行业结构变化和劳动力素质结构变化也会使就业岗位数量发生变化。总之，伴随着技术进步，生产方式发生了转变，传统就业模式也发生了改变并最终导致产业结构的变化。

（三）小结：对劳动力市场影响的发生机制

以就业变化为引导，技术进步对劳动力市场的影响主要体现为就业规模和就业结构两方面。从就业规模看，技术进步的就业补偿机制与就业破坏机制共同作用，最终表现为技术进步对就业影响的总效应：当技术进步的破坏效应大于补偿效应时，就业总量减少，失业率上升；当技术进步的破坏效应小于补偿效应时，就业总量增加，失业率下降。从就业结构看，技术进步导致产业结构、行业结构的变化，从而使产业、行业间兴衰交替。另外，由技术进步带来的劳动力素质结构的变化，也会引起高低技能就业岗位数量的变化，最终导致就业结构的变化。

根据前述各具体的发生机制的描述，可以形成新一轮科技和产业革命（技术进步）对劳动力市场影响的综合发生机制图（见图5）。

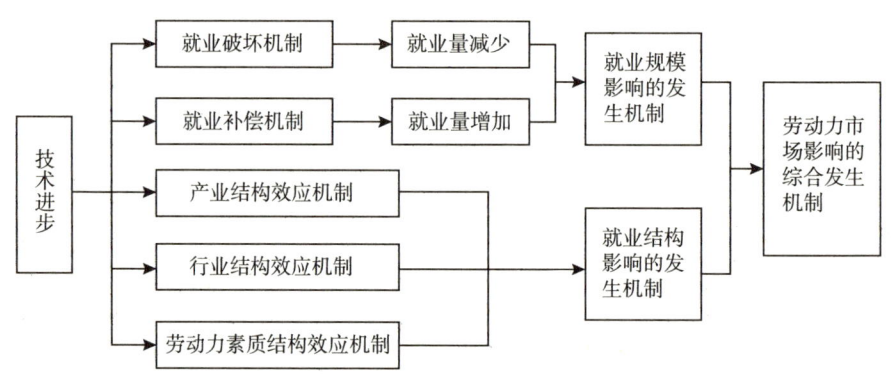

图5 技术进步对劳动力市场影响的发生机制

资料来源：笔者设计和绘制。

三、新一轮科技和产业革命对劳动力市场影响的实证分析和形势研判

（一）实证分析：以对就业规模的影响为例

1. 文献综述

分宏观、中观和微观三个层面综述已有研究文献对技术进步影响就业的观

点，具体如下：

在宏观层面，Di Pietro（2002）通过对欧洲的数据分析发现，技术快速进步，企业不愿意吸收新技术招收新员工，导致劳动力市场上存在大量过度教育和未被充分利用的人群，从而出现就业量下降。O'Mahony等（2008）通过面板固定效应模型对美国的数据进行分析，发现技术进步对劳动力需求的不利影响正在减弱。Malul（2009）通过模型分析发现技术进步主要对高龄就业人群产生不利影响。Abbotta等（2017）发现，近年来越南就业增速不及经济增长增速的原因在于技术进步。

在中观层面，很多研究文献围绕各国制造业的数据展开。Brouwer等（1993）通过对荷兰的制造业数据分析发现，技术进步对就业有负的影响，而技术水平高的企业有更高的就业增长率。Hollanders等（2002）发现，技术进步导致OECD国家制造业的高技术人员就业上升。Hutchinson等（2012）发现，技术进步对欧洲的制造业就业产生了负面影响。Hynninen等（2013）利用北欧国家海员行业的历史数据，发现技术进步导致了就业的两极化，即高技能工人需求上升，中低技能工人的需求下降，无技能操作员需求上升。

在微观层面，Van Reenen（1997）认为，技术进步对英国企业用工量产生了有利影响。Bauer等（2004）发现，技术进步没有对德国企业总体就业造成显著影响，但是会增加高层次人群的流失率。Piva等（2004）发现，创新对意大利企业用工量产生了有利影响。Dachs等（2014）将企业划分为本土企业与外资企业，通过对多国的数据分析发现，技术进步导致外资企业相比本土企业减少了更多的劳动。

此外，还有一些研究文献对技术进步的类型作了细分，尝试探究不同类型技术进步对就业的影响。Berman等（1998）证实，技能偏好型的技术进步可以解释20世纪80年代发达国家低技能人群就业量的下降。Michelacci等（2007）发现，中性技术进步减少了美国就业，而投资偏向的技术进步又增加了美国就业。Horbach等（2013）认为，绿色技术增加了德国企业就业。Harrison等（2014）都认为，产生新产品或新市场的技术进步促进了欧洲就业增长，而劳动节约型技术进步则导致欧洲就业量减少。

综上所述，关于技术进步对就业影响的研究文献丰富，但是结论莫衷一是，持积极影响和消极影响的观点皆有。研究方法也有很多，包括面板固定效应模型、局部均衡模型校准模拟分析、CGE 模型分析、OLS 回归分析等。

2. 模型的建立和描述性统计分析

为消除变量之间的多重共线问题，使用面板固定效应的岭回归方法，估计技术进步对就业的影响。根据科布道格拉斯生产函数，以利润最大化为条件，求出就业函数，并对就业函数两边取对数，得到如下计量模型：

$$\ln L_{it} = \beta_0 + \beta_1 \ln GDP_{it} + \beta_2 \ln WAG_{it} + \beta_3 R_{it} + \beta_4 eduy_{it} + \beta_5 tfp_{it} + \varepsilon_{it}$$

主要变量的定义如下：总体就业的对数 lnEMP 和城镇就业的对数 lnEMPU 都是因变量，用于衡量就业量（L）。自变量共有五个，分别是国内生产总值的对数 lnGDP 用于衡量总产出；城镇单位从业人员平均工资的对数 lnWAG 用于衡量工资；一年期贷款利率 R 用于衡量利率；人均受教育年限 eduy 用于衡量人力资本；全要素生产率 tfp 用于衡量技术进步。此外，ε_{it} 为不可观测因素的残差项。

总体就业对数 lnEMP、城镇就业对数 lnEMPU 的数据来源于历年的《中国统计年鉴》，全要素生产率变化 tfp 是利用数据包络分析方法（DEA），通过 DEAP 2.1 软件计算得出，人均受教育年限根据中国历次人口普查数据插值计算得到，其他变量的数据来自《新中国六十年统计资料汇编》以及 2009~2017 年的《中国统计年鉴》。选择 2000~2016 年我国除港澳台之外的内地 31 个省（自治区、直辖市）。全部变量的描述性统计分析如表 1 所示。

表 1 变量名称与描述性统计

变量名称	定义与来源	均值	标准差	最大值	最小值
lnEMP	总体就业人员对数[a]	4.820	7.460	8.800	0.920
lnEMPU	城镇就业人员对数[a]	3.190	6.450	8.350	0.930
lnGDP	国内生产总值对数[b]	5.060	8.870	11.140	1.120
lnWAG	实际工资指数[c]	8.840	10.150	11.480	0.550
R	一年期贷款利率	4.980	5.830	7.030	0.550
eduy	人均受教育年限	3.420	8.230	12.150	1.180
tfp	全要素生产率变化[d]	0.820	1.040	1.220	0.0600

注：各变量的单位和计算方法如下：a 是单位万人，取对数；b 是单位亿元，采用国内生产总值折算指数折算为 2010 年可比价格，再取对数；c 是单位元，根据实际工资指数折算为 2010 年的可比价格；d 是根据 DEAP 2.1 软件计算得到。

3. 实证研究的结果

研究结果表明,技术进步对全国总体就业和城镇就业都存在不利的影响,并且对城镇就业的不利影响大大高于对全国总体就业的不利影响,前者是后者的近1倍。

从模型的估计结果看,如表2所示,代表技术进步的全要素生产率与总体就业和城镇就业均存在非常显著的负向相关关系。全要素生产率提高1%,那么全国就业人员减少0.341%,而城镇就业人员减少0.773%,城镇就业人员减少幅度是全国就业人员减少幅度的1倍。

表2 面板固定效应的岭回归模型的估计结果

变量	总体就业	城镇就业
lnGDP	0.0270*** (18.83)	0.0690*** (28.53)
lnWAG	0.0810*** (16.65)	0.211*** (25.50)
R	−0.00400 (−0.668)	−0.00500 (−0.605)
eduy	0.0200*** (9.060)	0.0590*** (15.90)
tfp	−0.341*** (−4.996)	−0.773*** (−6.688)
_cons	6.599*** (55.70)	4.026*** (20.09)
N	527	527
F	130.7	305.0
ll	584.6	323.9
R2	0.993	0.982
adj-R2	0.993	0.980

注:①***表示在1%水平上显著。②小括号内为t值。

(二) 趋势性分析

类似工业革命对农业就业的影响(在农业社会向工业社会的转变过程中,美国农业人口由40%降至4%),伴随着技术进步、资本价格下降和人力成本上升,新一轮科技和产业革命对一些传统就业岗位的冲击不可避免。互联网、大数据、云计算、物联网、移动互联网,以及机器人、3D打印、虚拟制造、人工智能等技术将呈现指数级发展速度,以数字、网络、智能为基础的各项颠覆性技术创新的出现和应用,将对要素生产率的提升产生巨大的推动作用。有研究表明，目前美国47%的工作存在被机器人、虚拟制造和人工智能等替代的危险。但与此同时，各种颠覆性技术创新的发展也会创造更多新就业岗位，带来就业质量的跃升。

具体而言，预计劳动力市场呈现如下趋势性变化：

1. 新一轮科技和产业革命对城镇就业岗位的替代规模可能超过2200万人

新一轮科技和产业革命提升劳动力资源对接需求和配置效率，促进全要素生产率的提高，使技术进步的就业破坏效应超过就业补偿效应，对现有的就业岗位产生替代作用。按照上述逻辑，以实证研究结果为依据，对新一轮科技和产业革命对就业岗位的替代规模进行估计。假设我国全要素生产率的增长率有0.5%、1%、3%、5%和7%五个可能情景，以2017年我国城镇就业规模4.25亿人、全国就业人员规模7.76亿人为基数，那么，城镇就业存在被替代风险的人员规模依次是164万人、328万人、985万人、1641万人和2298万人，全社会就业存在被替代风险的人员规模依次是132万人、265万人、794万人、1324万人和1853万人。可见，在最不乐观的情况下，我国城镇就业将有2200万名就业人口存在失业风险，岗位替代率为5.4%，接近美国的6.1%。同时，按照我国的人口结构估算，不同年龄和学历特征的人群被替代的程度不同。其中，对于技能单一、年龄偏大、学习能力差的劳动者的冲击较大，加剧结构性失业问题。高校毕业生、农民工等群体的就业会面临更加严峻的环境。据此估算，有超过1200万名的劳动者将面临失去现有就业岗位的风险。另外，不同地区和不同行业替代情况不同。东部地区和第二产业中的劳动密集型行业可能受到更大影响。

专栏：战略性新兴产业的基层岗位劳动力需求正在加速流失

产业创新发展带来低端岗位需求的下降，近期内增加困难人员的再就业难度。技术进步对就业最大的负面影响就是会冲击低端就业岗位，因为技术带来的颠覆和自动化会让资本取代人工，从而导致工人失业。尤其是本轮工业革命的发展速度快于以往，不仅影响战略性新兴产业，而且带来的技术替代效应更成倍扩大，导致其他行业企业节约劳动力使用的速度快于以往，大大超过开辟劳动力新就业领域的速度，带来大范围的失业。比如，传统的制造业企业使用机器替代人工，来提高岗位的工作效率，但是用工数量也会大幅缩水。据调研了解的情况，一些制造业集中的地区企业积极探索利用资本、技术等要素替代劳动。山东省某地级市作扩大工业机器人应用提供了较好的实践基础。目前，该市工业机器人智能制造的产业集群已逐步形成。同时，为推动机器人产业发展，该市还明确提出了智能制造的发展目标，并完善奖补政策，引导企业开展系统化智能化改造。工业机器的应用总体缓解了用工缺口，但存在阶段性结构矛盾转移风险。工业机器人的应用极大减轻了企业留人、用人压力，企业劳动生产率大大提升，一线工人使用需求减少，如某白色家电企业在冰柜生产线引进工业机器人后，用工减少50%，单台制造成本下降40%左右；同时一线员工劳动强度有所缓解，就业的稳定性有所增加。

资料来源：《战略性新兴产业劳动力需求调研报告》，内部报告，2018年。

总之，新一轮科技和产业革命使一定规模的就业岗位被替代，但是从长期看，全社会就业规模有望进一步扩大。新技术浪潮的冲击过后，经济增长与劳动力需求扩大将进入新一阶段的循环，表现为经济结构调整升级，生产规模扩大，劳动者素质提升，就业领域拓宽以及新的就业岗位需求增加。以新一代信息技术为核心的科技创新引发产业创新，能够推动相关领域劳动力需求扩大。目前，我国在以互联网改造提升传统产业，及发展新产业、新业态、新模式等方面已经取得一定的成效，通过互联网及新一代信息技术提升生产率，表现出了广阔的前景。根据美国通用电气公司的测算，工业互联网的应用能够帮助我国航空、电力、铁路、医疗、石油天然气等行业实现生产率提升达1%，到2030年能够带来累计3万亿美元的国内生产总值的增量。另据麦肯锡全球研究院发布的报告显示，2013~2025年，互联网的应用将带来我国国内生产总值0.3%~1%的提升，在国内生产总值增长中的贡献度最高将达到22%。① 根据国家统计局的数据测算，全国国内生产总值每增长1个百分点带动城镇新增就业的规模，2017年已经提高到196万人。新一轮科技和产业革命有助于我国

---

① 杜传忠，郭美晨. 第四次工业革命与要素生产率提升 [EB/OL]. 搜狐网，[2017-12-05]. https://www.sohu.com/a/208545990_714210.

保持6%以上的经济增长速度，消化每年1100万人左右的新增就业需求。

2. 新一轮科技和产业革命推动产业的就业结构升级，创造更多更高质量的就业机会

新一轮科技和产业革命对传统就业岗位的影响呈现两个鲜明的特点：一是程序性工作受到冲击最大，即可分解为特定步骤、遵循规定指令完成的工作将受到较大影响，而需要灵活性、创造性、人际交往或问题导向的非程序性工作受影响较小。有国外研究以机器人、虚拟制造和人工智能为例进行估算，认为程序性体力工作将有近40%被替代。[①] 2016年，我国从事程序性体力劳动岗位占比达20.6%，最先受到影响。与此同时，从事程序性脑力劳动岗位占比超过25%，其中也将有1/4~1/3被替代。二是就业替代存在"两极化"特点，需要一定技能的程序性工作更可能被替代。这类工作的人力成本上升快、容易人工智能化，进行人工智能替代的收益最大。然而低端的服务性工作和高端的创造性工作受影响不大。

遵循上述特点，预计城镇将有1.9亿名就业人口面临转岗和再就业，农村地区私营和个体就业大概有3500万人被替代。产业和行业的就业结构升级，具体表现为，劳动力从农林牧渔业向非农产业的转移，劳动力在行业间的就业结构调整从生产效率低的部门向生产效率高的部门流动。在产业的就业量变化上，第一产业就业量减少，第三产业就业量增加，低技能、单一技能的岗位需求加速减少。在行业的就业量变化上，技术进步促进行业内部优胜劣汰，从而增加行业间的劳动力资源再配置，行业内劳动力快速流动。在第三产业内部，批发和零售业，住宿和餐饮业，租赁和商务服务业，居民服务和其他服务业的就业量减少。同时，就业形式更加灵活弹性，工作条件和工作规则有所变化。

以人工智能对就业的影响为例。目前，我国人工智能的发展尚处于起步阶段，通过分析历史经验，尤其是近十年技术进步对就业的影响显示，我国总体就业情况对技术进步有较好的承受力，除了程序性体力劳动者受到技术进步的冲击较大以外，技术进步对其他类型劳动者的就业均有正面影响。基于此，预计从总量看，人工智能发展拉动的大规模投资扩张，会进一步将农村劳动力引

---

① 中国劳动保障报. 人工智能对未来就业岗位影响深远 [EB/OL]. 搜狐网，2018-10-10. http://www.sohu.com/a/258590473_783821.

向城镇，从而推动城镇就业的增加。根据估算，我国人工智能产业本身的市场规模十年内将达到3000亿元，每年新增投资超过千亿元，同时每年带动的上游产业、教育、法律等领域衍生投资超过3000亿元，这都将促进就业增长。从结构看，人工智能发展将加速制造业就业占比下降和服务业就业占比上升的趋势。这是因为人工智能简化了生产端生产，但丰富了消费端的内容，有利于服务业扩展。① 顺应这一趋势，科学研究、教育、卫生与社保、信息服务、艺术娱乐等领域的就业岗位会增加。另外，虽然机器人会替代人力，但机器人产业必然会创造新的就业，与之相关的软件、互联网、数据分析等方面的人才需求也会增加。据估算，德国工业4.0未来十年将带动就业人数提高6%，其中机械工程领域的雇佣需求将增长10%左右。

3. 新一轮科技和产业革命对劳动力市场的影响需要10~20年的时间逐步释放

技术进步对我国劳动者的替代是一个长期过程，时间周期会长于发达国家。一方面，我国劳动力成本与发达国家相比仍有明显差距，权衡技术成本与劳动力成本之后产生的技术替代需要更长时间；另一方面，新一轮科技和产业革命的替代作用，将首先缓解劳动力供给不足及劳动条件差、职业病危害高的问题。我国劳动年龄人口规模从2011年后开始出现绝对数量的下降，很多地方出现了"用工荒"。技术进步弥补了劳动力不足，将有限的劳动力配置到更安全、质量更高的就业岗位上，不仅没有导致大面积的失业，反而能稳定乃至带来劳动参与率的提升。此外，技术进步要实现大规模的应用和普及尚需要进一步的成熟。在德国等发达国家由工业3.0推进到工业4.0时，我国很多产业还处于工业2.0阶段，技术的更新换代和推广还有10~15年的窗口期，这段时间内我国就业替代的问题不会太大。

同时，技术进步有助于提高劳动者的健康水平，扩大劳动力供给。技术进步促进了医学科学的发展、医药技术的提高和环境卫生条件的改善，降低了疾病的威胁和困扰。技术进步还改善了粮食和饮用水状况，提高了人们的生活水平。这些都有助于降低人口死亡率，从而增加劳动力供给，使得就业创造效应更可能转化为实际的就业规模增长。最后，技术进步与劳动力人均受教育年数

---

① 张茉楠. 提高全要素生产率 中国经济的核心所在 [EB/OL]. 华夏时报网，2018-07-21. http://www.chinatimes.net.cn/article/58940.html.

两者之间存在稳定的长期均衡关系,技术进步对劳动力素质的提高有显著的作用。

四、妥善应对新一轮科技和产业革命对劳动力市场影响的政策建议

(一) 国外应对新一轮科技和产业革命挑战的主要经验

互联网、大数据、云计算、物联网、移动互联网,以及机器人、3D打印、虚拟制造、人工智能等技术的快速发展和广泛应用是大势所趋,虽然长期可以创造新需求和新岗位,但短期对程序性工作的替代不可避免,发达国家纷纷采取相应对冲措施,大体有三种类型:第一种类型是美国,作为人工智能、虚拟制造等的"领跑者",美国通过大量创造新兴就业岗位来应对传统就业岗位的减少。美国基本已跨过熊彼特破坏阶段,进入熊彼特创造性阶段,通过采取进攻性的技术演化路径,加快人工智能对传统产业的渗透和改造,创造新产业链。第二种类型是欧洲,其对人工智能采取偏保守的态度,利用法律、税收等综合手段,对人工智能的应用范围和发展速度加以限制,同时积极发展适应自身资源禀赋特点的产业集群。第三种类型是日本,其采取了更为实用主义的策略,强调立足国情的技术改造,不是简单以"蒸汽机"取代"磨坊",而是通过"蒸汽机+磨坊"式的混搭创新,以"蒸汽机"提升产品品质和性能,保留"磨坊"来克服新技术对就业的吞噬。尽管风格各异,但发达国家在应对举措方面也有一些共性经验。具体如下:

1. 强调新技术对生产环节的渗透

各国普遍提出,要用新技术、新手段和新方法改造传统制造业,通过降低制造企业的成本、提升企业竞争力,做大就业蛋糕。美国《国家人工智能研究与发展策略规划》的核心思想就是"不能让技术脱离生产、技术生产两张皮运转",从前端设计、采购到生产、物流,人工智能无处不在。德国"工业4.0"提出"智能工厂""智能生产""智能物流"等目标,充分挖掘人工智能在提升效率方面的潜力,带来更快的经济增长。日本企业将机器人广泛应用于流水线,推动个性化生产,提高产品附加值,同时也将劳动力从重复性工作中解放出来,从事需要"人类特质"的创造性工作。

2. 注重发展基于新技术的新产业

美国人工智能产业发展全球领先,人工智能企业数量是中国的4.1倍、英国的7.9倍,融资规模是中国的7.0倍、英国的21.9倍。日本被誉为"机器人王国",机器人产业促进了装备制造、数字信息等相关产业发展,相应扩大了就业,其带动的"间接波及效果"相当于直接关联产业部门产生的"直接波及效果"的2.38倍,这一比例大大超过一般制造业的波及效果。

3. 因地制宜保护传统产业

作为人工智能在消费领域的一大应用,电子商务有显著的成本优势,但也可能导致传统商业的凋零,商业生态圈中聚集的餐饮娱乐等服务业就业岗位也会受到冲击。鉴于此,欧盟选择谨慎推进电子商务,近2000个品牌被禁止在欧洲以电商方式销售。日本则将传统商业街和新型电子商务有机结合,消费者网购后前往商业街取货,既享受到了电子商务的便利性,又带动了在地铁商圈、便利店等的消费。

4. 出台政策措施矫正"市场失灵"

发达国家纷纷完善新技术应用方面的规范准则,有效避免伦理道德及法律问题。英国标准协会于2016年发布了《机器人和机器系统的伦理设计和应用指南》。日本通过税收优惠、财政补贴等手段为那些雇用更多劳动力的企业提供资助和嘉奖,稳定低端劳动力就业;同时鼓励企业加大培训力度,政府按照企业拟培训的人数发放补贴,并根据培训效果调整补贴额度,推动传统产业劳动者适应新兴产业要求。

(二) 我国应对新一轮科技和产业革命影响的政策建议

当前,新技术、新产业相关的理论和技术不断突破,正处在从量变到质变的前夕。近年来,我国不仅在大数据、云计算、人工智能、机器人等关键技术领域走在世界前列,一批龙头骨干企业加速成长,创新创业日趋活跃。可以说,新技术领域作为当今时代最先进的生产力,与"大众创业、万众创新"带来的先进生产方式相结合,必将催生颠覆式变革。我国应在广泛借鉴国际经验的基础上,立足国情,在技术攻关、成果转化、产业布局、政策规范等方面协同发力,趋利避害,让全社会共享科技、产业变革发展带来的巨大红利。

1. 有效放大科技进步和创新的就业需求促进作用

坚持促进就业作为经济社会发展的优先目标,创新和完善宏观调控方式,加强财税、金融、产业、投资等经济政策与就业政策的相互衔接。根据各地技术条件和资源禀赋，合理规划产业布局，强化人工智能等新技术的渗透和支撑，带动相关产业的集群式发展。大力发展节能环保等生产性服务业和健康养老等生活性服务业，推进实施"中国制造2025"，着力提高第三产业就业比重，挖掘第二产业就业潜力。深入实施创新驱动发展战略，推进"互联网+"行动计划，支持发展新产业、新业态。积极推进"一带一路"建设、国际产能和装备制造合作，促进劳动者境外就业。加快推动重大工程项目包落地，建立公共投资和重大项目带动就业评估机制。

2. 推动教育培训内容和方式更加适应技术变革时代的要求

如果说新一轮科技和产业革命对劳动力的替代需要10~20年时间，那么受到最大冲击的一批劳动者今天还在校园里读书。无论是技术变革时代需要的技术知识，还是创新能力、人际交往能力等劳动者素质，都应当是今天教育的重点。与此同时，改造和提升现有劳动者，加快构建一支专业知识扎实、从业经验丰富、有科学钻研精神的专业领军人才队伍刻不容缓。据统计，我国高中文化程度以下且年龄在20~29岁的劳动人口占总劳动人口的比重超过7%，远高于美国的不到2%，这部分人在新技术、新产业发展中转换工作甚至退出劳动力队伍的概率最大。要大力发展职业教育，通过财政补贴、税收减免等方式调动企业开展技能培训的积极性。协调运用高等教育、职业培训、企业培养等途径，构建相互协作的多级培养体系，在创新实践中发现和培育人才。充分借鉴国外和跨国企业的留用人才机制，从户籍制度、税收减免、企业文化等方面入手吸引人才，优化和拓展人才队伍的发展空间。

3. 完善相关的劳动就业财税社保政策

平衡新技术、新产业发展对不同人群的冲击差异。针对可能拉大的收入差距，通过二次分配予以调整。扩大社会保障覆盖面，强化征缴工作，要特别重点关注受冲击明显的重点区域和重点人群。完善就业创业信息跟踪和反馈机制，加强对高校毕业生、外出务工人员等重点群体就业创业与职业发展状况的跟踪调查。提高对吸纳就业困难人员的企业的岗位补贴、社会保险费补贴等标准。通过减税降费激发企业创新活力。落实和完善企业研发费用加计扣除、创新技术企业扶持等普惠性政策，鼓励企业增加创新投入，减轻企业负担，促进企业成为新技术、新产业发展的主体，通过转型升级带动更高质量的就业。加大对小微企业融资、税收等方面的优惠政策，充分发挥小微企业效率高、创新强、灵活自主等优势，吸纳更多就业。建立健全省（直辖市、自治区）范围及跨地区的人才需求网络信息平台。

4. 加强公共政策管理的制度机制建设

现阶段，技术创新政策还存在重制定、轻落实，政策连贯性不够等问题。应从政策的前期制定和后期考核评估两方面着手，确保各项政策能够真正落实到位。在现有政策中，规划类和原则性条款过多，可操作性差，各部门各领域政策"条块分割"。为此，要加强顶层设计，对相关政策进行总体规划，形成明确一致的政策目标。增加配套政策及实施细则，明确政策的具体期限、实施对象和反馈机制。在政策实施后，要依据一定的评估标准和程序，采用科学的方法，对政策的执行过程、政策效果和所产生的影响进行评价，判断政策是否达到了预期目的。通过建立和完善政策评估指标体系，将相关部门的政策落实纳入政绩考核体系，结合政策评估，适时对政策落实情况进行检查、监督和考核。同时引导地方政府建立和完善创新导向下的绩效评价制度，增强相关部门落实政策的动力和责任感。

参考文献：

［1］Abbotta P., Tarpb F., Wuc C. Structural Transformation, Biased Technological Change and Employment in Vietnam［J］. European Journal of Development Research, 2017, 29（1）: 54-72.

［2］Bauer T. K., Bender S. Technological Change, Organizational Change and Job Turnover［J］. Labour Economics, 2004, 11（3）: 265-291.

［3］Berman E., Bound J., Machin S. Implications of Skill-biased Technological Change: International Evidence［J］. Quarterly Journal of Economics, 1998, 113（4）: 1245-1279.

［4］Brouwer E., Kleinknecht A., Reijnen J. O. N. Employment Growth and the Innovation at the Firm Level an Empirical Study［J］. Journal of Evolutionary Economics, 1993, 3（2）: 153-159.

［5］Dachs B., Peters B. Innovation, Employment Growth and Foreign Ownership of Firms［J］. Research Policy, 2014, 43（1）: 214-232.

［6］Di Pietro G. Technological Change, Labor Markets and "Low-Skill, Low-Technology" Traps［J］. Technological Forecasting and Social Change, 2002, 69（9）: 885-895.

［7］Harrison R., Jaumandreu J., Mairesse J., et al. Does Innovation Stimulate Employment? A Firm-level Analysis Using Comparable Micro-data from Four European Countries［J］. International Journal of Industrial Organization, 2014（35）：29-43.

［8］Hollanders H., ter Weel B. Technology, Knowledge Spillovers and Changes in Employment Structure: Evidence from Six OECD Countries［J］. Labour Economics, 2002, 9（5）：579-599.

［9］Horbach J., Rennings K. Environmental Innovation and Employment Dynamics in Different Technology Fields-An Analysis Based on the German Community Innovation Survey 2009［J］. Journal of Cleaner Production, 2013（57）：158-165.

［10］Hutchinson J., Persyn D. Globalisation, Concentration and Footloose Firms: In Search of the Main Cause of the Declining Labour Share［J］. Review of World Economics, 2012, 148（1）：17-43.

［11］Hynninen S., Ojala J., Pehkonen J. Technological Change and Wage Premiums: Historical Evidence from Linked Employer-employee Data［J］. Labour Economics, 2013（24）：1-11.

［12］Malul M. Older Workers' Employment in Dynamic Technology Changes［J］. The Journal of Socio-Economics, 2009, 38（5）：809-813.

［13］Michelacci C., Lopez-salido D. Technology Shocks and Job Flows［J］. Review of Economic Studies, 2007, 74（4）：1195-1227.

［14］O'Mahony M., Robinson C., Vecchi M. The Impact of ICT on the Demand for Skilled Labour: A Cross-country Comparison［J］. Labour Economics, 2008, 15（6）：1435-1450.

［15］Piva M., Vivarelli M. Technological Change and Employment: Some Micro Evidence from Italy［J］. Applied Economics Letters, 2004, 11（6）：373-376.

［16］Van Reenen J. Employment and Technological Innovation: Evidence from U. K. Manufacturing Firms［J］. Journal of Labor Economics, 1997, 15（2）：255-284.

［17］白春礼. 创造未来的科技发展新趋势［J］. 中国科学院院刊, 2015（4）：431-434.

［18］陈霖. 论现代科学技术对企业管理的影响［J］. 郑州经济干部管理学院学报, 2006（3）：17-19.

［19］顾玲琍, 汪慧玲. 科技进步对劳动就业的影响［J］. 科技管理研究, 2006（6）：70-72.

［20］潘教峰, 张凤. 以科技发展战略研究引领未来创新发展方向［J］. 中国科学院院刊, 2016（8）：922-928.

[21] 屈小博,高凌云,贾朋. 中国制造业就业动态研究 [J]. 中国工业经济, 2016 (2): 83-97.

[22] 万钢. 全球科技创新发展历程和竞争态势 [J]. 行政管理改革, 2016 (2): 11-16.

[23] 王昌林. 新一轮科技革命和产业变革发展趋势和对策 [M]. 北京: 中国计划出版社, 2018.

[24] 吴翌琳. 技术创新与非技术创新对就业的影响研究 [J]. 统计研究, 2015 (11): 59-64.

[25] 肖延方. 论资本有机构成的提高对再就业的双重作用——兼论技术进步和再就业的关系 [J]. 经济评论, 2001 (5): 18-21.

[26] 张红霞. 技术进步的就业效应研究 [D]. 天津大学, 2011.

[27] 张钟文,叶银丹,许宪春. 高技术产业发展对经济增长和促进就业的作用研究 [J]. 统计研究, 2017, 34 (7): 37-48.

[28] 赵利. 技术进步对劳动就业的影响研究 [M]. 北京: 中国财政经济出版社, 2010.

[29] 朱轶,熊思敏. 技术进步、产业结构变动对我国就业效应的经验研究 [J]. 数量经济技术经济研究, 2009 (5): 107-119.

农村电子商务发展对农民创业就业的影响及建议

李付俊*

目前,网络经济的兴起逐渐成为中国和世界经济的新兴关注点,其对传统交易模式和商务模式都提出了新的机遇和挑战,是中国经济乃至世界经济的一个新的发展增长点,特别是对创业和就业有着不可忽视的重要性。农村电子商务(简称"农村电商")作为电子商务发展过程中重要的发展模式之一,其在我国新农村建设、增加农民收入、促进农民创业就业等方面都发挥了重要的作用。

《中共中央国务院关于实施乡村振兴战略的意见》提出,"大力建设具有广泛性的促进农村电子商务发展的基础设施,鼓励支持各类市场主体创新发展基于互联网的新型农业产业模式,深入实施电子商务进农村综合示范,加快推进农村流通现代化",进一步为我国农村电商发展指明了方向。2017年阿里研究院发布的《中国淘宝村研究报告(2017)》指出,2017年,在全国有2118个淘宝村和242个淘宝镇,淘宝村活跃网店超过49万个,带动直接就业机会超过130万个;在西部六个省市区,淘宝村实现"零突破";在国家级贫困县有33个淘宝村,省级贫困县有近400个淘宝村,电子商务对减少贫困发挥了重要作用。同时,《农村网络消费研究报告(2015)》也指出,2015年,11个发达国家中87%的人口使用互联网,而我国农村的这个比例仅为19%①;随着一、二线城市市场渐趋饱和,淘宝、腾讯、京东、百度、国美、苏宁等行业

---

* 李付俊,中国劳动和社会保障科学研究院助理研究员,经济学博士,主要研究领域:就业与劳动力市场政策。

① 资料来源:http://www.hishop.com.cn/ecschool/wztb/show_20050.html。

巨头纷纷布局农村电商,农村电商规模持续扩大,已成为我国电商增长的"新引擎"。

一、我国农村电子商务的发展现状及模式

近年来,农村电商成为学术界研究关注的重点领域之一。通过"中国知网"期刊网检索,可以发现,关于农村电商的研究从2011年开始,2015年以后达到研究高峰期,特别是2016年学术期刊论文达到了1187篇。目前涉及农村电子商务的期刊有3996篇,硕博论文80篇,但若按增加就业、创业关键词汇检索,研究成果较少,期刊论文仅有100篇左右。在个别期刊论文中,略带提到农民就业问题,但也是一笔带过。因此,本文的一个创新点就是从农民创业就业的视角出发,结合农村精准减贫的政策,通过对农村电子商务的运营模式、发展环境、现实影响、出现的问题及当下的需求等问题进行调查研究,归纳总结现有的模式经验,分析问题,为如何发展农村电子商务,以促进农民创业就业,最终推进农村经济发展方式转变和减贫,提出相应的解决方案和政策建议。

(一) 农村电子商务的发展现状

2015年11月9日,国务院颁布《关于促进农村电子商务加快发展的指导意见》,明确指出近五年我国农村电商发展的主要目标和成效,特别是在促进农民创业就业方面发挥重要作用。第一次从国家层面对农村电商发展进行了规划和发展。2016年的"中央一号"文件重点提到了要鼓励大型电商平台企业开展农村电商服务,支持地方和行业健全农村电商服务体系。2017年的"中央一号文件"更是专设一节,从更高层次、更广视角(农业经营主体、农产品、电子商务进农村综合示范、电商产业园等)关注农村电子商务,建立和完善县、乡、村三级电商服务体系,以"互联网+"整合农村电商资源,还赋予农村电商新内涵。发展农村电商要与当前扶贫攻坚、创新创业,以及"互联网+农业""一带一路"等工作结合起来。我国农村电子商务在政府政策推进以及市场需求不断增加的基础上开始逐渐发展起来,新的市场契机必然带来我国农村电子商务的蓬勃发展,同时在发展初期也存在一定的问题有待解决。

1. 农村电子商务成为电商发展的"新蓝海"

据统计,2017 年,我国农产品产量规模达到 21.18 亿吨,是全球最大的农产品生产国。① 电子商务交易规模达到 29.16 万亿元,同比增长 11.7%,其中网络购物增长近 48.70%。② 商务部在 2015 年 5 月制定发布了《"互联网+流通"行动》,提出将培育 200 个电子商务进农村综合示范县。2014~2015 年成为农村电子商务的启蒙年。在 2014 年商务部就已提出"电子商务进农村"计划。2014 年"两会"中,"农村电商"和"跨境电商"成为发展开拓电商市场的关键词。据商务部初步统计,2017 年全国农村实现网络零售额 12448.8 亿元人民币,同比增长 39.1%,其中农产品的网络零售交易额占 20%,预计达到 2500 亿元。农业部规划 2020 年我国农产品电商将达到 8000 亿元。截至 2017 年底,农村网店达到 985.6 万家,较 2016 年增加 169.3 万家,同比增长 20.7%,带动就业人数超过 2800 万人。阿里研究院《中国淘宝村研究报告(2014)》也指出,农村消费中,通过淘宝进行消费的比例逐步上升,从 2012 年第二季度的 7.11% 上升到 2014 年第一季度的 9.11%。如此巨大的利润空间和市场份额吸引了阿里、苏宁、京东等电商巨头的关注,纷纷都在农村电商这片蓝海中大展拳脚。例如,2017 年盒马生鲜开出第 25 家门店,超级物种 26 家(至 2018 年 2 月 36 家)、永辉生鲜 200 家,此外还有京东 7FRESH、苏宁小店、苏宁苏鲜生、每日优选体验店、京东到家体验店、美团生鲜体验店——"掌鱼(章鱼)生鲜"、国美生鲜店、便利蜂店等。

三线以上城市网购市场增长速度放缓,而广大农村有潜在的巨大消费市场,这无疑是广大电商争相抢占的"蛋糕"。农村网购增加,日常用品下乡,改善了农村的生活,使其更为便捷。此外,农产品电子商务的发展,拓宽了农产品分销渠道,增加了就业机会,促进了农村经济发展,增加了农民收入,这势必会受到各级乡政府还有农民的大力支持。

2. 电商巨头纷纷聚焦农村电子商务的发展新契机

"生活想要好,赶紧上淘宝""发家致富靠劳动,勤俭持家靠京东",如今这样的口号在乡镇十分常见,是电商暗战农村市场的刷墙标语。通过分析阿里

---

① 资料来源:《2018 年中国农产品电商发展报告》。
② 资料来源:国家统计局电子商务交易平台。

和京东下沉农村的举措发现，建立县村级服务站点，加强物流，做好基础建设工作以及人才培训，创新农村代购，发展农村金融，是这两大电商巨头的共同举措。

（1）阿里巴巴——100亿元打造"千村万县"。

"农村、国际化、大数据"是阿里巴巴下一阶段的三个主要方向。在农村电商这一领域，阿里率先推出"千村万县"计划，目标在3~5年内投资100亿元，建立1万个县级运营中心和10万个村级服务站，覆盖全国1/3的县和1/6的农村地区。利用大数据、云计算等技术惠及农村金融机构服务。阿里的农村电商战略主要有四点：一是普及农村居民网上消费，城镇和乡村网上消费存在着巨大差异，差异意味着机会；二是增加农村就业，鼓励回乡创业，留住农村优秀人才，依靠土地农产品等资源，借助互联网平台进行创业；三是更好地获得生产资料，通过互联网、电子商务的方式获得性价比更高的生产资料，生产者和消费者均能收益；四是拓宽农产品销售渠道，淘宝网已成线上最大的农产品流通平台，有效解决农村信息不对称，增加农产品的销售渠道。

（2）京东——"京东帮""县级服务中心"成互补。

"工业品进农村、农村金融和生鲜电商"是京东发展农村电商的战略举措。借助其自营优势，将自有的物流配送基础升级，县级服务中心提供为客户下单、配送、产品展示以及培训乡村推广员。京东通过招募乡村推广员来拓宽物流渠道，仅2015年1月就招募了1000多名乡村代理人。面向大家电的一站式（营销、配送、安装与维修）服务的"京东帮"服务店同样针对4~6级市场，采用合作模式，依托本地资源，将重点放在大家电在物流、安装和维修上的独特需求。由此形成"县级服务中心"和"京东帮"服务店的互补模式。

3. 在大范围内开展了信息化基础建设

当前，中央电视台卫星频道在农村的覆盖率达到了90%以上，省级卫视的覆盖率也达到了68%，广播则已基本实现全面覆盖。同时，平均每一百户农民家庭拥有70部固定电话、82台计算机；家电下乡等政府扶持政策也得到了有效实施。此外，在信息化建设进程不断加快的影响下，农村互联网的接入条件也得到了显著改善，网络硬件设备也趋于完备，截至2017年，我国农村网民人数便已达到2.09亿人，占整体网民数量的27%，农民信息技术的使用意识也得到显著增强。

4. 农村对电子商务的认识还停留在初始阶段

现如今人们对农村电子商务的认识理解还没有产业整体发展的概念，忽视了与电商行业自身发展的融合。目前，在城市中已经泛滥的互联网思维、电商理念、微营销等概念，在农村还是新鲜事物，不要说留守在农村的农民群体对电商还处于模糊状态，就连一些县乡的干部或者相关政府从业人员也对电商的概念理解较浅，特别是对农村电商的特有模式的认识存在差异或者差距。农村居民很少有人能够讲清楚电商究竟是做什么，而那些农村电商领域的先行者，也往往走入误区，把电商看作是一个独立的产业形态，为发展电商而发展电商，缺少产业关联发展的意识，缺少电商行业发展的整体概念。在初始阶段，农村电商企业的发展可以依靠产品的特有属性占据独立市场，但随着市场分享以及替代性产品的逐渐发展，其产品优势逐渐消失，如果不寻求管理、服务以及相关产业联动发展等手段，单单依靠原来的经营管理模式，那么最终独木难支，企业发展缺少长期可持续发展的保证。

5. 电商人才培养结构与产业需求不匹配

从电商人才需求方面来看，目前农村电商最为紧缺的人才需求类型还是以应用型人才为主，包括运营推广、美工设计以及数据分析人才。其虽然有一定技术含量，但总体可以归结为缺乏电商"蓝领"。通过阿里研究院与淘宝商学院联合发布的《县域电子商务人才研究微报告》显示，未来两年县域网商对电商人才的需求量将超过200万人。《"新三农"与电子商务》引用的调查数据表明，20%的人认为缺少开店知识，另有14%反映不会设计网店，31%认为当前最大的困难是经营管理和发展问题。

从电商人才供给来看，目前我国电商人才培养仍然以高校电商专业人才培养为主，但该学科专业的设置与目前电商行业发展的需求并不匹配。许多高校开设的电子商务专业所培养的人才知识结构并不完全满足当前电商行业快速发展的需求，特别是农村电商具有其特殊性，大众电商专业人才与其脱节现象明显。从根本的原因来看，目前电商行业的产学研是分割的，直接导致人才培养结构与产业需求不匹配。

（二）农村电子商务的发展模式分类

随着市场需求的不断多元化，近几年我国农村电子商务的发展逐步得到完善，在全国涌现出一批具有典型性和示范性的经营模式。

1. "综合服务商+网商+传统产业"模式——"遂昌模式"

"综合服务商+网商+传统产业"模式是指将已经本地化的综合服务商作为农村电商的基本驱动力，进而盘活县域层次的电子商务发展，最后使当地传统产业创新发展，特别是以电商形式促进当地传统农业和农产品的发展。这种模式是2013年阿里研究院专门针对遂昌农村电子商务发展进行的总结和推广，称为"遂昌模式"。综合服务商是模式的核心内容，其主要职能是以制度形式对农林产品产销进行标准化，然后对农产品商品进行数据包制作，包括图片和商品描述，以支撑线上分销商选货和网销。同时还具备仓储功能，为线上分销商提供订单服务和产品售后服务。综合服务商类似于中介的概念，将分散的农产品变为具有规范性的商品，减少了网商的技术阻碍，并且降低了资金门槛，进而使他们实现零库存经营。

2. "区域电商服务中心+青年网商"模式——"丽水模式"

"区域电商服务中心+青年网商"模式是指通过区域电商服务中心的建立形成电商产业园，在当地聚集电商企业，特别是鼓励农村青年进行互联网创业，实现当地农村电子商务的迅速发展。该模式的典型代表地区是浙江丽水，丽水通过该模式的广泛运用，其农村电商规模迅速扩大，2014年全年农产品销售额达到了38亿元，网店数量达到了8400多家。"丽水模式"的核心即为"政府牵头、投资建园、企业运营"，效益以公益为主，以市场为辅，政府投资构建电商园区，建立区域电商服务中心，同时在市、县层面都建立了电商创业园。2015年上半年，有将近600余家电商企业入驻创业园，同比增长66%，青年从业人数达2600余人。

3. "生产方+电商公司"模式——"通榆模式"

"生产方+电商公司"模式是指通过政府与市场的合作，成立农村电商公司，整合农产品生产方资源，打通农村与市场的通道。该模式以吉林通榆电商项目为典型，该公司的主要职能就是将农户、生产基地或者合作社的农产品整合在一起，由公司统一通过淘宝等电商平台进行线上销售。公司运营主要是政府系统性委托给具有一定电商实力和资源的企业进行市场运营，由企业进行产品线上线下的包装、销售、运输、售后等一系列交易活动。

4. "集群品牌+电子商务"模式——"清河模式"

"集群品牌+电子商务"模式是指优先发展产品集群品牌效应，特别打造特有农产品品牌的专业市场,通过电子商务的渠道,打开农村电子商务发展空间的主要模式。该模式的典型代表是河北清河,因此又称"清河模式"。清河经过当地政府和企业的共同发展建立了新百丰羊绒(电子)交易中心,该中心的成立在几年内吸引了近200家羊绒企业通过此平台进行线上交易,还衍生出了B2C模式的"清河羊绒网"、O2O模式的"百绒汇"网,成为跟淘宝、京东类似的电子交易平台,主要通过品牌效应来促进农村电商的快速发展。

5. "农产品供应商+联盟+采购企业"模式——"货通天下农商产业联盟模式"

"农产品供应商+联盟+采购企业"模式即为B-B模式,其典型代表是上海"货通天下农商产业联盟"平台,该联盟平台会组织一定的会员规模,实现生产型农户与销售型大企业的对接,以线上平台为基础,将农产品需求和供给合理匹配起来。在实际交易中,平台不仅为供需双方提供订单撮合、拍卖销售、委托采购、支付结算等交易服务,还根据销售方需求建立一套农产品的品质标准和质量检验、缺陷折扣的交易流程。农商产业联盟模式在整合农业产业链、降低市场交易成本和推动农业生产的规模化、产业化、专业化和服务的社会化等方面具有积极意义。

二、我国网络经济发展对创业就业的影响

2008年金融危机爆发以后,全球经济低迷,中国经济也进入"低增速"时代,就业压力不断加大。但网络经济和电子商务的发展却不断增速,其对就业的影响则更为明显。据不完全统计,截至2011年,我国网络经济活动累计创造的直接和间接就业岗位超过1000万个,至2015年底,仅网络零售平台将带动就业3000万人。[①] 因此,网络经济特别是电子商务的发展成为我国拉动就业、促进创业的新契机。

(一)有利于扩大就业规模,拓宽就业领域,促生新的职业岗位

从扩大就业规模的角度看,首先,网络创业具有一定的特殊性,其涉及我

---

① 中国就业促进会. 中国电商——网络创业就业进行时 [M]. 北京:中国劳动社会保障出版社,2016.

国三大产业，涵盖门类较为广泛，加之其进入门槛并不高，成本消耗低，业态也较为灵活，产业相关性较大，因此一个行业的网络创业成功往往会迅速带动相关产业链的就业，比如物流、支付、客服等，就业规模成倍增长。其次，网络经济的发展还能带动其他类型经济的联动发展，衍生出其他行业的需求，继而带动相关就业的增加。最后，网络创业就业没有地域的界限，不论是城乡居民，还是青年妇女，还是残疾人等弱势群体都可以进行创业和就业，几乎没有外在性的就业歧视。根据初步统计，2003~2013年的十年间已有超过3万名的残疾人选择在淘宝平台创业就业。

从扩宽就业领域的角度看，电子商务发展对技术的引领作用，特别是新材料、新能源以及新技术的发明及应用，会进一步扩大社会分工的范围，创造生产服务活动的新领域，为就业提供了扩容空间。

从促生新的职业岗位角度来看，网购行业催生出网店客服、网店装修师、职业代拍人、网店软件商、网店培训师、网店职业经理人等一系列新职业。数据显示，目前仅淘宝网的网店客服数就已达到284万人，网店装修师超过80万人。

(二) 有利于优化就业结构，转换就业观念，创新就业模式

首先，网络创业、就业能够促进劳动的性质和职能发生根本改变，从而使智力资本劳动力需求越来越大。具有知识和技术的劳动者既要依靠资本发展，又要具有支配资本的力量，从而增加大量智能型产业，衍生出智力型劳动力就业形式，促进智能密集型产业的兴起，优化劳动力就业结构。

其次，网络创业、就业可以有效转变当前劳动力的就业观念，进一步激发高校毕业生、科技人员、返乡农民工以及本地农民等人员的创业动力，提高创业成功率。尤其是针对高校毕业生和农民等特殊群体，网络创业就业可以改变他们当前较为传统的就业、创业意识，增强自我创业意识，促进本地农民就近就业，有效推进农村转移劳动力和高校毕业生就业工作。

最后，工作家庭化成为现实，使人们纷纷从工厂和办公室走出来，带来了就业模式的革命。网络创业增加了就业市场选择的自主性、多样性和个性化，促进了人力资源市场的灵活化，打破了常规工时制度，着力推行灵活工时制，分享工作。更多的人选择在家办公和购物，在改变生活方式的同时，也提高了生活质量。

(三) 有利于提高就业质量，促进公平就业，提升劳动者幸福指数

首先，网络创业就业带来了工作、生活方式的转变，使得SOHO和数字化生活成为现实。网络创业为就业提供了更多的选择，既可以进一步拓展就业形式、丰富就业内容，提高就业率，又可以提高就业弹性，满足多种就业需求，大大提高了人的自由度，能够促进草根阶层获得自我实现的机会，为劳动者创造良好的就业空间，提升其就业质量。

其次，网络创业就业突破了从传统就业身高、相貌、性别、文化差异等造成限制或者就业歧视，不论男女老少、城市农村、身体残疾或者身份高低，都在同一个创业就业平台，公平竞争，从而为全体劳动者提供一个和谐、公平的创业就业空间。

最后，网络创业就业为劳动者提供了全面发展和表现自己能力的机会，通过自身努力即可解决生存和发展问题，获得了社会认同，大大提高了劳动者的就业满意度，在更大的自由度下，人们可以实现远程或居家工作，更好地享受生活，享受经济发展带来的丰硕成果。

(四) 扩展创业范围，促进绿色创业就业发展

首先，网络创业就业实现了物质资本向智力资本的转变，特别是电子商务的发展，促进资本市场与产品市场的高效对接。电子商务的快速发展依赖于网络技术的不断提升和信息的高速传输，而要实现电子商务平台上的创业就业，就必须对更多的知识和信息进行整合、传播和应用。因此网络创业扩展了创业范围，盘活了整个市场资源。

其次，电子信息技术的发展带动了第三产业井喷式的发展，智力资本对经济的贡献已经成为主体部分。因此网络创业就业使经济主体摆脱了对制造业经济的依赖，其更多是通过信息技术的发展来拉动整体经济的发展，有效减少电、油能耗，减少环境污染，促进绿色就业的发展。

三、农村电子商务对农民创业就业的影响途径

(一) 对农村经济发展方式的转变

不论从理论还是实践来看，经济发展是带动就业总量增长的重要因素，因此农村电子商务对农民就业创业的一个主要影响途径，即通过农村电商的发展

带动农村经济的发展,进而改变农民就业创业现状。随着网购进村和农产品进城双向农村电商通道的逐步完善,电商将进一步带动农村经济社会发展,并将在乡村旅游、农村金融服务等方面深度发力,改变传统农村经济发展方式,不仅将改善农民生活,达到精准扶贫的效果,同时还将加快推动城乡一体化发展。

1. 电商精准扶贫拉动农村消费经济

2014 年以后,我国农村网购人群进入高速增长期。根据商务部 2016 年的相关数据显示,2016 年,我国农村网络零售额达 8945.4 亿元,其中实物型网络零售额 5792.4 亿元,服务型网络零售额 3153.0 亿元。根据《中国农村互联网发展状况调查报告》统计,截至 2017 年 12 月,我国农村网民占比为 27%,规模为 2.09 亿人,预计 2018 年中国农村网民规模将达 2.4 亿人。同时,农村网民网络购物使用率为 43.2%,同比增加 12.1%。农村正在成为网络零售的新增长点。根据阿里研究院统计,按照有效 GMV 计算,淘宝网(含天猫)发往农村地区的订单金额占全网的比例,从 2013 年第一季度的 8.65%,上升到 2015 年第一季度的 9.64%,约上升了 1 个百分点,因此从数据可以看出农村网络电商市场的增速越来越快,未来的农村网络交易空间将会十分广阔。

从电商扶贫方面来看,电商精准扶贫就是以电子商务为手段,拉动网络创业和网络消费,推动贫困地区特色产品销售的一种信息化扶贫模式。我国贫困地区电子商务发展有着巨大的潜力。电商扶贫主要包含三个方面:一是扶持贫困地区家庭进行网上销售创业,包括进行基础知识培训及相应的启动资金支持等;二是改善农村电子商务发展基础,主要是对贫困村的信息、交通、物流基础加强建设,满足电子商务发展的需求;三是强化社会资源的统筹,包括政府推动当地优势特色农产品的开发、宣传与推广,动员企业与社会各界与农村对接扩大网上销售和农村特色旅游开发等。因此电商扶贫的基本作用就是盘活农村资源,最终达到农民增收的利益最大化、拉动农村消费经济的目的。据报道,移动网购消费增幅最大的 100 个县中 75% 位于中西部,在亿元淘宝县中,国家级贫困县就有 21 个。现在城市消费者购买农产品的价格并不低,但农民并没有从中得到太大的好处,原因就在于中间渠道太多,成本太高。电子商务可以砍掉农产品销售的中间商,在不增加城市居民负担的情况下,有可能成倍地增加农民收入。再者,对于城市消费者而言,好的电商能让他们有更多的消费选择，电商的产品都可溯源，能解决城乡居民对食品安全的担心。通过电商，还有可能建立消费者与生产者的直接联系，有助于未来进入私人定制式的个性化消费时代。

2. 推动农村经济发展，转变农业发展方式

从推动农村经济发展的角度来看，农村电商成为拉动农业经济快速发展，提升其发展质量，转变农业发展方式的重要突破口。农村电商的出现将分散的农产品产生聚集在统一的线上平台，把产品真正的放进市场，靠市场的作用来推动农产品的生产和销售，从根本上避免了农产品的销售困难陷阱。全国首例私人订制农场项目"聚土地"于2014年3月在安徽省绩溪县成立，该项目刚出来就受到广大消费者的青睐。消费者及用户只需要从农户手中提前订购需要的土地份额，则其每个月都可以收到土地产出的农产品，并且提供免费的住宿及旅行。项目发布短短5天时间，点击5亿次，参与购买3500多人，销售土地465亩，共228万元，农民每亩土地增收2000余元[①]。

(二) 对农村劳动力安置与就业创业的总量及结构影响

1. 农村电商拉动就业创业的直接效应

目前移动互联网技术以及社会化媒体的不断发展和完善给农村电商发展提供了硬件基础，为农村经济方式的转变提供了新的发展契机。在其他生产要素方面，虽然中国农村人口受教育程度和水平受到了一定限制，但是对于电子商务而言，中国农村提供了大量劳动力储备，相反农村电子商务的发展对于吸纳农民就近就业、安置农村剩余劳动力、鼓励进城务工返乡人员自主创业发挥了重要的作用。

农村电商作为产业发展，直接带来当地农民就近就地就业，农村剩余劳动力得到妥善安置。从数据显示结果来看，阿里研究院在对中国"淘宝村"的研究基础上，专门针对农村电商吸纳农民就近就业的情况进行了调查分析，调查结果显示，随着中国农村电商的发展，其对中国农村剩余劳动力的吸纳作用是非常明显的。表1比较直观地反映出以个人网店为代表的中国农村电商在2005~2013年的数量增长，以及由于农村电商的发展带动的农村就业人数的变化情况。

---

① 资料来源：http://finance.huanqiu.com/roll/2015-04/6118991.html.

表1 2005~2013年中国农村个人电商发展及其农村劳动力吸纳水平

年份	农村个人网店数（万家）	吸纳农村就业数（万人）
2005	1.07	4.28
2006	2.32	9.28
2007	7.28	29.12
2008	20.52	82.08
2009	43.68	174.72
2010	79.3	317.2
2011	127.6	510.4
2012	163.26	653.04
2013	203.9	815.6

注：吸纳农村就业人数是基于一个农村个人网店带动4人就业为基础进行计算而得。

资料来源：吕丹．基于农村电商发展视角的农村剩余劳动力安置路径探析［J］．农业经济问题，2015（3）：62-68．

从带动返乡农民工自主创业的情况来看，当前我国大部分进城务工的农村青年劳动力与过去相比，已经发生了质的改变，过去的农民工基本上没有目标，同时缺乏就业技能，而现在的青年农民工（又称新生代农民工）选择职业则更有目的性，同时也接受过一定程度的技能培训，可以说是有一定就业能力的"产业工人"。他们受现代城市的生活、消费观念影响较大，并且有相当一部分人接受过与城市人一样的现代教育，头脑灵活，敢想敢干，因此这些农村劳动力是农村电商发展的重要供给，也是返乡创业大军的主体。农村电商的发展给这批返乡创业的农民工提供了很好的发展平台。例如，顺丰在内部鼓励员工加盟顺丰，在家乡创立网点，鼓励员工返乡创业，并且对此提供一定的资金补贴和政策扶持，其目的是通过三、四线城市的员工在家乡创立网点，实现顺丰向全国城市、农村的网络布局。

从盘活农村剩余劳动力的情况来看，农村电商吸纳就业的能力会促进不同层次的劳动力进入农村电商体系中来，包括技术含量高的技术性岗位，即网页设计、数据库建设、网站维护、产品制作等，同时也包括体力劳动、技术含量低的简单岗位，即仓储、物流、客户服务等岗位。从农村电商产业链的上游至下游，其吸纳了许多不同层次的农村劳动力，特别是技术含量低的岗位也是农村电商发展过程中重要的岗位支持，可以为农村剩余劳动力，包括农村留守人员、农村妇女等弱势群体提供大量的就业机会，他们不仅仅能通过农活耕作来维持生计，同时也可以在闲暇时间从事农村电商的相关生产活动，并不需要像正式工作一样被束缚，时间自由，岗位灵活。对于农村电商技术性要求较大的岗位，可以由农村剩余劳动力中具有相关技能的劳动力从事，也可以由专门从事电商行业的劳动力来承担，进而带动当地劳动力电商技能水平的提升。综上所述，对于农村不同层次、不同实际状况和需求的农村剩余劳动力，农村电商的发展都可以为其提供良好的就业机会。

2. 农村电商拉动就业的间接效应

农村电商的发展，会带动相关产业在农村的发展，并且由于网络经济的特殊性，其就业岗位的更新速度也会加快，新的岗位需求会间接带动当地农村劳动力进入新的产业进行就业、创业。

从结构上来看，基于不同的空间和产业的布局及资源禀赋等的差异，农村电商在发展模式的选择上也在一定程度上影响了对劳动力的吸纳水平。从空间分布来看，典型性样本大部分分布在东部沿海地带，并且经营产品多为非农产品（玩具、箱包、童车），制造业占主体，产生的农村剩余劳动力直接就业效果明显。此外，中部、东北部和西部地区的基础设施都比较落后，物流发展慢，信息闭塞，不仅给当地的生产流通造成不利的影响，而且不利于与外界交流。这些地区的产业多以第一产业为主，但大多数农产品并不被外界知晓，农村电商的发展带动了这些特产的销售。这些地区农村电商的发展一般借助政府提供的平台，而且销售的产品多是当地的特色农产品，一方面可以满足人们对特色产品的需求，另一方面提高了农民种植的积极性，提高了他们的就业率。因此对于这类电商而言，带动的主要是上游产业和相关产业的剩余劳动力就业。

此外，电商的基本形态决定了其对劳动力的多元化需求，其中，物流行业的出现与电商的发展密不可分，而农村电商的特殊性进而对物流产生了新的就业形态需求，比如电商乡村推广员、农村站点服务人员、物流配送人员等。乡村推广员的主要任务是帮助村民建立网购习惯，为他们提供手把手的服务，比如设立电商账户、选购商品、代为支付、送货上门、处理退换货需求等，以此赚取一定的电商佣金。同时，乡村推广员还能在本村发掘出有市场优势的农产品和土特产，在电商网络开店销售，帮助当地村民增收。从全国情况来看，京东仅在陕西就有近5000名乡村推广员。海南省海口市石山镇以农村电商为平台建立了农业特色小镇，同时建立电子农务服务站点，一是电商进村：由于受乡村人口交通条件的限制，大多快递物流无法抵达每一个村落，服务点的建立可以结合物流公司达到物流的转接，从而真正地实现村民的网购。另外，由于村民的网络技术水平偏低、上网设备比较落后，服务点的建成可以给村民们提供网购技术支持，或通过专业人员的代购，完成消费。二是公益服务：服务点可以开展农民教育活动，为教学提供场所；为政府的公益服务提供场所和支持。三是信息传递：网络上的实时信息、最新资讯都可通过服务站第一时间传递到农户身边，科学地指导生产。另外，经数据库整理和分析的数据结果也可第一时间下放到各基层和农户，提高办事效率，进行科学生产。海南农村电商服务站点的出现是农村电商发展的附加产品，其岗位需求的技能较为多元化，有些岗位需要一定的电子信息专业能力，但同时也存在只需要简单劳动力技能的岗位，因此其对当地农民及农村剩余劳动力就业安置具有重要的作用。上述直接效应和间接效应如图1所示。

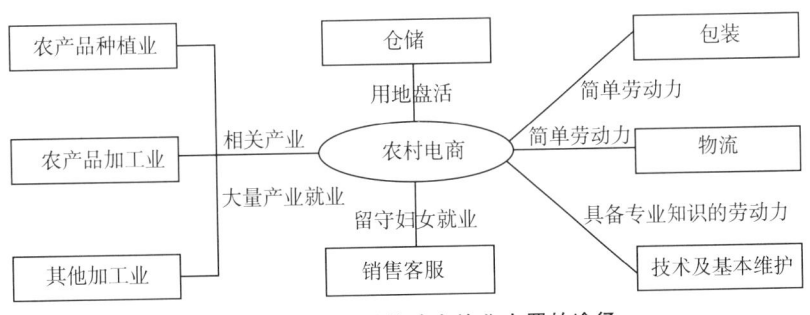

图1 农村电商对劳动力就业安置的途径

（三）农村电商发展带来当地农村创业形式的多样化

从目前国家政策对农村电商发展的支持力度以及多家互联网巨头深入农村发展的现状案例看，农村电商、农产品电商、农特微商以及农村物流的兴起将掀起一股创业热潮。"互联网+农业"模式的出现，并不仅仅是将农产品的产品向城市输送，也不是向农村卖商品，而是以农村为中心构建一个生态系统，并通过鼓励创业的方式积极带动农村就业。

1. 农村电商和村淘创业

随着城市市场的逐渐饱和,越来越多的电商企业开始将目光转向了农村市场,电商渠道下沉开始成为一种趋势。京东、阿里等电商巨头也开始在县域、农村电商领域展开了激烈的竞争。相对于城市来说,农村电商有自己特殊的属性和特征:农村的用户居住较为分散、农村领域的网购购物还处于萌芽阶段、农民对品牌商品有需求但缺乏有效的购物渠道。因此要解决以上农村电商市场存在的问题,满足农民对品牌商品的需求,发展农村电商以及村淘站点是一个比较合适的创业形式,包括"借平台创业模式"和"自主创业模式"。

借平台创业模式主要以京东农村电商模式和阿里村淘为主,创业者需要向平台电商递交申请,并且需要满足一定的资格条件。该模式借助互联网巨头企业的规模效应,在农村地区不仅能够快速有效地推动当地农村电商的发展,同时还能通过创业带动就业效应,大范围增加当地劳动力就业总量。比如,京东现在已经招募和签约的乡村推广员达到了数万名,阿里计划3~5年内投资100亿元成立1000个县级服务中心和10万个村级服务站,涉及的农村劳动力就业人口达到70%。

自主创业模式则是将当地农户的需求集中起来,统一向平台下订单,这样的模式可以有效推动农村在互联网领域的创业活动。这种创业方式可行性比较大,风险较低,不存在库存的风险,只要运营者具备一定的电商运营经验,选择具有互联网基础的农村进行试点,就可以取得一定的成效。

2. 县域农村电商物流创业

从目前国内的快递网络来看,县级的城市基本实现了快递网络的覆盖,但从县级到村级的物流一直以来都是快递行业的一个痛点和软肋。因此京东、阿里菜鸟等电商平台为了实现在农村电商市场的布局,也在积极推进县到村的物流网络建设。因此"县—村"层面的物流网络发展提供了较大的创业空间,其可行性较大,风险较低,只要能够说服快递企业在各个区的区总,同时还要对电商快递包裹流量的稳定程度进行风险评估,拥有一定整合和调度社会运力资源的能力。顺丰已经开始在农村领域布局,物流网络已经覆盖了大约全国40%的乡镇。顺丰还积极鼓励员工回乡创业,带动服务网点的下沉,建立乡村站点,将快递直接送达农村农民的手中,同时利用乡村站点为"城乡购"中土特产的物流运送提供重要的支持。

3. 农村刷墙创业

随着目前"互联网下乡"的趋势逐渐改变农村现状，各类电商进入农村的途径也不断进行"互联网更新"，进行宣传的主要形式也发生了一定的改变，其中"刷墙"业务逐渐从农村电商的宣传手段发展中出现。在各类下乡推广手段中，成本低廉、效果直接又接地气的"刷墙"迅速脱颖而出，从"隔壁的孝子都给爸妈买荣耀7啦"到"老乡见老乡，购物去当当""生活要想好，赶紧上淘宝"，各色商家标语频频出现在中国各地村庄的墙上。刷墙业务牢牢抓住了农村互联网的入口，其主要通过招募网络村干部进行线下推广，雇佣农民为其工作，设计符合农民语言特色的刷墙语言，不仅推动了电商深入农村的进程，同时带动了当地农民的就业、创业。目前，我国最大的刷墙互联网公司叫村村乐，号称"中国最大刷墙公司"。在过去6年里，这家公司通过互联网打造了一个以村为单位的巨大门户，在全国68万个行政村招揽了近30万名农村当地代理人，有订单时，一声令下，这支庞大的生力军就"可以刷中国所有村庄的墙"。

4. 农村电商培训创业

不论从学术研究还是从农村电商实际发展过程中都可以发现人才短板是农村电子商务发展的主要障碍因素之一，从措施方面来看，国家也从资金资助方面重点提出要加强农村电商技能培训资金支持力度，因此，农村电商技能培训市场也成为农村电商创业的重要形式之一。农村电商培训所创造的巨大创业、就业市场，需要具有一定电商知识的人才队伍来支撑，因此农民自己或者其他已经具有一定互联网思维的人都可以参与到农村电商技能培训市场中，深入到农村地区对农民进行相关技能培训。此类培训需要有政府在政策和资金方面的支持，对农村电商发展带动就业、创业具有积极作用。目前全国20多家农特微商创业园中的会员们会逐渐成为电商培训导师，帮助和带动更多的人从事农村电商事业。

5. 农村旅游平台创业

互联网在农村经济的发展中不仅促进了农村电商产业自身的发展，同时由于电商产业与其他产业联系紧密，而且促进了当地旅游业的兴起和发展。很多农村在电商品牌的带动效应下，搭建了具有本地产品特色、本地人文特色的农村旅游平台，在为消费者提供旅游服务的同时，也反过来促进了农村电商的发展，带动当地农特产品的销售。因此农村旅游平台也是随着农村电商发展而衍生出来的市场商机，这种创业形式不需要复杂的商业模式，只需要将当地的农业特色和当地的人文资源有效结合起来，以旅游促发展，在提高产品质量的基础上，使旅游和农产品销售相互促进，推动农产品的营销和推广。2015年6月，农特微商领域的知名品牌"简小姐燕窝"开展了一场走进马来西亚的燕窝寻燕之旅，获得了比较好的品牌传播和营销效果。

（四）对农民创业就业意识的改变

1. 农民意识的变迁

（1）生育意识变迁。在人口方面，农村一直是我国社会经济发展的重点和难点，农村人口问题也是我国人口研究的重要领域之一，计划生育政策在农村的推行一直以来都是困难重重。但随着我国城镇化进程的不断推进以及农村经济发展方式的不断转变，农民的生育观念开始慢慢得到改变，但是否农村经济的发展是农民生育观念改变的必要条件，这点还需要进一步的研究和论证，但许多研究已显示，非农化与乡镇集体企业的发展，确实正在改变农民的生育观念。

（2）消费意识变迁。农户经济活动的最终表现形式和直接结果即为农村消费。农村消费水平既是农村物质条件成熟程度的主要指标，也是农村经济发展实际水平的体现。农民或者农村"现代化"意识的提升主要表现为农民消费观念和消费结构的改变。随着消费支出的变化，农民生活消费结构也发生了显著变化：恩格尔系数下降且食品消费质量提高；衣着消费金额增加且比重下降；居住面积不断增加且住房质量显著改善；家庭耐用消费品拥有量显著上升；交通和通信费迅猛增长；文教娱乐和医疗保健消费比重快速上升。农民的消费结构由"自给性消费"转向"商品性消费"，消费形态市场化和多样化已经成为农村消费的主流。

（3）现代开放意识的生成。开放意识是农村社会价值观念转型的一个重要窗口，其内容是指个人对外部世界的评价程度。传统意义上的中国农民普遍具有反风险的心理特征，农户的生产决策总是处于"风险最小化"。但我国实行改革开放以来，乡镇企业异军突起，城乡经济迅猛发展，农村大量劳动力进城务工，经过这些年的洗礼，广大农民的视野已经相当开阔，观念不断更新，现代意识日益加强，生活方式和行为习惯正在朝科学、文明、健康的现代化方向转变，生活水平和质量都有了显著提高。但是不可否认的是，在农村广大地区，尤其是在一些比较偏僻封闭的地方，陈旧的观念仍然在农民的头脑中挥之不去，这些旧观念制约了农民生活水平的提高和农村社会发展的进步。

2. 农村劳动力就业意识现状

目前，我国农民中文盲、半文盲比重很大，非文盲中85%以上只有小学或初中水平，约5%受过职业教育和培训，所掌握的科学文化知识、生产技术和市场经济知识远不能适应市场经济、社会进步的需要，这给农民充分就业带来一定的难度。其中最为根本的是，农民自身的就业观念依然较为传统，不少农村劳动力受传统思想的影响，认为在农村干一辈子没出息，缺乏扎根农村、艰苦创业、开拓致富的思想基础，觉得在家务农没有面子，不愿意或不甘心从事农业生产的青年，只想着离开农村，出现轻视农业、欲跳出"农"门的现象。然而即使现在鼓励农民工或者农村大学生回乡创业，但创业者中大多数农村青年是在周围的已创业者的带动下、家庭长辈的扶持下进行创业，而绝大部分青年由于受到阅历和经验、家庭条件的限制，在就业竞争中处于不利地位，先进知识懂得少、致富信息不灵通，创业意识淡薄。由于年龄小、未成家，缺乏责任意识，普遍存在"小富即安""一人吃饱全家不饿"等思想，最后形成一个怪形象，即年初外出打工年底回家过年，过个年把一年的积蓄用完，成家后才能够相对成熟，错失了就业、创业的良好机遇。从离开家乡、进入城市社会的时候开始，在城市的现代文化和市场经济价值观念的冲击下，非主流意识形态不断滋生蔓延，在一定程度上干扰和影响广大农村青年对社会主义意识形态的认同感和接受度。

3. 农村电商推进农民返乡就业创业意识的改变

由上述近年来我国农民非农意识变迁的情况来看，其直接表现形式即为农民工进城务工，根本原因是本地农村给他的创业、就业机会比较少，同时城市的收入、环境、生活等多方面因素也促使农民"出农"进城的就业、创业意识形成。电商的发展，特别是农村电商的普及对于农民传统进城务工的就业意识改变起到了关键的作用。农村电商的运营要求以及其农产品上行或者商品下行的表现形式方便了本地农民就近就业，增加了本地农村劳动力的就业机会，同时农村电商带来的巨大收益也吸引了之前进城务工的农民工返乡创业、就业，从根本上改变了农民对于土地的非依赖意识，改变了农民传统的就业、创业观念，使"农民致富"得到了真正的可能。从理论上来看，促使农民发生意识转变的影响因素由原来的只有在城市才能实现最大利益化转变为农村收益最大化。虽然是返回农村就业创业，但其根本价值观并不受农村传统观念的限制，反而是更加现代化的思维，促使农村劳动力增强自身劳动技能，加强培训意识，反过来促进了农村电商的扩大化发展。

但同时，农村电商发展的最大瓶颈也正与农民对网络就业创业的认识意识不够有关。发展农村电商本质上是依靠能人带动，电商运营涉及互联网技术操作、网络营销、上下游的对接等专业知识，传统农民根本不具备这样的素质，农村电商需要的是一批新农人。新农人需要具备以下条件：职业经历和背景多元化，具备互联网思维，具备较强的农业技能、创新思维、群体思维（懂得抱团发展，重视分享交流），品牌意识强，具有鲜明的文化基因。虽然目前我国农民就业创业意识已经发生根本改变，但农民本身的素质质量不高现状依然广泛存在。根据以上条件，新农人的最佳人选就是返乡创业的知识青年，只有他们才能驾驭互联网，懂得如何用"农业+互联网"。但很多县的情况是：年轻劳动力绝大多数都外出打工，留下来的都是妇孺儿童和老人，县人社局每次组织电商人才培训都找不到人，最后实在没办法，为了完成任务只好拉来一帮妇女过来听，有的还是抱着小孩儿来的。

此外，农产品下沉和农产品进城都是农村电商的重要内容，因此，农民同时扮演了两个角色，一个是生产者，一个是消费者，两个角色都说明农民是农村电商的主体。但从实际情况来看，目前我国农民主动网购的意识并不高，对互联网的认可度也尚停留在初始阶段，很多人对网络这个新生事物还存有一定的顾虑，根深蒂固的"反风险"意识是改变农民传统交易习惯的重要阻碍因素。因此农村电商的发展对改变农民就业、创业意识还需进一步的发展和调整。

四、农村电子商务促进创业就业的对策建议

针对农村电商促进农民创业就业的对策建议既要有效解决目前农村电子商务发展存在的短板和问题，同时也要激励和最大限度地发挥农村电子商务扩大农村劳动力就业、促进农民自主创业的作用。针对农村电商发展现状以及其对

农村创业就业影响机制，本文从政府、农村、电商企业产业链、产品以及农民自身五个层面提出对策建议。

（一）提升政府支持网络创业就业服务水平，对现有就业政策进行充实完善

首先，从政府顶层设计方面，针对农村电商促进创业就业，应将网络创业就业提升至政府工作内容之中。各地政府应组建有关部门参与网络创业就业工作，形成工作领导小组，制定发展网络创业就业的工作计划和政策措施，及时调查研究和协调解决网络创业就业中的重大问题。

其次，要为网络创业者提供完善的信息平台、技术支持、信息服务和销售渠道帮助。政府可以通过建立网络创业公共信息服务平台，发布相关政策、创业项目、产品生产与销售以及创业培训和实训信息等，为网络创业者提供技术支持。同时还可由各职能部门提供法律、工商、税务、财务、场地、融资等方面的创业咨询服务，以及提供如何获得各种资金支持的渠道和方法等。

最后，将现行的积极就业政策和创业政策向网络创业就业延伸，并根据《就业促进法》的有关规定和网络创业就业特点，制定一套科学有序、配套完善的政策体系，包括网络创业融资、场地、培训、服务、咨询、社保、职业安全与卫生等扶持政策支持。具体来说，应放宽对经营范围的限制，凡是法律、法规未禁止的，应该向各类网络创业主体开放，并允许资金分期到位。同时对网络创业实施资金和信贷支持政策，这也是农村电商发展所最需要的政策支持；将国务院关于促进创业、带动就业政策文件规定的创业扶持资金和享受对象延伸到网络创业领域，可通过财政资金设立电子商务发展专项资金或将网络创业纳入创业扶持资金范围，同时对符合条件的网络创业者提供小额担保贷款。在农村电子商务发展的道路上，唯有探索多元化的农村金融路径，才能缓解农民网商融资难的问题。因此，要将金融监管机构推动各大商业银行加快对农村电子商务的调研，深入了解农民网商的实际需求，以灵活的方式满足淘宝村的信贷需求，支持包括农民网商在内的小微企业创业。另外，地方政府同互联网金融机构应该加强合作，发展纯信用无抵押贷款，并以提供贴息的方式加强对淘宝村的信贷扶持。

（二）培育错层式农村经济发展格局，因地制宜选择合适的农村电商发展模式，发挥具有针对性的政府职能

要发展错层式的经济格局，不能因为电子商务模式具有良好的发展前景，就扎堆发展电子商务，市场的蛋糕再大，一旦分的人多了，利润也就薄了，这就需要政府进行正确的疏导。政府可以组织村民进行有效的合作，明确分工，充分发挥比较优势才能提高收益。生产和销售必须两手一起抓。例如，善于耕种或者手工制品制作的村民应该继续从事农业生产，保证社会对农产品的需求，其他农村劳动力则可以从事电子商务，各尽其能、各司其职。

因地制宜选择电子商务模式至关重要，必须要根据各地区的实际情况选择合适的电商模式进行产品的销售。中国电商主要可以分为两大类，一类是依托周边既有产业集群所建立的电商组团，另外一类是自主研发、自主生产，并且自主销售所建立的电商集群。对于资源相对匮乏，而剩余劳动力较多的农村地区而言，可以借助有利的外部条件，如地区的产业依托和产业特点，寻找商机，发展周边相关产业产品的网上销售。然而对于拥有特色产品的农村地区，要善加利用，不要舍近求远，组织当地村民生产、加工特色产品，充分利用网络营销渠道，逐渐创立自己独有的品牌，扩大产品销路。对于电子商务平台的选择也要谨慎，自建网站和利用第三方平台各有利弊，要根据自身情况认真权衡后再进行科学的选择。

（三）引导网络创业就业向农村、不发达地区扩展，完善农村基础设施，促进农村电商产业链的形成和发展

首先，在战略层面上，应优先支持农村地区发展网络创业就业，利用传统商贸企业发展网络零售业务，如建立网络农业创业园、网络种子公司等。支持传统百货、连锁超市等企业，依托原有实体网点、货源、培训等商业资源开展农村网络零售业务。结合农村流通实体网点建设，鼓励返乡大学生、返乡农业人员探索"网上看样、实体网点提货"的经营模式，推进农村、不发达地区市场网络零售业的发展。有条件的地方，可以以产业链为基础，以供应链管理为重点，实现产品采购、生产、销售全流程电子商务。

其次，国务院办公厅发布的《关于促进农村电子商务加快发展的指导意见》提出要改善农村电子商务的发展环境。在硬环境方面，加强农村流通基础设施建设，提高农村宽带普及率，加强农村公路建设，提高农村物流配送能力，其中既有政府公共基础设施建设的职能，同时也有企业自身对基础设施的创新措施，特别是物流方面。比如，京东的物流运输与其他电商平台不同，京东重点打造"县级服务中心"，从而与京东自营物流相互配合，为消费者提供服务，有效避免了"最后一公里"的难题。在软环境方面，加强政策扶持，加强人才培养，营造良好的市场环境。提高农村宽带普及率，加强农村公路建设，加强人才培养这三个方面是加快农村电子商务发展的先决条件。夯实了基础设施建设，农民和企业间就有了商务往来的对接途径，农民信息化的能力也会随之提高。

最后，要做好农村电商的区域与行业发展规划，探索一条农村电商发展的孵化—集群—产业化的道路。在村级辖区内，组织村民进行学习、探索和交流，鼓励村民参与到电商的经营和发展中，逐步建立电商意识和能力，通过市场的优胜劣汰，逐渐从农村走向更加广阔的商品集散地，形成集群效应谋求更大的发展空间。随着电商之间的优化整合、市场资源的不断调整，集群式的发展最终会促成农村电商的规模经济发展。

（四）深耕上游，加强生产环节控制，提高产品质量，注重农产品品牌建设和标准的制定

农民通过农村电商的模式进行创业、就业，也会面临市场份额的竞争，特别是我国部分互联网巨头企业（阿里巴巴、京东等）早已涉足农村电商领域，并且在物流、产品推广等方面都积累了发展资源。需要引导农民厘清市场形势，深耕上游，把握产品生产环节是农民通过电子商务进行创业成功的关键点之一。目前，我国农业农产品缺乏统一标准、粗放型生产、不明确农产品的原产地等，着手于行业上游既是一种挑战也是一种机遇，农民创业者应找到最具开发潜力的农产品，明确产品定位，借力于互联网平台的发展，注重冷链物流的应用，建设企业品牌，获得消费者的认同。同时，应该加强生产环节的控制，制定作物种植的标准，并以产品质量作为级别划分依据。我国幅员辽阔、地大物博，有各种各样的农产品，"一个品类成为一个产业"的现象是可以发生的。现阶段农产品电商还没有被农户普遍接受，冷链物流也有待发展，农民创业者在进行农村电商创业时要考虑其风险性，做好初创环节的品类选择。

此外，不管企业的具体发展规划是怎样的，品牌和标准都是不可或缺的两个部分，品牌能够突出企业的独特性，标准则是品牌的基本框架构成，农村电商如果要想有快速有效的发展，同时最大限度地扩大就业和促进创业，其农产品品牌和标准建设是首要的，这也是帮助企业成为该领域掌舵者的重要推进因素之一。

(五)培养农户网购习惯,强化网络创业教育培训,推进当地农村电商专业人才队伍的建设

目前,我国农村电商发展过程中普遍存在的问题是人才短板和农户对电商概念的认识不够,即农村电子商务专业人才队伍建设较为落后。在当今互联网时代,"农产品进城,工业品下乡"是农村电商的主要内容,农民是农村电商的直接参与者,在这个过程中他们一方面扮演着生产者的角色,另一方面还扮演着消费者的角色。但现实情况是,农民作为交易的重要一方,主动利用电子商务的意识相当薄弱,参与的程度太低,无法带来足够的交易,也就无法带来电子商务企业的正常发展。因此,培养农户网购意识是促进农村电商发展的基本因素,其网购意识不仅包括对农户进行网购操作的培训,同时也要增强其网络维权意识,帮助他们正确了解整个网购流程的同时维护自己应有的权益。只有把农户的"网络"意识培养起来,才能有效推进农村电商创业教育培训,才能成功帮助农户自主创业,进而带动当地农村劳动力就业,意识的培养是一个漫长的过程,但其却是农村电商发展的基本要素。例如,京东依靠推广下乡的方法培养农户网购习惯,将县级服务中心、"京东帮"服务店和乡村推广员联系起来,实现电商下沉农村。同时京东在线下还进行优惠促销活动,以吸引农户购买,培养他们的网购习惯。此外,乡村推广员在向农户推销产品的过程中,还负责教农户如何使用电脑在网上下单订购。

针对农村电商人才短板的问题,首先,应全面提升网络创业者以及从业人员的管理能力、专业技能和职业操守。要把高等教育与实践培训有效结合,培养一批具有独立性、创新性、适应性和合作性强的网络创业人才,包括在实践中成长起来的人才和一些网络创业领军人物。其次,建立网络创业培训基金,对网络创业培训给予补贴。结合本地区电子商务专项发展规划,主管部门可在创业专项资金中建立网络创业培训专项基金,用于网络创业培训教材开发、师资培训、创业技能大赛、评选表彰等基础工作,同时对于高校毕业生返乡创业,同时带动就业的进行相关补贴。最后,充分发挥当地农村电商带头人的榜样作用,并进行宣传推广。从上述案例分析发现,创业带头人的榜样作用是当地农村电商能够在发展迅速的关键,特别是创业带头人通过电商带动一批农村劳动力的就业,一些农村电商的相关技术、技能潜移默化地被人们所熟知,带动了农村劳动力技能的提升,促进了农村电商专业人才队伍的形成。

参考文献:

[1] Hagel John Ⅲ, Singer Marc. Net Worth: Shaping Markets When Customers Make the Rules [M]. Boston: Harvard Business School Press, 1999.

[2] Kalakota Ravi, Whinston Andrew B. Electronic Commerce: A Manager's Guide [M]. Pearson: Addison-Wesley, 1997.

[3] Raymond Vernon. International Investment and International Trade in the Product Cycle [J]. The Quarterly Journal of Economics, 1966, 80 (2): 190-207.

[4] Tapscott Don, Ticoll David, Lowy Alex. Digital Capital: Harnessing the Power of Business Webs [M]. Boston: Harvard Business School Press, 2000.

[5] Timmers Paul. Business Models for Electronic Markets [J]. EM-Electronic Markets, 1998 (2): 3-8.

[6] Utterback J. M.. Mastering the Dynamics of Innovation [M]. Boston: Harvard Business School Press, 1994: 15-20.

[7] 方美琪. 电子商务概论 [M]. 北京: 清华大学出版社, 2001.

[8] 郭承龙. 农村电子商务模式探析——基于淘宝村的调研 [J]. 经济体制改革, 2015 (5): 110-115.

[9] 李海平, 刘伟玲. 农村电子商务存在的问题与模式创新 [J]. 陕西科技大学学报 (自然科学版), 2011 (2): 189-191.

[10] 林洁. 农村电商的发展现状研究 [J]. 南方农机, 2015 (1).

[11] 刘可. 农村电子商务发展探析 [J]. 经济体制改革, 2008 (6): 171-174.

[12] 彭璧玉. 我国农业电子商务的模式分析 [J]. 南方农村, 2001 (6): 37-39.

[13] 宋玲. 电子商务——21世纪的机遇与挑战 [M]. 北京: 电子工业出版社, 1999.

[14] 王硕. 电子商务概论 [D]. 合肥工业大学, 2007.

[15] 魏延安. 农村电商: 互联网+三农案例与模式 [M]. 北京: 电子工业出版社, 2015.

[16] 杨柳. 新泰市农产品电子商务的模式研究与实践 [D]. 山东农业大学, 2014.

[17] 岳云康. 对农村电子商务新模式发展的探讨 [J]. 农业网络信息, 2008 (12): 88-89.

[18] 张晓燕. 美日两国农业电子商务发展的经验与启示 [J]. 经济纵横, 2011 (9): 106-109.

[19] 赵静, 马洁. "互联网+" 时代农村电商物流问题研究 [J]. 中国商论, 2015 (27): 62-64.

[20] 中国就业促进会. 中国电商——网络创业就业进行时 [M]. 北京：中国劳动社会保障出版社, 2016.

[21] 中国社会科学院经济研究所. 现代经济词典 [M]. 南京：凤凰出版社, 2005.

[22] 中华人民共和国商务部. 中国电子商务报告 2012 [M]. 北京：清华大学出版社, 2013.

[23] 朱兴荣. 新农村电子商务及实施模式的探索 [J]. 科技情报开发与经济, 2007 (12): 277-278.

[24] 资武成, 廖小刚. 供应链管理背景下我国农产品流通模式研究 [J]. 农村经济与科技, 2011 (5): 68-70.

化解过剩产能受影响职工的规模估计及安置建议

李晓曼　王晓霞*

一、研究背景

改革开放以来，廉价要素的大规模投入和潜在市场需求的集中释放支撑了我国经济连续多年的快速增长。与此同时，这种外延式的增长方式使得经济结构失衡矛盾逐步显现出来。产业结构不适应需求的变化致使部分行业产能严重过剩，导致我国经济发展质量和效益显著降低，甚至严重侵蚀了经济可持续增长的基石。2012年我国钢铁、水泥、电解铝、平板玻璃、船舶产能利用率分别仅为72%、73.7%、71.9%、73.1%和75%，明显低于国际通行水平①，已经处于严重过剩状态②。2013年10月国务院发布了《关于化解产能严重过剩矛盾的指导意见》，随后各省先后出台并落实化解产能过剩的实施意见，逐步在五大行业展开围绕化解过剩产能的各项工作。2015~2016年过剩产能问题更加凸显。2016年初，国务院发布《国务院关于钢铁行业化解过剩产能实现脱困发展的意见》（国发〔2016〕6号）、《国务院关于煤炭行业化解过剩产能实现脱困发展的意见》（国发〔2016〕7号），将钢铁和煤炭两行业列为化解过

---

* 李晓曼，首都经济贸易大学讲师，经济学博士，主要研究领域：劳动经济、就业；王晓霞，首都经济贸易大学讲师，经济学博士，主要研究领域：劳动经济、就业。
① 《关于化解产能严重过剩矛盾的指导意见》（国发〔2013〕41号）。
② 按照国际通行标准，产能利用率（实际产量与产能之比）超过90%为产能不足，79%~90%为正常水平，低于79%为产能过剩，低于75%为严重产能过剩。

剩产能的重点行业。随着化解过剩产能任务的持续推进，由于产能缩减引起的岗位流失和人员安置问题逐渐显现出来。如何妥善安置职工，不仅关系到化解过剩产能的目标能否顺利完成，更关系到职工的切身利益和社会稳定。

在此背景下，本文围绕"化解产能过剩矛盾中职工就业和安置政策"展开了调查和研究，其中科学测算化解产能过剩中受影响的员工数量成为整个课题的基础和切入口。只有科学准确地把握产能与岗位之间的定量关系，对产能缩减所影响的职工人数做出前瞻性的判断，才能制定精准有效的职工帮扶和安置政策，从而为推动化解过剩产能稳定有序地进行夯实基础。

二、研究目标与内容

（一）主要概念界定

本文中测算的"受影响职工"采用狭义的定义，指由于化解产能需要转移出原行业的就业人数，即岗位的减少量。"受影响职工"不考虑企业通过调整内部就业结构如转岗、内部安置而消解的过剩人员数量。因为在长期的竞争性市场环境下，内部消化的大部分职工最终会因为产能利用率过低而转移出原行业。

在现实情况下，企业采取的各种职工安置措施使得岗位损失隐形化，使得估算结果与现实情况有一定出入。但这种估算仍然非常具有实际意义，它估算出了一个岗位损失规模的上限，描绘出解决就业安置问题必须面临的规模数量和困难程度，为制定相关政策提供了可靠的微观数据基础。

此外，产能缩减究竟会对就业造成多大程度的影响，要对这个问题做出科学的回答，就必须知道就业弹性的准确数据，因为就业弹性是连接产值与就业的中介指标，反映了经济形势变化对就业形势变化的传导程度。如果就业弹性高，经济下滑必然会导致较大的就业损失；相反，如果就业弹性较低，就业损失就不会很严重。

某一个行业的就业弹性指该行业一个百分点的产量（或产值）变化所带来的该行业的就业变化的比率，这一指标衡量了就业量对产量变动的敏感程度。根据此定义，就可以利用某一行业化解产能的目标任务量与该行业的就业弹性，估算由于产能缩减所影响的职工数量。

（二）研究目标与研究内容

本文旨在梳理和总结已有研究文献的基础上，选择最为科学可行的方法估算产能减少量与就业减少量之间的关系。在此基础上，分别测算煤炭、钢铁、水泥、电解铝、平板玻璃、船舶行业在已有产能缩减目标下受到影响的职工人数。同时，通过对就业弹性的估算，进一步预测今后不同化解产能任务目标下岗位减少数量，为职工安置政策的制定与实施打下基础。

此外，在针对政府部门、企业和员工进行多方实地调研的基础上，归纳总结出受影响员工的异质性，为针对重点行业、重点地区和重点人群制定针对性的安置政策做好实证准备。

本文的主要研究内容如下：

（1）综述和评估现有文献资料中，测算产能与就业关系的方法、技术与结论。在此基础上，评价和分析已有的针对煤炭、钢铁、水泥、电解铝、平板玻璃、船舶几大行业的就业弹性的数据结论。

（2）模拟市场动态环境，建立现行最精确的面板数据回归模型方法估算几大过剩产能行业的就业弹性，并测算在不同的化解任务目标下，受影响的职工人数。

（3）在实地调研结果的基础上，进一步描述受影响职工的特征和遇到的主要困难，作为其他课题进行政策研究的支撑。

三、方法与模型

本文着重于产能削减引致的岗位变化数量的测算，以实证研究为主，规范研究为辅。主要采用的研究方法有文献研究、典型调查法和面板数据回归模型估计。

（一）文献研究

为选择最佳测算方法，本课题前期收集了大量文献资料，包括研究型论文、政策文件、行业协会的报告和各类统计年鉴等。在此基础上，进行文献综述，归纳五大过剩产能行业的特点；梳理最佳技术路线，收集测算所需数据。

（二）实证研究

（1）典型调查法。为掌握各地区五大行业化解过剩产能的一手数据和基层的详细情况,笔者在调研前期准备阶段与人社、发改、经信、环保、财政、工会、工商联、企联等部门和团体充分沟通。之后赴广西、山西、山东、河北、四川、贵州、辽宁、浙江、吉林、黑龙江、陕西等省开展实地调研,与产能过剩行业的典型企业及员工深入座谈,收集了大量一手资料和一线数据,为测算受影响职工数量提供了必要的案例支撑。

(2) 面板数据回归模型。为了能够在宏观层面上较为准确地掌握由于化解产能影响的职工数量,本文主要使用基于面板数据的回归模型方法,而非计算点弹性、弧弹性或使用基于投入产出表等的方法,这是由于:

一是计算就业弹性,其重要目的就是预测未来的就业变化量。点弹性、弧弹性和基于投入产出表计算的就业弹性,都将就业变化全部归因于产值变化,即暗含了产值外其他因素均保持不变的假设。如果经济形势和要素市场运行平稳,这些方法尚可以预测未来的就业变化,但是一旦经济运行环境发生较大的变动,那么非产值因素就可能会对就业产生额外的扰动,产值变化与就业变化的联系方式就可能发生改变。笔者在实际调研过程中发现,面对经济不景气和销量下降,很多企业调整用工策略选择降低工资或减少工作时间这样的方式来度过危机。此外,在政府主导资源配置的地区,就可能会置要素比价于不顾,盲目批准 GDP 效应明显的资本密集型项目。因此,为了提高就业弹性的预测功能,就必须控制住影响就业的非产值因素,把其他经济变量如出口(外部需求)、资本市场(利率)、劳动力的价格(工资)等因素等纳入进行考察,从而模拟真实市场情况。

在此背景下,本文基于 Cobb-Douglas 生产函数及市场均衡条件,将工资、利率、货物出口量等变量也纳入模型。市场需求因素则可以通过地区生产总值、货物出口量等得以控制。

二是面板数据是基于截面单元和时间序列两个维度的数据,优点是:①不需要长时间序列就能收集到足够的样本,避免了在较长时间跨度内要素结构发生剧变的可能;②即便在较短时间内存在一些导致要素结构变化的因素,还可以通过组内除均值或部分除均值的方法进行清除,从而缓解遗漏某些因素对就业岗位估计产生的影响。

三是本研究主要使用了两种方法:面板数据的固定效应回归和广义矩估计(GMM)模型。引入后者主要是为了控制面板数据中的自回归因素(受前期变量的影响)。

四是由于就业规模的调整需要时间,测算中考虑了实际就业向均衡劳动投入调整的过程,而测算结果主要反映的是短期(当年)的就业弹性。

对于生产过程,合理地假设为如下 Cobb-Douglas 生产函数 [式(1)],其中 Y 为增加值,A 为生产技术,L 为劳动力投入,K 为资本存量,w 为工资水平,r 为利率:

$$Y = AL^{\alpha}K^{\beta} \tag{1}$$

从而可推算得均衡的劳动投入量为:

$$\ln L^* = -\frac{1}{\alpha+\beta}\ln A + \frac{\beta}{\alpha+\beta}(\ln\alpha - \ln\beta) + \frac{1}{\alpha+\beta}\ln Y + \frac{\beta}{\alpha+\beta}\ln r - \frac{\beta}{\alpha+\beta}\ln w \tag{2}$$

其中,w 为工资水平;r 为利率。在使用面板回归的固定效应模型中,笔者主要参考以上方程式 [式(2)],考虑产量、资本价格(利率)、劳动价格(工资率)作为劳动投入量的决定因素。为简便起见,笔者将技术因素纳入到常数项当中。

如果考虑实际劳动投入向均衡劳动投入调整的过程,即式(3):

$$\ln L_t - \ln L_{t-1} = \delta(\ln L_t^* - \ln L_{t-1}) \tag{3}$$

那么将得到实际劳动投入和上一期劳动投入、产量、利率、工资率的关系,如下:

$$\ln L_t = -\frac{\delta}{\alpha+\beta}\ln A_t + \frac{\delta\beta}{\alpha+\beta}(\ln\alpha - \ln\beta) + (1-\delta)\ln L_{t-1} + \frac{\delta}{\alpha+\beta}\ln Y + \frac{\delta\beta}{\alpha+\beta}\ln r - \frac{\delta\beta}{\alpha+\beta}\ln w \tag{4}$$

式(4)便是广义矩估计(GMM)模型的主要方程式。采用广义矩估计而非简单的固定效应面板回归,主要是为了消除劳动投入一阶滞后项作为自变量所带来的内生性问题。

四、已有相关研究结论的述评

(一)基于劳动生产率的钢铁行业测算研究

钢铁行业与上下游产业关联紧密,化解产能任务所涉及的地区相对集中,因此在化解产能过剩的进程中其受影响职工总量较大,任务复杂而艰巨。

2016 年初,中国钢铁行业协会依照本产业内通行的劳动生产率指标——

人均年产钢对产能缩减影响的职工人数进行了测算[①]。2013年，按单钢口径计算，中钢协会员企业生产粗钢总量为5.62亿吨，如按职工总数165万人计算，则人均年产钢约为341吨；如按在岗职工153万人计算，则人均年产钢约为368吨；如按主业在岗职工113万人计算，则人均年产钢约为496吨。因此，综合估计，如按主业在岗职工计算，行业平均人均年产钢约为400吨；如按职工总数计算，则人均年产钢约为300吨。

按照国务院发布《关于化解产能严重过剩矛盾的指导意见》（国发〔2013〕41号）要求，钢铁行业重点推动山东、河北、辽宁、江苏、山西、江西等地区钢铁产业结构调整，充分发挥地方政府的积极性，整合分散钢铁产能，推动城市钢厂搬迁，优化产业布局，压缩钢铁产能总量8000万吨以上。依此压缩任务，考虑到人均年钢产量，实际直接受影响的主业在岗职工约20万人，职工总数约27万人。

若从行业内产能过剩总量来看，按照中钢协会的估计我国现有粗钢产能约为12亿吨，而实际产量为8.23亿吨，产能利用率为68.6%。以产能利用率80%为正常过剩水平，我国钢铁产能的过剩量约为2.4亿吨。如果考虑进一步压缩2.4亿吨产能，那么直接受影响主业在岗职工约60万人，职工总数超过80万人。

利用生产率指标对职工人数进行测算虽然简单易行，但也存在许多缺陷，难以准确把握，继而进一步预测随着化解产能过程推进，受影响的职工数量。原因是：

第一，对于生产率的假设过于简单，仅以钢为口径，而假设炼铁和轧钢产能都与之匹配。实际上钢铁行业除了主业生产，还有其他辅助生产线，其人均生产率差异较大。使用统一的人均钢产量指标，会造成较大的误差。

第二，随着时间推移，钢铁产业的技术水平和要素投入结构都可能发生较大的变化。但基于劳动生产率的测算未考虑由于技术进步、减员增效等这些导致人均年产钢量大幅上升的因素。目前国际先进企业的人均年钢产量能够超过1500吨/人·年，国内企业沙钢集团、五矿营口中板公司、霸州新利钢铁公司人均年钢产量超过1000吨/人·年，而临沂江鑫、河北前进、日照钢铁、宝钢股份等企业劳动生产率也超过800吨/人·年，未来我国钢铁行业人均劳动生

---

① 资料来源：《钢铁行业化解产能过剩矛盾中职工就业和安置政策研究》。

产率还有较大的提升空间。按此估计，受影响职工人数总量被低估。

第三，此种测算基于当前的市场需求水平而做出。若考虑到未来我国国内钢消费量经过"弧顶区"后，可能发生的进一步变化，受影响职工人数可能进一步增加。

第四，钢铁产业作为国民经济的重要基础产业，处于产业链的中间位置，与上游产业联系紧密，其产品又是许多下游产业的基本原材料。因此，化解钢铁产能必然会同时对其所在地区周边的上下游行业产生较大影响。然而基于劳动生产率的测算会忽略这一关联效应，造成对受影响职工人数的低估。

（二）基于投入产出法的就业弹性测算

利用投入产出表估算就业弹性可以获得各行业的静态就业乘数，具有两个特点：一是建立在投入产出表上的就业效应能够反映一定历史时期各个行业部门的相互关联关系，从而将由于某一产业产能缩减引起的其他关联产业的就业变化也纳入进来；二是作为纯技术性参数，它较少受到其他经济社会因素的影响，是一种静态均衡。

因此，可以将基于投入产出表测算的就业弹性视为静态条件下的参考值，通过结合调研过程中分省分行业的局部就业弹性来对本研究中所使用的面板数据估算的就业弹性进行补充和调整。

在此，笔者选取了黄涛等（2002）与牟俊霖（2007，2015）对42个行业的就业弹性进行估算的结果，其中钢铁、电解铝、船舶、水泥和平板玻璃五大行业在这42个行业大类中分别对应金属冶炼及压延加工业、金属冶炼及压延加工业、交通运输设备制造业、非金属矿物制品业和非金属矿物制品业。①

直接消耗系数 T_{ij} 的含义是一个货币单位 j 行业产出所消耗的 i 行业的货币单位的投入量，可以反映一个行业产出增加导致本行业就业增加的能力。与之相对应的概念是就业乘数，它反映一个行业产出增加直接和间接对国民经济各个行业就业产生的影响，能够反映一个行业吸纳就业能力的大小。其中平均就业乘数是各行业直接和间接创造就业的总和，是考察各行业静态就业吸纳能力的主要指标。边际就业乘数是衡量各行业动态就业特征的主要指标，主要反映

---

① 本文之所以不能提供更为详细的行业弹性数据，是因为《中国统计年鉴》和《中国劳动统计年鉴》都未提供细分行业的就业数据，使得研究并不具备用投入产出表研究五大过剩产能行业就业弹性的基础条件。

各行业的就业创造或者就业增长能力。

如表1所示,水泥和平板玻璃所属的非金属矿物制品业是五大行业中就业吸纳能力最强的行业,同等比例的产能缩减目标会给这类行业带来较大的就业缩减。其次是船舶所属的交通运输设备制造业,而钢铁和电解铝所属的金属冶炼及压延加工业以资本密集为特点,直接消耗系数与平均就业乘数都处于较低水平。

表1 产能过剩行业就业乘数估计

行业名称	所属行业大类	直接消耗系数 T_{ij}	平均就业乘数	边际就业乘数
钢铁、电解铝	金属冶炼及压延加工业	0.01	0.049	0.006
船舶	交通运输设备制造业	0.02	0.065	0.008
水泥、平板玻璃	非金属矿物制品业	0.04	0.081	0.003

资料来源:牟俊霖. 促进我国就业增长的行业特征研究 [J]. 技术经济与管理研究,2012 (3):3-7,并按照2015年的数据更新。

黄涛等(2002)利用投入产出方法也对行业的就业吸纳能力进行了考察,并对投入产出关系进行了国产率的修正,在此基础上得到了各行业增长的就业效应,揭示了产业结构和就业之间的关系。

表2中劳动力投入系数是指生产单位某一行业产品所投入的劳力,其与直接消耗系数类似,仅反映一个行业产出增加导致本行业就业增加的能力,不能反映该行业产出增加引发间接消耗各个行业产品导致的各个行业的就业变化。就业效应是指其他行业的最终使用不变的情况下,某一行业最终使用增加或减少一个单位导致各个行业劳动力变化数量,反映了一个行业吸纳就业能力的大小。

表2 产能过剩行业劳动力投入系数和就业效应

行业名称	所属行业大类	劳动力投入系数	就业效应[①]
钢铁、电解铝	金属冶炼及压延加工业	0.071	0.087
船舶	交通运输设备制造业	0.085	0.088
水泥、平板玻璃	非金属矿物制品业	0.144	0.107

注:①此处的就业效应经过行业产品国产率的调整。
资料来源:黄涛等. 中国行业吸纳就业的投入产出分析 [J]. 经济科学,2002 (1):48-60.

水泥、平板玻璃所属的非金属矿物制品业的劳动力投入系数为0.144，即意味着水泥/平板玻璃的产出增加或减少1万元，本行业增加就业0.144人。船舶所属的交通运输设备制造业的就业效应为0.88，含义是该行业最终使用增加或减少1万元，会导致各个行业增加或减少就业总人数为0.88人。

由于我国的产能缩减任务是以最终产品实物单位作为衡量，因此在实际运用这一系数进行受影响职工数量测算时需要将产量换算成产值。以河北省为例①，据河北省出台的《化解产能严重过剩矛盾实施方案》②，该省化解钢铁产能的目标是到2017年压减6000万吨钢铁。按照全国主要地区钢坯最新均价来看（见图1），钢铁最终产出将要减少10200000万元。由于具体计算方法的差异，不同学者对就业乘数的估算各有不同，按照牟俊霖（2015）计算的就业乘数，通过影响其他行业直接和间接影响职工49.98万人。根据黄涛等（2002）测算的就业效应将直接影响职工72.42万人，通过影响其他行业直接和间接影响职工88.74万人。其中，运用前者估计的就业弹性测算的受影响职

图1　2015~2016年全国主要地区钢坯均价走势

---

① 全国范围内，仅河北省提出了明确的产能缩减目标，因此此处以河北省为例。
② 河北省《化解产能严重过剩矛盾实施方案》（冀政〔2014〕14号）。

工数量与调研中河北省人保厅提供的数据①（42.6万人）最为接近。因此，牟俊霖（2015）计算的就业乘数可以成为本文计算静态就业弹性的主要参考指标。

值得注意的是，这一测算结果基于静态就业乘数，并未考虑非产值因素（例如劳动力市场、资本市场和政策环境）对就业产生的额外扰动。一旦这些因素发生变化，产值与就业的这种关联就会发生很大改变，使得就业乘数不再具备预测就业变动的功能。

（三）针对测算方法的评述

无论是中钢协会基于劳动生产率的测算还是学者们运用投入产出法进行的测算，都旨在寻求产值与就业之间的静态关系，在此基础上预测受影响职工的数量。但是在实际调研过程中，笔者发现，即使由于产业不景气造成产量骤减，企业首先会采取以下应对策略而非直接裁员或缩减用工规模：第一，缩短工时；第二，调整工资水平，降薪保岗；第三，暂时内部转岗，从事其他通用类型的岗位，例如男性员工从事园艺工作、女性员工从事面点烹饪类工作；第四，减少或停止社会招聘。

这些应对策略都会影响产值与就业之间的静态关系，一些岗位的损失转变为隐性的，从而使得笔者的测算结果与实际观察到的受影响职工的规模出现较大偏差。但是，从长期来看，这样的测算仍然是有意义的。它估算出了一个岗位损失规模的上限，描绘出解决就业安置问题必须面临的规模数量和困难程度，为制定相关政策提供了具体的微观数据基础。

五、测算结果分析

在受影响职工数量测算中，就业弹性的估计是核心问题，其数据来源和准确性直接影响了本文测算的受影响职工规模。因此，笔者分别使用了投入产出法就业弹性、年鉴数据测算就业弹性和微观层面的工业企业数据测算就业弹性三种不同来源的就业弹性来估计受影响的职工数量，为化解产能中受影响职工

---

① 按照河北省人力资源与社会保障厅有关部门向调研组提供的数据，为完成化解过剩产能的目标，到2017年底河北省将涉及企业职工约106万人，其中钢铁行业42.6万人。

数量变动提供一个可供参考的区间。

(一) 投入产出法就业弹性测算结果

根据美国的经验，工业产能利用率超过95%以上，代表设备使用率接近全部；工业产能利用率在81%及以上，为"正常过剩"；低于80%时，为"较严重的产能过剩"。欧洲钢铁工业是以75%、日本钢铁工业是以78%作为产能是否过剩的分界线。因此，本文设置三个不同的化解产能情景，分别估算我国产能化解任务为20%、25%和30%的情形下，受影响的职工人数。利用表1投入产出法测算的就业乘数（牟俊霖，2015），在不同的化解任务目标假设下，受影响职工的规模测算结果见表3。

表3 各相关行业化解产能过剩中受影响职工规模的估计

产能过剩行业		就业弹性估计值	当前产量	均价（万元/单位）	若产能化解任务比例为20%，受影响职工（万人）		若产能化解任务比例为25%，受影响职工（万人）		若产能化解任务比例为30%，受影响职工（万人）	
水泥		0.04	234796	249.0	46.8		58.5		70.2	
平板玻璃		0.04	73863	64.1	3.8		4.7		5.7	
钢铁	生铁	0.01	69141	1600.0	22.1	101.1	27.7	126.5	33.2	151.7
	粗钢		80383	1700.0	27.3		34.2		41.0	
	钢材		112350	2300.0	51.7		64.6		77.5	
电解铝		0.01	3111	10875.0	6.8		8.5		10.1	
船舶工业		0.02	4184	9757.5	16.3		20.4		24.5	

注：①各产能过剩行业产量单位：水泥（万吨）、平板玻璃（万重量箱）、钢铁（万吨）、电解铝（万吨）、船舶工业（万载重吨）；②钢铁行业包括了生铁、粗钢、钢材三个主要环节，船舶工业此处特指造船业；③资料来源于国家统计局、国家发改委、有色金属工业协会、工信部网站（2015年度数据）。

如表3所示，若将化解过剩产能目标定为以2015年产量为基础，产能利用率保持在80%的水平，五大产能过剩行业因产能缩减受影响的就业规模从大到小依次为钢铁、水泥、船舶、电解铝、平板玻璃，受影响职工数量依次为101.1万人、46.8万人、16.3万人、6.8万人、3.8万人，总计约175万人，这给化解产能后续就业安置工作提出了很大的挑战。值得指出的是，钢铁行业处于工业产业的核心位置，与上下游产业关联紧密，受影响职工总量最大，因此其就业安置工作任务最为复杂和艰巨。

（二）基于年鉴数据的就业弹性测算

测算使用的主要数据为省级的相关行业数据，年份大多为2003~2013年。其中，省级地区非金属矿物制造业、黑色金属冶炼和压延加工业、有色金属冶炼和压延加工业、交通运输设备制造业的城镇单位就业人数和工资数据来自《中国劳动统计年鉴》相关各年；省级地区水泥、平板玻璃、生铁、粗钢、钢材产量来自于国家统计局省级年度数据；省级地区电解铝产量来自《中国有色金属工业年鉴》；省级地区造船完工量来自《中国船舶工业年鉴》；回归中的其他省级地区特征变量，如利率、生产总值（指数）、货物出口量、消费者价格指数（CPI）来自国家统计局。除了使用CPI调整各年的价格，还参考Brandt和Holz（2006）调整了价格的地区差异。

就业弹性的测算结果如表4、表5、表6、表7所示，对应于各产能过剩行业产量的回归系数为基于产量的就业弹性。估计过程分别尝试了面板数据的固定效应回归和广义矩估计（GMM），表格汇报中依次是两个方法的结果，对于每一个行业，先报告使用固定效应回归方法的结果，后报告使用GMM方法的结果。总体来看，钢铁的就业弹性最大，在去产能过程中安置职工的压力最大，以钢材为例，（产量度量的）产能化解1%，职工规模将下降0.435%［见表5第（5）列］；水泥行业的就业弹性次之［见表4第（2）列］，为0.258，表明（产量度量的）产能化解1%，职工规模将下降0.258%；其他行业的就业弹性基本在0.2以下，职工安置的压力相较之下略小。

表4　非金属矿物制造业就业弹性回归估计——水泥、平板玻璃

	（1）水泥	（2）水泥	（3）平板玻璃	（4）平板玻璃
log（水泥产量，万吨）	0.175** (0.066)	0.258*** (0.085)	—	—
log（平板玻璃产量，万重量箱）	—	—	0.023* (0.012)	0.025** (0.012)
log（平均工资—非金属矿物制造业，元）	-0.084 (0.070)	0.186 (0.142)	-0.078*** (0.029)	0.199 (0.166)

续表

	（1）水泥	（2）水泥	（3）平板玻璃	（4）平板玻璃
log（一年存款利率,%）	-0.177* (0.101)	-0.149 (0.119)	0.077 (0.157)	-0.112 (0.124)
log（地区生产总值指数）	—	-0.409** (0.158)	—	-0.171 (0.189)
log（就业人数—非金属矿物制造业）滞后项	0.859*** (0.119)	0.856*** (0.126)	—	0.766*** (0.124)
log（货物出口总额，千美元）	—	0.036 (0.028)	—	0.025 (0.042)
观测值	341	341	368	304
省份数	31	31	30	30

注：（1）、（3）列为使用固定效应回归方法的结果；（2）、（4）列为使用GMM方法的结果。括号中为系数估计的标准差，*** p<0.01，** p<0.05，* p<0.1。

表5　黑色金属冶炼和延压业就业弹性回归估计——钢铁

	（1）生铁	（3）粗钢	（5）钢材	（7）钢铁—总	（8）钢铁—总
log（生铁产量，万吨）	0.185*** (0.026)	—	—	—	—
log（钢材产量，万吨）	—	—	0.435*** (0.031)	—	—
log（粗钢产量，万吨）	—	0.218*** (0.015)	—	—	—
log（钢铁总产量，万吨）	—	—	—	0.471*** (0.033)	0.213*** (0.054)
log（平均工资—黑色金属冶炼和延压，元）	-0.149*** (0.050)	-0.201*** (0.038)	-0.575*** (0.058)	-0.549*** (0.055)	-0.200** (0.081)
log（一年存款利率,%）	-0.002 (0.159)	0.101 (0.149)	-0.138 (0.156)	-0.158 (0.133)	-0.084 (0.089)
log（地区生产总值指数）	—				

续表

	(1) 生铁	(3) 粗钢	(5) 钢材	(7) 钢铁—总	(8) 钢铁—总
log（就业人数—黑色金属冶炼和延压业）滞后项	—	—	—	—	0.787*** (0.099)
log（货物出口总额，千美元）	—	—	—	—	—
观测值	379	382	390	375	316
省份数	30	30	30	30	30

注：(1)、(3)、(5)(8)列为使用 GMM 方法的结果；(7)列为使用固定效应回归方法的结果。括号中为系数估计的标准差，*** p<0.01，** p<0.05，* p<0.1。

表6 有色金属冶炼和延压业就业弹性回归估计——电解铝

	(1) 电解铝	(2) 电解铝
log（电解铝总产量，吨）	0.038** (0.015)	0.017* (0.009)
log（平均工资—有色金属冶炼和延压业，元）	0.464*** (0.055)	0.294** (0.117)
log（一年存款利率,%）	-0.163 (0.226)	-0.029 (0.156)
log（地区生产总值指数）	—	—
log（就业人数—有色金属冶炼和延压业）滞后项	—	0.570*** (0.096)
log（货物出口总额，千美元）	—	—
观测值	304	234
省份数	30	29

注：(1)列为使用固定效应回归方法的结果；(2)列为使用 GMM 方法的结果。括号中为系数估计的标准差，*** p<0.01，** p<0.05，* p<0.1。

表7 交通运输设备制造业就业弹性估计——船舶

	(1) 船舶	(2) 交通运输 设备制造业	(3) 交通运输 设备制造业
log（船舶完工量，载重吨）	0.101 (0.062)	0.148*** (0.047)	0.117** (0.050)

续表

	（1）船舶	（2）交通运输设备制造业	（3）交通运输设备制造业
log（平均工资—交通运输设备制造业，元）	0.699** (0.287)	-0.617*** (0.153)	-0.678*** (0.155)
log（一年存款利率,%）	-1.021*** (0.314)	-0.096 (0.439)	-0.255* (0.129)
log（地区生产总值指数）	—	—	—
log（船舶工业从业人数）滞后项	0.246** (0.104)	—	—
log（就业人数—交通运输设备制造业）滞后项	—	—	0.562*** (0.062)
观测值	124	180	158
省份数	21	21	21

注：括号中为系数估计的标准差，*** $p<0.01$，** $p<0.05$，* $p<0.1$。

测算结果中，就业规模从大到小依次为钢铁、水泥、船舶、平板玻璃和电解铝。当前，以上产能过剩行业当前的产能利用率基本不足75%，各行业产能过剩化解工作推进程度和未来压力不等，钢铁行业压力最大。测算结果对产能化解任务给出了三种情景假设，分别为2014年产量的20%、25%、30%，结合当前的产能利用率和已推动的化解工作，以上三种情景假设应属于合理范围。如果化解产能任务比例①设为20%，根据最新的行业就业数据②各相关行业的化解任务和受影响职工规模分别为：水泥化解产能4.9亿吨，受影响职工13.25万人；平板玻璃化解产能1.5亿重量箱，受影响职工1.28万人；钢铁行业化解产能总量5.3亿吨，生铁化解产能1.4亿吨，受影响职工9.94万人，粗钢化解产能1.6亿吨，受影响职工11.72万人，钢材化解产能2.3亿吨，受影响职工23.38万人；电解铝化解产能550万吨，受影响职工0.9万人；船舶工业化解产能781万载重吨，受影响职工3.67万人。化解五大产能过剩行业，共涉及影响职工人数为109.26万人。

---

① 即化解产能任务占2014年产量的比例。
② 最新行业就业数据来自于《中国劳动统计年鉴2014》，为各行业2013年的城镇单位就业人数。

各产能过剩行业所属的国民经济行业及代码（GB/T 4754—2002）：水泥（"31 非金属矿物制品业"）、平板玻璃（"31 非金属矿物制品业"）、钢铁（"32 黑色金属冶炼及压延加工业"）、电解铝（"33 有色金属冶炼及压延加工业"）、船舶工业（"37 交通运输设备制造业"）。由于 2011 年国民经济行业代码进行了修订，修订后，船舶工业归属于"铁路、船舶、航空航天和其他运输设备制造业"。

但是需要注意两点：①基于年鉴数据的测算所使用的就业规模不能精准对应到产能过剩的行业。数据所属行业为二位码行业，但产能过剩行业应划分至更细的三位或四位码行业。因此，数据缺乏精确度，所得到的就业弹性仅能做参考。②忽视了行业内的中间投入关系。这一点在钢铁行业中尤为突出。在钢铁行业中，笔者统计了生铁、粗钢和钢材的产量，由于产业内上下游的关联，生铁统计中的一部分可以作为粗钢的中间投入，同理，粗钢统计量中的一部分可以作为钢材的中间投入。这些中间投入实际上将不会成为流入市场的过剩产能。简单来说，黑色金属冶炼及压延加工业内存在上下游关联，需要明确该前提下讨论化解过剩产能任务目标在生铁、粗钢和钢材之间的分配。简单地处理这一问题，笔者可以假设这三类产品的产量同比例地下降某个比例（见表8）。

表8 相关行业化解产能过剩中受影响职工规模的估计

行业	所属行业就业人数（人）	就业弹性估计值	当前产量	受影响职工人数（万人）		
				化解20%产能（产量）	化解25%产能（产量）	化解30%产能（产量）
水泥	2566949	0.258	247613.5	13.25	16.56	19.87
平板玻璃	2566949	0.025	79261.7	1.28	1.60	1.93
钢铁（总计）	—	—	—	45.03	56.29	67.55
生铁	2686945	0.185	71159.9	9.94	12.43	14.91
粗钢	2686945	0.218	82269.8	11.72	14.64	17.57
钢材	2686945	0.435	112557.2	23.38	29.22	35.06
电解铝	1297453	0.038	2751.74	0.99	1.23	1.48
船舶工业	1240051	0.148	3905	3.67	4.59	5.51

注：各产能过剩行业产量单位：水泥（万吨）、平板玻璃（万重量箱）、钢铁（万吨）、电解铝（万吨）、船舶工业（万载重吨）。

由于基于年鉴数据的就业弹性测算存在以上问题,接下来笔者将转而使用工业企业的微观数据。一方面,样本点为企业,对就业量等关键变量的统计不存在行业过于笼统的局限;另一方面,微观数据没有提供对产量的统计,但是有销售额,可以解决行业内上下游中间投入可能导致的重复计算问题。

(三) 基于企业微观数据的就业弹性测算

在该部分中,本文使用的数据来自中国国家统计局,为中国工业企业调查2001~2009年的非平衡面板微观数据。这一数据库的抽样总体是国有企业和规模以上的非国有企业。首先,可以根据样本区间内的国民经济行业及代码(GB/T 4754—2002),确定处于煤炭、钢铁、水泥、平板玻璃、电解铝和船舶行业的企业。图2和图3分别统计了这几个行业企业在各年份中的平均资产规模和样本中的企业数量。很明显,在2008年之前,各行业的资产规模增长平稳;在2008年迅速下滑,这与金融危机的发生时点刚好对应;2008~2009年以前所未有的速度增长,为之后的产能过剩埋下了伏笔。

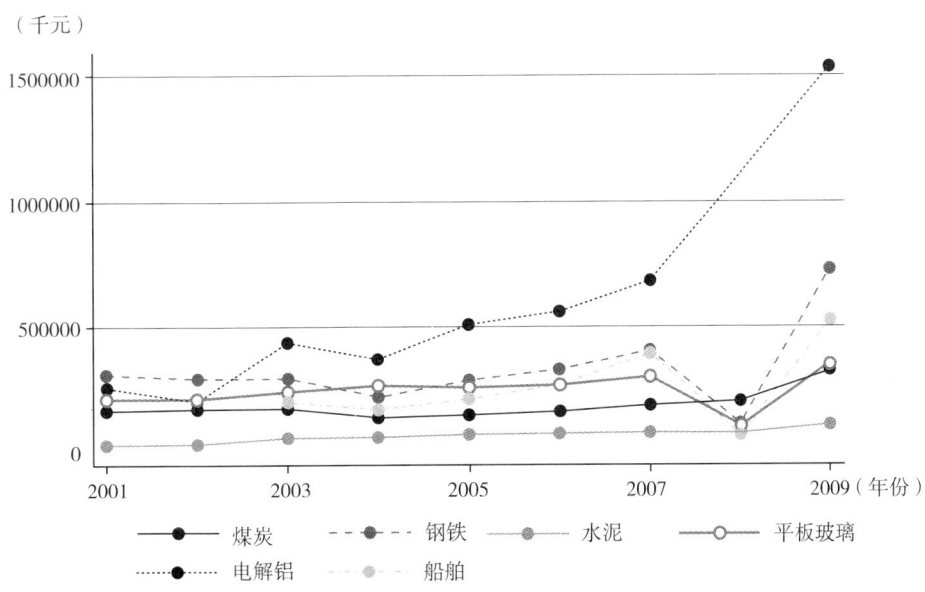

图2 各年份分行业的企业平均资产规模

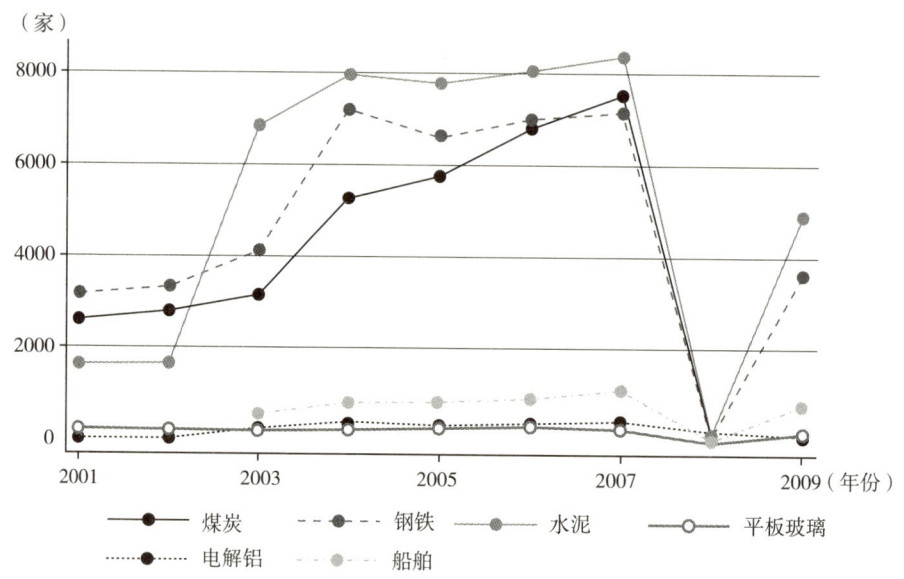

图3 各年份分行业的样本中企业数量

通过系统 GMM 方法对工业企业的就业弹性的考察如下：首先，如式（5）所示，企业 f 在两相邻年份 t-1 和 t 之间的就业变动 ΔEmp_{ft} 取决于已有的就业水平 Emp_{ft}、企业当期的生产状态（营业收入 $Sales_{ft}$）和当期企业的其他特征变量 X_{ft}、地区固定效应 D_f 等。回归方程中还控制了地区固定效应，以排除地域属性带来的影响。另外，在之后介绍的水平方程中，还控制了时间固定效应，以控制随时间变化的系统性因素。

$$\Delta Emp_{ft} = Emp_{ft} - Emp_{ft-1} = c + \gamma Emp_{ft-1} + \alpha Sales_{ft} + \beta X_{ft} + \eta D_f + \varepsilon_{ft} \quad (5)$$

ε_{ft} 为扰动项，包含了企业的固定效应 μ_f 以及与群组、时间均不相关的成分 υ_{ft}，如式（6）所示：

$$\varepsilon_{ft} = \mu_f + \upsilon_{ft} \quad (6)$$

对式（5）变形，就可以得到以就业量为被解释变量的回归方程（7）：

$$Emp_{ft} = c + (1+\gamma) Emp_{ft-1} + \alpha Sales_{ft} + \beta X_{ft} + \eta D_f + \varepsilon_{ft} \quad (7)$$

在方程（7）中，当被解释变量就业量 Emp_{ft} 和解释变量全部营业收入 $Sales_{ft}$ 都取对数时，回归方程中的系数 α 即为工业企业的就业弹性，表示当企业全部营业收入变动 1% 时，企业的职工总数的变动百分比。但是如果对方程

(7) 直接回归，得到的系数估计并不等同于真实的就业弹性。首先，由于个体效应的存在，我们应对群组面板数据进行固定效应回归。但是式（7）的解释变量中包含了被解释变量的滞后项。可对水平方程（Level Equation）式（7）做两期差分，去掉个体固定效应 μ_f，得到差分方程（Difference Equation）式（8），就会因为解释变量 $\Delta Emp_{ft} = Emp_{ft} - Emp_{ft-1}$ 与扰动项 $\Delta \upsilon_{ft} = \upsilon_{ft} - \upsilon_{ft-1}$ 之间的相关性（Emp_{ft-1} 与 υ_{ft-1} 相关），产生内生性问题。对此问题的解决可以内生变量的二阶及以上阶数水平滞后项 y_{t-l}（$l \geq 2$）和内生变量的一阶及以上阶数的差分滞后项 Δy_{t-l}（$l \geq 1$）分别作差分项和水平项的工具变量，最终得到无偏和一致的估计量。

$$\Delta Emp_{ft} = c + (1+\gamma)\Delta Emp_{ft-1} + \alpha \Delta Sales_{ft} + \beta \Delta X_{ft} + \Delta \upsilon_{ft} \quad (8)$$

计量方程中加入的企业特征变量控制 X_{ft} 包含了企业规模类别、所有制类型等哑变量，还包括人均工资对数（表征劳动力价格）、实际利率对数（表征资本价格）、人均资产对数（表征资本密集度）等。这里的"人均"表示"每企业职工"；对实际利率的计量并非企业所在地的（平均）贷款利率，而是考虑到获得贷款的实际难度因企业不同，所以采用了"企业财务费用/负债总量"，反映每个企业获得贷款的真实价格；人均资产对数为"企业资产总量/职工总数"，反映每家企业的资本密度程度。方程（7）和方程（8）中的系数 α 估计值即为工业企业的就业弹性。

基于工业企业数据测算出的各化解过剩产能行业的就业弹性如表 8 所示（第 2 行）。为了与系统 GMM 方法作对比，本文也采用了面板数据的固定效应回归，在每个行业下，左列为简单固定效应回归，右列为系统 GMM 回归结果，例如，第 1 列和第 2 列分别对应了煤炭行业就业弹性的固定效应面板回归结果和系统 GMM 回归结果。所有回归设定均控制了企业规模、所有制类别和年份固定效应。

比较这两种回归设定，首先，所得到的就业弹性均在 0.01 水平下统计显著。其次，在各行业中，系统 GMM 测算的就业弹性均略小于固定效应面板回归结果。

如表 9 所示，煤炭的就业弹性为 0.175，表示当企业营业收入下降 1% 时，企业就业量会下降 0.175%。船舶制造与煤炭行业的就业弹性较为接近，为 0.166。钢铁行业和电解铝的就业弹性均在 0.2 左右。平板玻璃行业的就业弹性

表 9 基于工业企业数据的就业弹性估计

解释变量	煤炭		钢铁		水泥		平板玻璃		电解铝		船舶	
	(1)	(2)	(3)	(4)	(5)	(6)	(7)	(8)	(9)	(10)	(11)	(12)
log（就业量）滞后项	-0.016 (0.011)	0.186*** (0.071)	0.026*** (0.008)	0.117*** (0.042)	0.056*** (0.007)	0.290*** (0.037)	-0.039 (0.040)	0.128 (0.160)	0.105*** (0.036)	0.476*** (0.173)	0.066*** (0.024)	0.223** (0.101)
log（销售额）	0.196*** (0.008)	0.175*** (0.027)	0.243*** (0.007)	0.211*** (0.017)	0.170*** (0.005)	0.148*** (0.018)	0.412*** (0.032)	0.378*** (0.071)	0.252*** (0.033)	0.222*** (0.051)	0.206*** (0.020)	0.166*** (0.035)
log（人均工资）	-0.100*** (0.008)	-0.100*** (0.015)	-0.049*** (0.007)	-0.050*** (0.011)	-0.080*** (0.006)	-0.091*** (0.011)	-0.108*** (0.036)	-0.095* (0.049)	-0.023 (0.039)	-0.043 (0.075)	-0.088*** (0.025)	-0.087** (0.038)
log（实际利率）	-0.025*** (0.003)	-0.027*** (0.005)	-0.021*** (0.003)	-0.022*** (0.004)	-0.012*** (0.002)	-0.014*** (0.004)	-0.012 (0.016)	-0.015 (0.019)	-0.075*** (0.013)	-0.069*** (0.025)	-0.034*** (0.009)	-0.036*** (0.014)
log（人均资产）	-0.383*** (0.008)	-0.415*** (0.022)	-0.426*** (0.007)	-0.441*** (0.017)	-0.424*** (0.006)	-0.438*** (0.018)	-0.423*** (0.033)	-0.453*** (0.086)	-0.415*** (0.034)	-0.452*** (0.077)	-0.438*** (0.021)	-0.467*** (0.039)
规模	√	√	√	√	√	√	√	√	√	√	√	√
所有制	√	√	√	√	√	√	√	√	√	√	√	√
年份	√	√	√	√	√	√	√	√	√	√	√	√
常数项	5.276*** (0.098)	—	4.365*** (0.087)	—	5.355*** (0.071)	—	3.750*** (0.393)	—	3.657*** (0.423)	—	4.754*** (0.243)	—
样本量	9645	4515	13030	6662	15721	8476	507	263	703	347	1467	702
R-平方	0.438	—	0.491	—	0.472	—	0.643	—	0.481	—	0.578	—
企业数	5025	2830	6258	4022	7123	4966	241	163	359	216	749	444

注：括号中为系数估计的标准差，*** $p<0.01$，** $p<0.05$，* $p<0.1$。

最高，为 0.378。按照行业均价估计销售收入后，以产能化解任务为 20% 作为假设条件，各行业的受影响职工人数如表 10 所示。其中钢铁首当其冲成为受影响职工最多的行业，水泥、电解铝和船舶行业的受影响职工人数都达到了百万人之多，这对推进化解过剩产能政策的实施提出了巨大挑战。

表 10　各相关行业化解产能过剩中受影响职工规模的估计

产能过剩行业	就业弹性估计值	当前产量	均价（万元/单位）	若产能化解任务比例为 20%，受影响职工（万人）
水泥	0.148	234796	249.0	73.1
平板玻璃	0.378	73863	64.1	35.8
钢铁	0.211	261874	1867	163.2
电解铝	0.222	3111	10875.0	50.2
船舶工业	0.166	4184	9757.5	35.5

注：①各产能过剩行业产量单位：水泥（万吨）、平板玻璃（万重量箱）、钢铁（万吨）、电解铝（万吨）、船舶工业（万载重吨）；②钢铁行业包括了生铁、粗钢、钢材三个主要环节，船舶工业此处特指造船业；③数据来源于国家统计局、国家发改委、有色金属工业协会、工信部网站（2015 年度数据）。

总体来看，化解过剩产能涉及的行业中，就业弹性差异较大，基于工业企业微观数据的测算与基于年鉴产量数据的测算结果有一定的差别。对此有两个可能的解释：一是基于企业的微观数据更加精准；二是化解过剩产能过程中，不仅涉及产量的变动，还涉及产品价格的变化，产量下降 1% 和销售额下降 1% 对企业经营的影响必然不等，因此对就业的影响也不同。同时，人均工资对就业量的影响显著为负，表明企业的就业需求因工资价格上升而下降。实际利率、资本密集度对就业量的影响表也显著为负，对此的解释可能是当企业贷款价格更高或企业的资本密集度更小时，企业的经营活力不够充分，从而抑制了对劳动力的需求。

六、化解过剩产能受影响职工的总体情况与基本特征

(一) 总体情况

两年以来，笔者先后赴河北、江苏、山东、山西、河南、浙江、贵州、四

川、辽宁、吉林、黑龙江、陕西等省份调研，在每个省份均选取有代表性的多个城市及企业细致走访，并与员工进行座谈，了解了煤炭、钢铁、水泥、电解铝、平板玻璃和船舶等几大行业在化解产能过剩的进程中的具体情况、困难和已经采取的做法，获得了一线的数据材料。

按照各省人力资源与社会保障厅有关部门向调研组提供的数据，华北、东北、西南等化解产能过剩重点地区受影响职工规模比较庞大，其中河北省的钢铁行业涉及化解产能规模巨大，占到全国化解目标的近70%。因而，其面临的职工安置工作任务最为艰巨。总体情况如下：

第一，承接化解产能过剩、淘汰落后产能、治理大气污染和产业转型升级等任务，到2017年底河北省估算将涉及企业职工约106万人，其中钢铁行业42.6万人、水泥行业6.5万人、平板玻璃行业5.6万人，面临职工安置任务之重居全国之首。

第二，河南省化解产能过剩直接受影响人员约20万人，目前已经妥善安置职工12.5万人，未来还需要解决7.5万人的转岗再就业。

第三，至2014年12月底，辽宁省淘汰落后产能和化解过剩产能共计影响职工10.8万人，其中实现再就业7.58万人，办理离退休手续1.26万人，领取失业金0.71万人，返乡农民工1.29万人，其职工安置任务繁重。

第四，2012~2014年贵州省淘汰落后产能涉及安置职工4.3万人，预计到2017年因化解过剩产能将流失10万个工作岗位。

第五，四川省2014年淘汰落后产能涉及职工5.3万人。

第六，2016年，陕西省计划5年内将退出煤炭行业过剩产能4706万吨，铁160万吨，钢70万吨，涉及企业104家，其中钢铁行业企业3家，煤炭行业企业101家，化解产能过剩共涉及职工8.04万人。

（二）基本特征

为了进一步把握受影响职工群体中的异质性特征，课题组采用问卷调查的方法在山西、广西、山东、四川、贵州、河北、辽宁等省发放企业问卷与职工问卷共计1000余份，回收有效问卷819份。基本特征如下：

第一，从受影响职工的规模上看，共涉及受影响职工45581人，其中钢铁企业占47.15%，电解铝企业占38.37%，水泥企业占14.48%。可见，在化解过剩产能进程中钢铁和电解铝面临的化解任务最为繁重,安置受影响职工的压力也最大,是本文研究和关注的重点。

第二,从性别与年龄结构上看,在化解产能中受到影响的职工以男性居多,为77.82%,其中钢铁企业男性职工比例更高,达84.9%,同时受影响职工平均年龄偏大,40岁以上的高达46.81%,其中电解铝企业40岁以上职工比例最高,接近60%。30岁以下的仅为20.9%。可见,在采取安置措施时,针对不同年龄层次的职工,需要采取针对性的方法,40岁以下的职工可以选择对其进行优化教育培训,为其再就业创造更大空间,而针对年龄较大的职工和再就业有困难的职工,则可以采取内部退养的措施进行妥善安排。

第三,从受教育程度和技能结构上来看,受影响职工受教育水平普遍偏低,初中及以下学历者占30.35%,高中(含中专)学历者占49.38%,大专及以上学历者占20.27%。其中,钢铁企业受影响职工的学历与其他行业相比较高,电解铝企业次之,水泥企业最低。同时,技能水平偏低是这一群体的主要特征。平均来看,受调查企业中受影响职工24.56%为初级工,14.15%为中级工。整体偏低的教育和技能结构为我们妥善安置受影响职工提出了挑战,只有通过技能提升计划才能将他们从补偿式的安置转化为发展式的安置。

第四,从在职时间和户籍结构上看,受影响职工以老员工居多,74%的受影响职工在原企业工作超过5年,其中工作在10年以上的职工比例接近56.74%;受影响职工以本地职工为主,本地职工人数是外地职工的5倍多,其中钢铁企业外地职工所占比例最高,达45.14%。这促使政府在制定安置补偿措施时要充分考虑到职工特点,做出合理的安排。

从以上调研结果来看,钢铁行业中的企业及员工是化解产能职工安置工作的重中之重。从员工异质性来看,受影响职工男性偏多,年龄偏大,在职时间较长而且教育程度和技能结构偏低,这些都对我国的职工安置工作提出了巨大挑战。在把握好受影响职工总体规模的前提下,需要充分考虑到职工的不同特征、背景,通过企业内部分流、促进转岗就业创业、内部退养和公益性岗位兜底四类具体渠道分类、分重点地做好职工安置工作。

七、职工安置存在的主要问题与对策建议

（一）职工安置的主要问题

1. 职工安置中政府安置与市场配置的边界问题

市场与政府的边界问题是此次化解产能过剩中的重点和难点问题。化解产能过剩虽是经济发展特殊时期必须进行的行政干预，但从根本上看其首先应该是市场经济不断发展、优胜劣汰的需要。如若干预程度过深，会使得企业面临巨大的外部压力丧失竞争活力。此外，本次化解产能任务中五大产能严重过剩行业之间的情况不尽相同，各地区在化解产能过剩中的任务难度、涉及范围和财政实力等方面差异很大，不适宜由政府制定"一刀切"的就业与职工安置政策。例如，船舶虽在产能过剩名单之中，但自2014年以来，国际船市转暖，各大船舶企业订单激增，企业用工需求增加甚至出现不同程度的招工困难。河北省与东北地区面临着巨大的钢铁产能化解任务，是此次职工安置压力最大的区域，需要研制专项对策。

2. 鼓励企业吸纳受影响职工政策缺位

鼓励企业直接吸纳受影响职工是安置途径中成本较低、劳动争议风险较小的方法，包含了产能过剩企业内部转移安置本企业受影响职工、非产能过剩企业吸纳化解产能中受影响职工以及受影响职工的跨地区转移安置等。我国现有政策体系中对于企业吸纳职工的鼓励政策均围绕"失业人员""下岗失业职工"和"就业困难人员"展开，如《就业促进法》规定"吸纳符合国家规定条件的失业人员达到规定要求的企业"可以依法享受税收优惠，就业专项资金中提到"企业（单位）吸纳就业困难人员的社会保险补贴"。然而在现实中，大部分的受影响职工处于待岗、内退或转岗培训这种隐性失业的状态中，不符合这些政策扶持条件，难以享受到实质性的政策帮助。

3. 针对受影响职工职业能力开发的资金不足，现有培训效果欠佳

2016年人社部提出了化解过剩产能中职工安置的四个具体渠道，包括支持企业内部分流、促进转岗就业创业、对再就业困难的大龄职工可实行内部退养、公益性岗位兜底。但无论采取何种安置渠道，职工就业能力开发都是最终落实安置，稳定岗位的关键。内部分流、转岗就业和创业都会产生巨大的人员

培训的成本，而深处产能过剩行业中亏损旋涡里的企业难以独立履行职业能力开发的责任，因此政府不仅需要对职业能力培训进行大力投入，还需要探索建立一个由政府、企业和社会机构等多方参与的职业能力培训开发体系。此外，受影响职工所涉及的行业多样，且普遍年龄较大、技能和学历水平偏低，一般性的培训效果欠佳。然而政府部门提供的培训多采用统一的课程内容和培训方法，只能提供形式单一、内容陈旧的通用性的素质培训与技能培训，无法满足受影响职工转岗再就业和创业的需求。

4. 社会保险欠缴严重，难以发挥稳岗作用

员工的各项社会保险本应是失业和就业困难时的防护网，但由于产能过剩行业的企业长期处于亏损之中，社会保险费长期欠缴，断保现象普遍，其中钢铁企业的情况最为严重。在这种背景下，各地的社保经办部门尝试允许企业可选择单缴养老、工伤、失业等保险，但是征缴进度十分缓慢。许多由于化解过剩产能关停的企业，由于未能缴纳或足额缴纳失业保险，不满足"上年正常缴纳失业保险费"的基本条件，因此无法享受保险的补贴和政策优惠。

(二) 对策建议

1. 职工安置应由市场主导，政府兜底

处理好政府和市场的关系，让市场在资源配置中起决定性作用和更好地发挥政府作用是我国深化改革进程中的核心问题。因此，在化解产能过剩中，政府也需要探索如何让市场在解决职工就业、安置和培训开发问题中充分发挥基础性配置功能。在建立公平有序的市场竞争环境、推动产业实现优胜劣汰的同时，政府也需要尽快完善市场环境建设和监管，进一步完善社会托底政策，充分依靠市场和法律手段，减少行政直接干预行为。

兜底作用主要体现在政府对于化解产能过剩中的就业困难人员实施不同形式的就业优先扶持和重点援助，大力开发公益性的岗位。通过财政拨款的方式，由政府有关行政机关和与政府有密切联系的事业单位，如街道办事处、交通管理部门、社区、环卫、园林绿化等直接雇用就业困难人员。对雇用了就业困难人员的企业采取税费减免、贷款贴息、社会保险补贴和岗位补贴等政策。

此外，享受了相应的优惠或补贴的企事业单位在用工过程中应遵守国家有关法律法规或政策，如最低工资制度、社会保险政策、劳动保护规定等进行监督，保护就业困难人员的合法权益。

2. 鼓励各类型企业吸纳受影响职工

将支持产能过剩地区的新产业发展政策作为长期就业促进政策的重点，依靠市场机制鼓励企业转型发展，创造新的就业岗位才是解决职工安置问题的根本出路。一方面，鼓励过剩产能企业按照自己的优势和市场环境，采取"转移一批"和"整合一批"的做法分立企业、新上项目等方式安置受影响职工；另一方面，鼓励社会上其他企业积极吸纳受影响职工，并给予其就业补贴、贷款扶持和减免税费等政策支持。

3. 针对性的就业技能培训与多元参与机制

按照国家提出的"消化一批、转移一批、整合一批、淘汰一批"的指导思想，政府需要对受影响职工实施具有针对性的技能培训，以促进企业主营业务的升级和转化。对可以保留安置在原岗位的职工进行技能提升型在岗培训，鼓励他们掌握新技能适应新岗位。在培训资金来源上，对于化解产能中受到重创，难以支付大量的培训经费的企业，政府需要筹集专项培训基金或从就业专项资金中支取，抑或从失业保险基金中列支，帮助相关企业做好职工转岗培训，尽快适应新岗位。

对于不得不转岗就业的职工进行转岗培训，依据其兴趣和自身优势选择合适的培训项目，提供培训补贴和免费职业技能鉴定服务。此外，改变政府主导就业培训的局面，完善就业培训投入、考核和补贴机制，发挥企业在就业培训中的技术优势，增强职工在就业培训中的自主选择性，激发企业和职工的培训热情，提高共同参与的积极性。对于因化解产能过剩而关停的小微企业主鼓励其二次创业，对有创业愿望和能力的职工，积极开展创业指导、创业培训、创业项目咨询和跟踪服务，落实自主创业的税费减免、小额担保贷款、场地安排等政策。

在经费投入上，政府应该安排专项经费用于培训实施，鼓励企业依法提取职工教育培训经费用于内部分流、转岗和鼓励受影响职工进行创业的素质培训和技能培训。此外，还可以建立由政府统筹，社会企业和组织多方参与的化解产能过剩行业受影响职工职业技能提升参与机制，拓宽培训资金的筹集渠道，实现职业培训服务多元化、公共服务市场化。

4. 发挥失业保险的稳岗补贴作用

援企稳岗是失业保险基金需要完善的重要功能之一，参照金融危机期间为援企稳岗实施的社会保险补贴政策，建议利用失业保险帮助困难企业应对化解产能带来的人员安置压力，帮扶企业及职工渡过难关，重点支持受影响企业职工在岗、转岗培训，提高企业职工转业转岗就业适应能力。在补贴条件上，一方面降低企业申请专项就业补贴的条件，提高企业稳定岗位的补贴标准；另一方面将现有政策适当放宽，对如河北、东北地区受到重创的钢铁企业进行重点援助。在确定补贴人数和资金数额时，需要考虑到这些企业的产能缩减难度。

参考文献：

［1］方明月，聂辉华，江艇，谭松涛. 中国工业企业就业弹性估计［J］. 世界经济，2010（8）：3-16.

［2］黄涛、陈良焜，王丽艳. 中国行业吸纳就业的投入产出分析［J］. 经济科学，2002（1）：48-60.

［3］简新华，余江. 基于冗员的中国就业弹性估计［J］. 经济研究，2007（6）：131-141.

［4］牟俊霖. 促进我国就业增长的行业特征研究——来自2002-2007年投入产出表的证据［J］. 技术经济与管理研究，2012（3）：3-7.

［5］Brandt, Loren, Holz. Carsten A. Spatial Price Differences in China: Estimates and Implications. Economic Development and Cultural Change［M］. University of Chicago Press, 2006, 55（1）：43-86.

化解过剩产能中劳动关系问题的研究

孟续铎[*]

一、引言

劳动关系是生产关系的重要组成部分之一。党的十八大以来,党和国家更加高度重视构建和谐劳动关系。2012年党的十八大明确提出要构建和谐劳动关系,2015年3月21日发布的《中共中央国务院关于构建和谐劳动关系的意见》(以下简称《意见》)首次从中央层面全面系统地部署构建和谐劳动关系工作。《意见》中明确指出,我国正处于经济社会转型时期,劳动关系的主体及其利益诉求越来越多元化,劳动关系矛盾已进入凸显期和多发期,劳动争议案件居高不下,有的地方拖欠农民工工资等损害职工利益的现象仍较突出,集体停工和群体性事件时有发生,构建和谐劳动关系的任务艰巨繁重。

当前,我国部分行业产能过剩矛盾突出,企业生产经营困难加剧,成为影响经济和就业稳定的一个突出问题。2015年中央经济工作会议上,"去产能"被列为2016年五大结构性改革的任务之首;2017年党的十九大报告中,提出要深化供给侧结构性改革,"坚持去产能"。由于产能过剩已经是我国经济运行中的突出矛盾和诸多问题的根源之一,其牵涉面广,矛盾问题根深蒂固,与企业生产、社会消费、财政金融等系统关系错综复杂,因此,化解产能过剩矛盾必然带来经济社会的阵痛,某些局部领域甚至会"伤筋动骨"。特别是在经

---

[*] 孟续铎,中国劳动和社会保障科学研究院助理研究员,经济学博士,主要研究领域:劳动力市场与就业、劳动保障政策。

济新常态下，化解产能过剩形势更加复杂多变，产能过剩的化解任务只能在"阵痛期"内逐步解决。同时，前期较为容易化解的产业和企业已经取得了一定的成效，"难啃的骨头"将凸显出来，化解产能的压力增大。

在这一大背景下，化解产能过剩矛盾中的劳动关系问题需要引起足够重视。企业主体面临改制转换、兼并重组、生产调整、利润受损等多方面问题，劳动者还将面临劳动就业、工资分配、权益保护、社会保险、劳动争议等多方面问题。实际上，目前我国钢铁、煤炭装备大多处在世界先进水平，企业生产经营之所以困难，很重要的因素是富余人员多，合理安排职工分流将是产能过剩企业面临的重大问题之一。在这一过程中，劳动关系双方将面临劳动关系调整问题，化解产能过剩中的劳动关系矛盾必然成为当前及今后构建和谐劳动关系体系中的一个突出难点和"瓶颈"。

从整个经济社会发展的角度来看，做好化解产能过剩企业和谐劳动关系的构建工作，不仅关系职工的切身利益，也关系化解产能过剩工作的顺利推进，如果失败，则会给经济持续健康稳定发展带来隐患，并且也会给全社会稳定和谐造成严重影响。事实上，在局部地区由于"去产能"的不断深入，曾发生过职工上街、集体上访、聚众讨薪等群体性事件，给当地社会经济带来不同程度的影响。但与此同时，也有一些地方和企业能够很好地分阶段、分步骤、多形式地解决职工安置和再就业问题，使企业劳动关系平稳运行，职工合理流动，为国家层面制定政策提供了样例。

可以说，化解产能过剩中劳动关系问题不仅仅是重要的经济问题，更是十分重大的社会问题和政治问题。本文正是基于这一重大现实意义，将产能过剩企业的劳动关系作为研究对象，为处理好劳动关系问题研提建议。

二、化解产能过剩中劳动关系的现状分析

自国务院发布《关于化解产能严重过剩矛盾的指导意见》（国发〔2013〕41号）以来，国家在钢铁、水泥、电解铝、平板玻璃、船舶等行业开展化解产能严重过剩矛盾工作，2016年更是将"去产能"列为全年结构性改革任务之首，并突出强调了钢铁和煤炭两个行业的去产能任务。化解产能过剩牵涉面广、总量压力巨大、矛盾问题根深蒂固，劳资双方将面临劳动关系运行、调整

和转移接续等问题，需要对劳动关系总体情况进行把握。笔者深入调研走访化解产能过剩重点省份以及钢铁、煤炭、水泥、电解铝等重点行业企业，通过座谈、访谈、问卷调查等多种形式，力求全面掌握化解产能过剩劳动关系整体情况及基本特征。

（一）企业劳动关系运行总体平稳，局部性风险较为突出

根据笔者在全国典型地区的调研显示，目前化解产能过剩中劳动关系总体运行尚处于平稳可控状态，地方和企业能够分阶段、分步骤、多形式地解决职工安置和再就业问题，劳动关系的调整和转移接续有序开展，职工权益得到基本保障。但同时，去产能企业劳动关系潜藏较大不稳定因素，部分地方和企业的局部问题更加突出，群体性事件时有发生，劳资矛盾有进一步扩大的风险，具有形成较大规模群体性劳动争议的潜在风险，给局部地区的社会稳定带来影响。

在钢铁、煤炭、水泥、平板玻璃、电解铝、船舶等涉及产能过剩行业中，大部分企业在劳动合同签订、变更、解除、终止等程序上比较合法合规，内容上也基本符合有关规定，但是在具体执行过程中，不同劳动标准内容的权益保障存在着差异性。工时、定额、休息休假、劳动保护、女职工特殊保护等方面基本能够得到保障，但在工资福利支出、社会保险缴纳、经济补偿金支付等方面部分企业未能按照法律法规的规定和劳动合同的内容予以执行，较多出现工资拖欠、社保欠缴、无力支付经济补偿金等情况。在职工工作岗位和工作内容上，大面积出现转岗、调岗、轮岗、待岗等情况，职工工作不饱满，隐性失业现象严重，职业生涯发展也受到限制。

（二）劳动争议表现为以利益争议为主

从化解产能过剩中的劳动争议表现来看，更多面临的是利益争议的增加和激化，利益争议成为化解产能过剩劳动争议的焦点问题和潜在风险源。化解产能过剩企业中的降薪、欠保、无力支付经济补偿金等已然成为较突出的问题，涉及职工利益领域内的劳动争议时有发生，有些争议也会随着事件未有效解决而扩大，演变为群体性事件，直接危害当地社会安全稳定。如东北地区一家钢铁生产企业于2014年7月全面停产，员工工资、社保、生活费等利益均受到严重影响，2014年6月至2016年4月，共拖欠员工工资达6189.8万元，养老保险欠缴6000多万元。此期间职工反应强烈，多次到本级和上级政府上访，

反映情况,群体性事件大大小小发生了30多起。

(三) 群体性冲突在局部地区时有发生

群体性劳资冲突事件主要表现为多人共同发生的劳动争议,或多人共同参与的上访、停工、静坐和游行等行为。化解产能过剩对部分地区和企业而言影响深刻,甚至"伤筋动骨",关系着工资、社保、经济补偿金等"实打实"的职工切身利益,存在较大的产生群体性事件的风险。现实中不少地方都发生过一些对当地产生严重危害的职工群体性冲突事件。个别省份的煤炭企业因长期拖欠职工工资和应上缴的社会保险费,发生了职工上街、集体上访、聚众讨薪等群体性事件;部分省份的钢铁企业由于资金链断裂造成整体性停产停工,劳资关系极不稳定,发生职工聚集、围堵闹事等事件。

(四) 去产能重点地区行业劳动争议有所增加

近几年,从全国范围来看,劳动争议呈现上升趋势,全国各级劳动人事争议调解组织和仲裁机构受理劳动人事争议案件不断增多,如图1所示。同时,在去产能重点地区,劳动争议案件也有所增长,如河北省人社厅数据显示,2015年钢铁、加工制造等行业的欠薪案件上升19.3%,因去产能引发的劳动争议需引起足够重视。

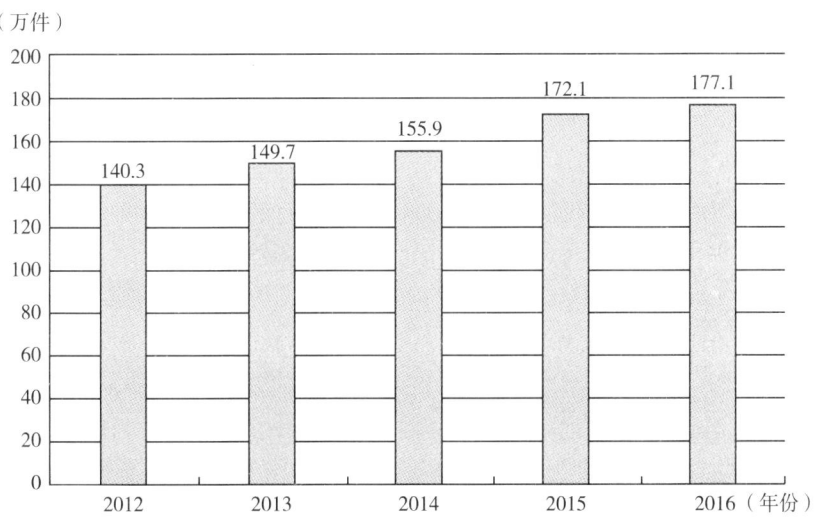

图1 历年各级劳动人事争议调解组织和仲裁机构共受理劳动人事争议案件数

资料来源:历年人力资源和社会保障事业发展统计公报。

三、化解产能过剩中应对劳动关系矛盾的做法经验

为有效应对化解产能过剩中可能出现的劳动关系冲突风险,国家有关部门不断出台相关政策措施,地方政府积极协调稳定去产能企业劳动关系,地方工会组织努力做好职工权益维护工作,相关企业也主动采取多种形式处理好职工劳动关系问题,形成了一些有益的做法经验。

(一) 国家层面不断出台完善有关政策措施

1. 突出强调依法妥善处理劳动关系的原则

自2010年淘汰落后产能工作开始,到后来的化解产能过剩任务,历次出台的政策文件中均提出要做好职工安置工作,特别是对劳动关系的处理明确提出了"依法""妥善"原则。有关政策文件强调要"依照相关法律法规和规定妥善安置职工"①,"积极稳妥解决职工劳动关系、社会保险关系接续、拖欠职工工资等问题"②,"依法妥善处理职工劳动关系"③,"要按照《中华人民共和国劳动合同法》及国家有关政策规定,依法妥善处理企业和职工的劳动关系"④,"保障职工合法权益"⑤。

2. 做好稳定在职职工劳动关系的各项工作

受去产能影响职工的工资、社保、工时、民主权益等受到较多影响,需要依法妥善有效处理,进一步稳定劳动关系。政策提出了"采取协商薪酬、灵活工时、培训转岗等方式,稳定现有工作岗位,缓解职工分流压力"⑥;同时对采取有效措施不裁员、少裁员,稳定就业岗位的企业,由失业保险基金给予稳定岗位补贴,为协调稳定职工队伍、妥善处置劳动关系提供了一定的资金和政策支持。⑦同时,为保障职工权益,政策还要求"安置计划不完善、资金保障不到

---

① 《关于进一步加强淘汰落后产能工作的通知》(国发〔2010〕7号)。
② 《关于促进企业兼并重组的意见》(国发〔2010〕27号)。
③ 《关于化解产能严重过剩矛盾的指导意见》(国发〔2013〕41号)。
④ 《关于做好淘汰落后产能和兼并重组企业职工安置工作的意见》(人社部发〔2011〕50号)。
⑤ 《关于进一步优化企业兼并重组市场环境的意见》(国发〔2014〕14号)。
⑥ 《关于钢铁行业化解过剩产能实现脱困发展的意见》(国发〔2016〕6号)和《关于煤炭行业化解过剩产能实现脱困发展的意见》(国发〔2016〕7号)。
⑦ 《关于失业保险支持企业稳定岗位有关问题的通知》(人社部发〔2014〕76号)。

位以及未经职工代表大会或全体职工讨论通过的职工安置方案,不得实施"①。

3. 对内部退养职工依法做好劳动合同变更

国家政策允许对符合条件的职工实行内部退养,同时规定:"对距离法定退休年龄5年以内的职工经自愿选择、企业同意并签订协议后,依法变更劳动合同,企业为其发放生活费并缴纳基本养老保险费和基本医疗保险费。职工在达到法定退休年龄前,不得领取基本养老金。"②

4. 做好兼并重组吸纳原企业职工的劳动关系处理

在化解产能过剩过程中,部分企业开展兼并重组,吸纳原企业职工的要做好相应的劳动关系处理。政策指出:"企业实施兼并重组吸纳原企业职工的,继续履行原劳动合同。企业发生合并或分立等情形的,由承继其权利和义务的企业继续履行原劳动合同,经与职工协商一致可以变更劳动合同约定的内容,职工在企业合并、分立前的工作年限合并计算为在现企业的工作年限;职工在企业内部转岗安置或内部退养的,双方协商一致后依法变更劳动合同,不支付经济补偿金。"③

5. 保障解除或终止劳动合同职工的各项权益

去产能过程中不少职工被迫下岗,有些与企业解除或终止了劳动关系,对此国家详细规定了依法妥善处置的具体意见。主要是:"企业确需与职工解除劳动关系的,应依法支付经济补偿,偿还拖欠的职工在岗期间工资和补缴社会保险费用,并做好社会保险关系转移接续手续等工作。企业主体消亡时,依法与职工终止劳动合同,对于距离法定退休年龄5年以内的职工,可以由职工自愿选择领取经济补偿金,或由单位一次性预留为其缴纳至法定退休年龄的社会保险费和基本生活费,由政府指定的机构代发基本生活费、代缴基本养老保险费和基本医疗保险费。"④

6. 依法妥善处理劳务派遣相关工作

对于化解产能过剩企业使用劳务派遣员工的,国家政策也明确了处理意见:"企业使用被派遣劳动者的,要按照《劳务派遣暂行规定》妥善处理好用

---

①②④ 《关于钢铁行业化解过剩产能实现脱困发展的意见》(国发〔2016〕6号)和《关于煤炭行业化解过剩产能实现脱困发展的意见》(国发〔2016〕7号)。
③ 《关于在化解钢铁煤炭行业过剩产能实现脱困发展过程中做好职工安置工作的意见》(人社部发〔2016〕32号)。

工单位、劳务派遣单位、被派遣劳动者三方的权利义务。"①

（二）地方政府积极稳定协调劳动关系

1. 贯彻落实国务院相关文件，不断完善地方政策体系

在国家出台一系列化解产能过剩工作任务及职工就业安置政策文件后，各地方政府也积极贯彻落实，不断出台适合各地实际情况的具体实施意见，构建了地方化解产能过剩和做好职工安置的政策体系。部分省份还积极先行先试，出台了一些地方政策，如河北省、山东省等在国家出台失业保险支持企业稳定岗位政策之前，就先行出台了地方上使用失业保险金援企稳岗、支持企业转岗培训和岗位技能提升培训等的办法。

2. 突出强调社会和谐稳定，切实加强对职工劳动关系调整的指导

由于化解产能过剩引发的劳资冲突有可能对当地社会稳定带来一定的冲击，因此，地方政府应时刻关注职工安置情况，把劳动关系和谐稳定放在突出位置。一方面政府相关部门不断加强对化解产能过剩企业职工安置过程中劳动关系处理的指导，切实维护好职工的合法权益；另一方面也积极做好有关政策规定的宣传工作，使企业管理方知法懂法守法，避免因违法违规导致的劳资矛盾。地方政府在做好去产能企业职工分流安置指导工作中，均突出强调安置工作要平稳有序，强调职工劳动关系处理要依法依规。对确实不能安置的职工解除劳动合同要求最少按照有关法律规定给予经济补偿，对企业拖欠职工的工资、医疗费等一次性偿清，欠缴的各项社会保险费一次性向主管社会保险经办机构足额补缴。

3. 积极开发各类岗位，协助企业做好职工安置和劳动关系处理

部分地区化解过剩产能企业涉及安置人员较多，仅靠企业自身力量难以安置大量富余职工。一些地方政府积极发挥优势，一方面主动开发公益性岗位安置富余职工，另一方面还协调解决其他企业系统，帮助去产能企业开展职工分流安置工作。在职工分流安置过程中对职工劳动关系的处理，地方政府主要是依据《劳动法》《劳动合同法》等法律法规，要求原企业、接收单位、职工三方之间厘清劳动关系、明确各方权利义务，平稳有序处理职工劳动关系调整和转移接续。如黑龙江以省政府文件出台的《龙煤集团第一批组织化分流人员

---

① 《关于在化解钢铁煤炭行业过剩产能实现脱困发展过程中做好职工安置工作的意见》（人社部发〔2016〕32号）。

安置政策意见》中明确提出职工劳动关系处理的意见：一是职工转移劳动关系前，原企业要偿还拖欠职工债务、补缴社会保险费；二是按照规定程序，龙煤集团、接收单位和职工签订三方协议，职工与龙煤集团彻底脱钩，接收单位依法与职工签订并履行劳动合同。大多数分流人员已经在接收单位上岗工作，按月领取工资报酬，劳动关系转移接续比较平稳。

4. 协调为主预防优先，积极化解劳资矛盾冲突

各地劳动监察部门和劳动争议仲裁机构针对化解产能过剩企业加强了巡回排查，积极开展宣传教育，并进一步做好劳动争议的调解和仲裁。各地坚持化解矛盾、稳定大局的原则，在劳动争议仲裁的时候贯彻以调解为主的方针，在维护职工合法权益的前提下，力争把劳资矛盾和冲突解决在萌芽状态。同时，地方人社部门不断加强与有关部门的协调，积极提前介入，要求化解产能过剩、淘汰落后产能、企业改制重组等情况下应将职工安置方案报当地人社部门审核审批，将职工安置方案作为前置条件，从源头上预防化解产能工作引发的劳资矛盾。不少地方还细化分解职工就业安置工作，对于任务重、涉及人员多、安置矛盾突出的企业，各级人社部门采取定点包企等方式深入企业，参与和帮助企业制定切实可行的安置方案和社保办法，使安置措施内容程序符合规定。还有一些地方（如河南）建立了重点企业用工监测制度，对企业出现岗位流失、生产困难、破产倒闭等情况进行监测，及时掌握企业用工和劳动关系状况。

（三）地方工会努力做好职工权益维护工作

1. 做好沟通联系，注重教育引导

地方工会部门突出做好源头参与工作，与政府各相关部门沟通联系，积极参与化解产能过剩实施方案及职工就业安置政策措施等的制定，从工会角度提出意见建议。同时，还应积极发挥各级工会宣传教育阵地作用，运用各种媒介教育引导职工正确理解和面对产能过剩形势，转变观念、凝聚共识，帮助企业共渡难关。

2. 完善制度建设，强化监督维权

各级工会部门积极建立健全厂务公开、民主管理、集体协商等制度，确保化解产能过剩和职工安置方案公开、合理、透明，确保职工知情权、参与权、监督权不受侵犯。如四川省总工会提出，对未经职代会审议的改革改制方案和未经职代会审议通过的职工分流安置方案不予批复实施，从而保障职工民主权

利的落实。此外，各地工会部门还积极维护职工合理诉求，畅通职工申诉渠道，如利用12351职工服务热线，接听、受理职工诉求，解答疑问，积极化解劳动纠纷。

3. 开展政策帮扶，关爱困难职工

针对产能过剩企业生产困难、资金紧缺等现实情况，部分地方工会部门采取缓征工会经费的政策，同时还给予企业各项帮扶资金，尽力缓解企业压力。面对化解产能过剩中部分职工经济利益受损严重、基本生活难以为继的情况，各级工会部门积极开展帮扶活动，缓解困难职工生活压力，帮助困难职工渡过难关。

（四）企业主动采取多种形式处理职工劳动关系

1. 积极稳定职工队伍，有序调整劳动关系

在不解除和不终止劳动合同的前提下，企业对部分职工的工作岗位、工作地点等进行变更，尽最大可能稳定劳动关系。主要包括以下几种：

（1）内部转岗。内部转岗是产能过剩企业比较乐见的安置职工的手段之一。企业认为，转岗可以给职工提供一个稳定的岗位、稳定的收入，让他养家糊口，这是最重要的手段，也是最实际的手段。内部转岗比较成功的典型，主要是通过创造新产业来带动新的岗位，解决富余人员转岗就业的问题。

（2）腾退岗位。不少化解产能过剩企业采取辞退劳务派遣等用工来腾退岗位安置本企业职工。钢铁、船舶行业等一般用工量都比较大，不少企业都大量使用劳务派遣工、外包工、外协工等。船舶行业方面，船舶制造的专业化、社会化生产方式特点，除了正式员工外，参与生产的人员队伍中劳务工、外包工、外协工等占据了较高比例，船舶行业中电焊等专业技术工人基本依靠外协工。在这样的用工方式特点下，部分企业因行业产能过剩、生产任务减少等因素，在人员安置过程中往往会对正式员工依照有关规定给予正规解决，并且会为了安置正式员工而优先选择压缩派遣工、外协工比例，削减其他用工人员队伍，将岗位腾退出来安置正式员工。

（3）转移安置。化解产能过剩中部分企业采取有组织劳务输出的形式，将本地富余员工输送到省外企业项目上，进行跨地区劳务转移。

（4）内部退养。从严格意义上来讲，内部退养并不算是企业与职工解除劳动关系，职工依然是依附于企业的劳动者，双方只是就工作安排达成了协议。实践中，不同产能过剩企业根据自己的情况，制定了不同的内部退养政策。总

的来说，企业主要对那些距离法定退休年龄 5 年以内的职工，每个月给予一定的退养费，职工下岗在家，直到达到法定退休年龄后领取正式的退休金。

（5）待休轮休。待休轮休也是不少产能过剩企业应对困境进行职工安置的一种方式。在企业中，待休就是一个岗位安排多个人来干，这在很多企业安置富余人员方面也是常用手段之一。但一岗多人的模式显然降低了全员劳动生产率，也相应降低了企业竞争力，造成冗员。

（6）请长假自谋出路。不少企业允许职工个人申请长假，一般为 3~5 年，长假期间企业不发放生活费，由个人承担本人应缴纳的社会保险费，长假期间职工个人可自谋职业、自主就业。长假期间成功找到工作的，企业依法解除劳动关系，职工到新的单位报到上班；长假期满仍未找到工作的，企业根据用工需求提供工作岗位，若因个人原因超过一定时间未回单位报到或不到企业提供的岗位上岗工作的，企业依法与其解除劳动关系。

（7）协议保留劳动关系。对那些距离法定退休年龄还有一段时间的（一般为 5 年以上 10 年以内），经本人申请，企业可以为其办理协议保留劳动关系，但不发放生活费，企业承担全部社会保险缴费部分（含企业和个人），符合退休条件时办理退休手续。这种情况下的职工一般都会在外面做些临时性工作，例如做点小买卖、干点临时工。

2. 依法解除或终止劳动关系，做好职工权益保障

从劳动关系的法律角度来讲，解除、终止劳动关系就是企业与职工不再有任何生产关系，职工不再依附于企业，企业也不对职工进行劳动管理。从企业的具体操作形式来讲，还可以分为几种类型：

（1）直接解除、终止劳动合同。在解除、终止劳动合同上，企业将其分为三种方式来理解和操作。第一种是职工自己提出来的，按照法律规定，一般不涉及经济补偿；第二种是裁员或者双方协商，按照劳动合同法的规定给予相应经济补偿；第三种是在解除劳动关系时，除了按法律规定给予补偿金外，企业为了顺利解除会再额外给一笔费用。

（2）外部安置。所谓外部安置，实际上就是职工与所在企业解除劳动合同后，到新的企业去工作，建立新的劳动关系。在化解产能过剩的过程中，一些大型国有企业由于需要安置的人员比较多，因此，除了内部安置富余人员以外，企业一般也会请求地方政府通过行政手段安置部分富余人员。

(3) 病退。病退就是因病（残）退休，是国家制定相关规定对病残职工给予提前退休的政策性安排。在实践中，产能过剩企业对于病退职工基本都按照国家相关规定给予执行，也作为职工安置的一条渠道。

四、化解产能过剩中劳动关系存在的矛盾问题

虽然目前化解产能过剩企业劳动关系运行尚处于可控范围，但产能过剩、行业衰退等外部环境变化、企业盈利状况和发展前景的不确定性，以及职工切身利益损失都会对企业劳动关系的平稳运行带来影响。同时，在劳动关系运行、协调、管理中也有诸多问题，也有可能成为未来劳资冲突的隐患。

（一）劳动合同管理存在一些突出问题

1. 农民工劳动合同管理问题比较突出

在大部分企业能够合法合规履行劳动合同签订、变更、解除、终止等基本情况下，部分企业仍然存在未按法律规定签订劳动合同的用工不规范情况，主要集中在农民工和中小企业。从全国形势来看，近5年农民工总量呈持续增长态势，在就业群体中也占有越来越重要的位置（见图2）。

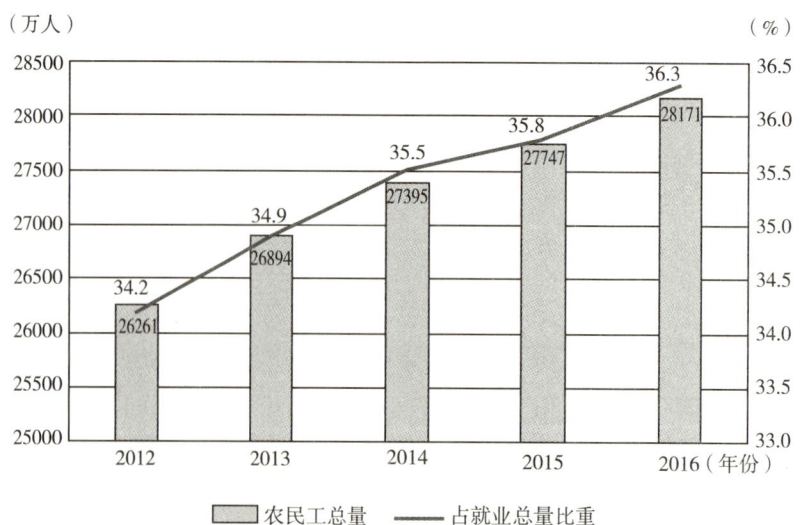

图2　2012~2016年全国农民工总量和占比情况

资料来源：国家统计局网站。

但不少企业在大量雇用农民工时,仍存在未签订劳动合同的情况,或者虽然签订合同却未按有关合同条款执行。特别是中小企业劳动合同执行不力,造成在化解产能过剩中分流安置职工时往往先对农民工进行裁减,损害了农民工的劳动权益。图3显示了农民工劳动合同签订率与全国劳动合同签订率比较情况:近5年来,全国劳动合同签订率不断提高,2015年以后一直保持在90.0%以上;而农民工劳动合同签订率却不断走低,2016年已降至35.1%。

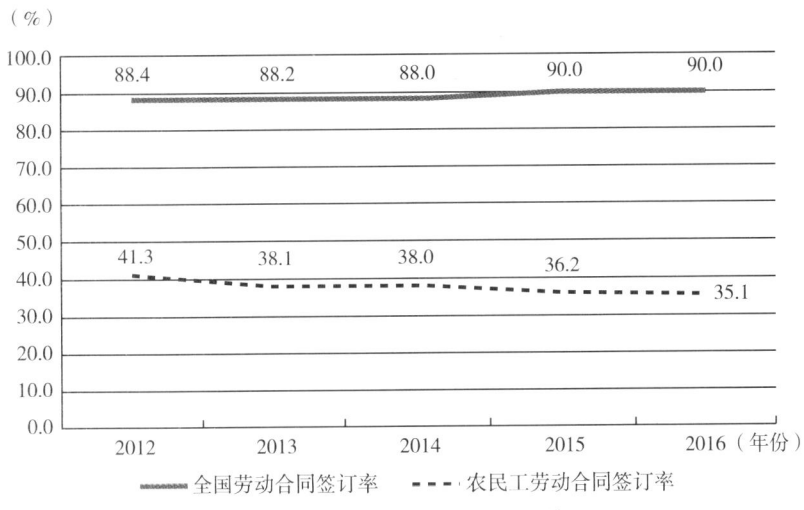

图3 农民工劳动合同签订对比情况

资料来源:历年人力资源和社会保障事业发展统计公报。

2. 劳动合同无法解除造成职工再就业障碍

部分企业的下岗职工未与原单位解除劳动合同,或因工资、社保、经济补偿金等拖欠问题无法与原单位解除劳动合同,造成职工无法与新就业单位签订劳动合同,不能进行劳动关系的转移接续,阻碍了职工顺利再就业。此外,由于下岗职工理论上还处在劳动合同存续期间,客观上导致一部分人属于"隐性失业群体",即有工作单位、有劳动合同、但无稳定工资收入,同时不符合领取失业保险金、经济补偿金等的条件,生活面临极端困难。

3. 一些转移安置职工存在双重劳动关系问题

部分分流职工出现双重劳动关系,存在争议风险。去产能中,不少职工已经分流到其他企业工作并签订了新的劳动合同,但他们依然与原企业保留着劳动关系,由此带来双重劳动关系问题。在现实中,有一些职工因为存在双重劳动关系,在工资、福利、社会保险等方面,面临复杂的三方关系,究竟由哪家用工单位负雇主责任,成为劳动关系处理实践中的难点问题。特别是一旦发生工伤等劳动纠纷,极易产生法律风险和劳资矛盾。

4. 劳动合同转移接续中存在管理真空

部分地方政府开展的组织化分流安置工作中,原单位、转岗接收单位与职工三方签订《劳动关系转移合同》后,不少职工并没有如期到位,存在"管理真空"状态,在职工日常管理、权益保障、稳定维护方面权责归属不清,不易于开展规范化的劳动关系管理。

(二) 降薪欠薪等工资收入问题影响职工利益

在化解产能过剩过程中,涉及产能过剩的大部分企业都存在开工不足、利润减少甚至亏损的情况,带来企业经济绩效的降低,并造成携裹在这一过程中的劳动者弱势地位的凸显,其首要表现就是职工经济利益受损较为严重,工资收入受影响较大。

1. 降薪现象时有发生

化解产能过剩企业职工待遇普遍降低,无论是在岗、待岗、轮岗的职工,也不论是管理干部还是一般人员,工资收入都受到影响。现实中,部分地区产能过剩领域的经营形势严峻,不少企业处于停产或半停产的"怠速运转"状态,工资增长很难保证,必然会面临工资水平下降的问题。特别是一些职工想上班而不能出满勤,甚至整月无班可上,收入下降幅度会比较大。从调研情况来看,大部分企业在降低工资时会先降管理人员,再降普通职工,但整体工资水平下降仍较大,部分企业职工平均工资仅为正常生产时月平均工资的50%~90%。

2. 部分企业欠薪问题较为突出

化解产能过剩企业的工资拖欠问题时有发生,特别是资金链断裂的企业拖欠职工工资长达一两年,对职工经济利益冲击非常大,部分困难职工生活难以为继。重庆市某煤矿拖欠1481名职工工资2198万元,职工多次信访讨薪。某煤炭企业曾出现的职工聚众讨薪事件,原因就是企业拖欠了职工工资12亿元,其中拖欠6.7万名井下工人2.5个月工资8.5亿元,拖欠11.29万名地面职工1个月工资2.75亿元，拖欠特殊困难职工1个月工资7500万元，可见拖欠工资数额较大。在此之后，该企业截至2016年5月末，再次欠发职工工资13.3亿元。

3. 生活费待遇差距较大

化解产能过剩企业对放长假待岗以及内部退养等人员一般只发放基本生活费，但职工的生活费水平不一，有些企业根据当地最低工资标准执行，有些企业生活费水平比较低。山西某煤炭集团对内部退养职工生活费发放标准为不低于山西省政府规定的当月最低工资标准的80%；对于距内部退养年龄3年以内，职工因病因伤不能工作，或因家庭成员需要特殊照顾的，经本人申请和组织认定后，办理提前离岗，待遇按当地最低工资标准加年工资发放，扣除各项保险费后的月均生活费在1400元左右；对待岗等待分流安置职工，按最低工资标准发放生活费。山东某冶金公司的数据显示，内部退养职工的工资约为在岗时收入的50%。其他一些企业的待岗、内退职工月基本生活费普遍在400~700元。领取生活费的职工除了个人应缴纳的社会保险费用外，很多职工还面临住房还贷、子女上学、赡养老人等家庭压力，基本生活费可能远远不足，不少待岗、退养职工还需要再打工补贴家用。此外还有一些企业在生产经营十分困难的情况下，无法及时发放职工生活费，有些企业拖欠十天半月，有的企业拖欠达到了半年之久。另外，各企业发放的生活费没有政策标准依据，各地、各企业间待遇差距较大，容易造成职工之间的攀比，影响职工安置工作。

（三）部分企业欠缴社保费问题突出，影响了相关职工社保待遇

1. 有的企业欠缴社保费问题突出

由于部分企业经营遇到困难，现实中存在企业拖欠职工社会保险费的情况，有的欠缴养老保险、医疗保险，有的"五险"都欠，这给职工的社会保险权益带来了较大影响。河北某钢铁公司自2009年以来拖欠失业保险费累计达2亿多元。山西省某煤炭企业2016年底累计拖欠社保费46亿元。东北某煤炭集团社保费欠费数额较大且在继续增加，截至2017年底，集团共拖欠"五险一金"合计132.1亿元，同比增加7.13%；其中拖欠社保费101.7亿元，同比增加11.15%。2018年以来，该企业只能缴纳应缴社保费的1/3，欠费问题进一步凸显。

2. 社保欠费期间职工社会保障权益受损

化解产能过剩涉及职工社会保险费的拖欠，直接影响职工社保待遇的享受。因欠缴养老保险,且员工无力补缴,不能办理退休手续,而因病死亡员工养老保险个人账户也不能及时继承,养老权益直接受到损害。欠缴医疗保险,员工患病住院治疗,职工的医疗保险报销存在一定问题,无法报销,医疗费由个人垫付,经济压力巨大。欠缴失业保险,职工一旦与企业解除劳动关系,到社会上却享受不了失业金待遇。此外,老工伤人员供养问题也影响一些企业,部分国有企业的工伤保险仍处于企业内部统筹,企业关停并转后一些一至四级工伤人员的供养费用没有了来源,将造成不稳定因素。

3. 职工再就业因社保欠缴受到直接影响

如果职工和企业协商解除劳动关系,或是跨统筹地区就业,社会保险转移接续也存在一定的问题。员工到其他企业就业,因原单位欠缴社会保险费,员工无力补缴,不能及时办理社保转移,造成新单位无法接收员工,再就业受到阻碍。

(四) 经济补偿金问题直接影响企业劳动关系和谐稳定

解除或终止劳动合同是企业向外排出富余人员的主要做法之一,而这必然牵扯到对职工进行经济补偿的问题。实际上,化解产能过剩行业企业经营状况总体不好,不少企业持续亏损,资金链断裂,欠费欠款情况严重,企业资产负债率高企,资金流严重短缺。在这样的情况下,解除职工劳动合同需支付的经济补偿金对企业而言难以解决,进一步阻碍了企业改革发展,也损害了职工的经济利益。实际调研过程中发现,不少企业在解除劳动关系时未能依法足额及时发放经济补偿金,更为严重的是,若因经济补偿金问题无法解除劳动合同,使得职工不得不"滞留"在企业内部,不能到市场中实现再就业,更容易激化劳资双方矛盾,影响化解产能过剩工作进程。黑龙江某煤炭集团涉及化解产能过剩职工共计5.5万人,据统计,涉及职工中约2.7万人选择解除或终止劳动关系,所占比例较大(约一半),给予职工的经济补偿金总额缺口很大,靠企业和地方政府自身较难解决。鸡西市一家钢铁公司原有职工3642人,2013年11月企业与全体职工签订解除劳动合同协议书,职工全员下岗,由于企业当时资金链断裂,无力支付经济补偿金,在政府工作组的指导下向每名职工出具了经济补偿金欠条,共欠职工经济补偿金总额6200多万元。此外,一些煤炭企业随着矿井关闭、人员分流,已出现一些前期失联人员返回矿井要求企业支付经济补偿金的情况,成为劳动关系矛盾的新焦点。

(五)职工安置过程存在一定劳资冲突风险

1. 职工面临下岗安置问题

化解产能过剩领域覆盖钢铁、水泥、电解铝、平板玻璃、船舶以及煤炭等多个行业,涉及职工人数相当多。虽然目前大部分企业还能维持正常运转,在面临产能压减时可以从内部向其他生产岗位分流部分职工,但是随着化解产能过剩的进一步深入,经营一旦发生严重困难,企业无力安置,就会发生较大失业风险。

2. 企业通过自身内部安置人员压力较大

从劳动关系平稳过渡运行的角度来看,企业通过对职工进行转岗培训,重新内部安置的这一方式是最为便捷有效的,但是这也给企业带来了较大的压力。客观地讲,目前我国钢铁、煤炭、水泥、电解铝等设施装备大多处在世界先进水平,企业生产经营之所以困难,很重要的因素是富余人员较多。因此,单纯地从企业生产经营和盈利的角度来看,向外排出富余人员又是必然选择。在现实中,企业特别是国有企业往往还是会优先选择内部安置的方式来解决富余人员的问题。一些钢铁集团对经营确有困难的子公司采取内部退出机制,对需要进行安置的富余人员采取转岗安置的方式。但是企业内部的岗位数量毕竟有限,与需要安置的人员相比仍有不足,这就会造成内部安置压力比较大。现实中是无法通过内部安置解决全部富余人员问题的。河北某钢铁公司共有职工约5000人,化解产能中受影响职工达1100人,其中约有900人处于待岗状态,只有200人实现了转岗安置。

此外,部分企业内部分流安置职工空间正逐步缩小。随着2018年去产能持续推进,不少企业内部安置职工空间明显不足。河南省2016年去产能安置职工内部转岗的占59%,解除劳动关系的占30%,而2017年内部转岗的占36%,解除劳动关系的占59%,更多职工面临失业再就业问题。还有一些曾接受分流职工的企业,又被列入2018年去产能计划,职工面临二次分流转岗的问题。

3. 部分下岗职工就业安置面临诸多困难

被企业解除或终止劳动合同的职工需要重新到市场上进行再就业,但由于目前全国过剩产能主要集中于钢铁、水泥、电解铝等传统行业,一些企业特别是国有企业的职工普遍年龄偏大、文化程度较低、技术单一、观念相对保守,因此，再就业面临较大的困难。同时，为更好地促进下岗职工的再就业安置，各地政府部门也会组织其他单位为产能过剩企业安置富余人员提供岗位。但是，由于岗位职责、技能要求等一些客观条件的不同，承接下岗职工的岗位与原岗位差别比较大，有些岗位还设置了一定的门槛和条件限制，造成了外部安置的实际操作比较困难。此外，受整体经济下行压力影响，不少地区的大部分企业经济效益都不是很好，也有不少企业不愿意接纳这部分人员，导致其实现再就业的难度加大，也间接影响了产能过剩企业与职工协商解除劳动关系的难度。

4. 外协人员安置存在潜在风险

钢铁、船舶行业等一般用工量都比较大，除了正式员工外，参与生产的人员队伍中劳务派遣工、外包工、外协工等占据了较高比例，如船舶行业中电焊等专业技术工人基本依靠外协。部分企业因行业产能过剩、生产任务减少等因素，在人员安置过程中企业往往会对正式员工依照有关规定给予正规解决，并且会为了安置正式员工而优先选择压缩外协工比例，削减外协工队伍，将岗位腾退出来给正式员工。对外协人员而言，他们或寻找其他合作企业，或转投其他行业，但无论如何都有面临失业风险的可能。加之外协人员与用工单位之间并不是一般意义上的劳动关系，企业对外协人员的安置处理相对正式员工而言经常处于一个模糊地带，但外协人员对用工企业往往又有利益诉求，因此外协人员的安置问题也是化解产能过剩企业劳动关系处理中一个容易发生矛盾的风险点。

(六) 职工民主权益存在受侵害情况

化解产能过剩中的企业不少需要面临关停并转，企业在这一过程中侵犯职工民主权利的情况仍然存在，特别是裁减员工未经过民主程序，造成职工权益受到侵害。有些化解产能过剩企业在关停并转过程中未严格按照法定程序执行，程序比较粗糙或是不透明，职工知情权、参与权和监督权缺失情况较为突出。有些企业"职工分流安置方案"不公开、不透明，个别企业只是在墙上贴出宣传告示，对政策宣传解释不到位。有些企业没有通过合法民主形式充分听取工会、职代会和职工的意见。有些形式上通过工会或者职代会，但实质上并没有充分考虑职工意见，导致方案不够合理公正。还有一些民营企业，不少职工在企业停产后已经异地就业，信息核实难度大，联系困难，"职工安置方案"因难以履行职代会等民主程序而无法实施。这些都导致改革方案在后续关停并转实施中可能存在一定的隐患。

五、化解产能过剩中劳动关系问题的原因分析

（一）宏观经济和产业环境是部分地区劳动关系不稳定的外部因素

从整个国家宏观经济情况来看，经济增速放缓，经济结构和能源结构不断优化，钢铁、煤炭等行业社会需求减少，行业产能过剩，价格低迷，导致行业经营面临较大困难。2018年上半年，全国GDP增速为6.8%，国民经济运行总体平稳、稳中有进，但未来下行压力仍然不小，特别是国际上不稳定、不确定因素依然较多，国内长期积累的结构性矛盾依然突出。随着供给侧结构性改革力度不断加大，化解产能过剩工作将持续深入推进，2018年上半年，全国工业产能利用率为76.7%，比上年同期提高0.3个百分点。今后，化解产能过剩还将进一步加大力度，直接影响相关企业劳动关系运行。

化解产能过剩比较集中的地区，需安置的职工人数较多，安置压力较大，钢铁、煤炭等行业的职工年龄又比较偏大，技能相对单一，就业能力较弱。同时，产能过剩集中的地区往往是资源依赖型或老工业基地，地方就业承载力相对有限，第三产业发展不足，无法提供容纳大量待安置职工的就业岗位，劳动力市场供求紧张。例如，黑龙江四煤城（鸡西、鹤岗、双鸭山、七台河）经济基本依靠煤炭，多数企业是为煤炭生产提供配套服务的，煤炭税收占地方财政收入的60%以上。在经济下行和化解产能过剩的环境下，承载经济增长和新增就业的能力严重不足，四煤城地方生产总值、规模以上工业、固定资产投资、地方财政收入等指标均出现负增长，失业和隐性失业人数不断上升。

（二）企业人力资源特征导致去产能行业企业职工安置困难

钢铁、煤炭等化解产能过剩压力较大的行业企业，不少是属于老国有企业，生产环节多、设备占用多、用工人数多，生产成本较高。其职工队伍也有着固有特征，主要是：年龄结构不合理，大龄职工较多，特别是"4050"人员；文化水平偏低，职业技能相对单一，包括不少缺乏技能的农民工群体；职工思想观念落后，市场意识、效益意识、风险意识、改革创新意识不足，依赖企业思想严重，宁愿耗怠在企业，也不愿意另谋出路；部分受影响职工对未来岗位的期望要求偏高，对跨行业和跨地区转移就业意愿低，自主就业、创业的意愿很低，再就业选择性小，可就业的工作质量偏低，即便实现再就业也存在较高的再次失业的风险。黑龙江某煤炭集团第一批组织化分流安置的2.3万名职工中，距法定退休年龄5年以内的占比5.7%，40岁以下的占比35.1%，"4050"人员占比近60%，年龄偏大、技能单一、文化水平低，较难适应市场就业。

（三）法规政策不完善影响职工劳动关系妥善处理

1. 指导去产能企业调整劳动关系的具体政策措施不足

虽然目前国家出台了若干化解产能过剩及职工安置的政策措施，明确了"妥善处理劳动关系"的有关要求，对平稳处理经济结构调整和保持劳动关系和谐稳定做出了制度性安排和指导，但落实到微观层面却一直缺少专门针对劳动关系调整的具体措施安排和支持政策。国家未出台系统化指导企业处理劳动关系的方案和政策，企业在很多方面缺乏法规政策依据，不同企业在制定细化和具体的职工劳动关系处理方案时只能"摸着石头过河"，因此各企业之间劳动关系问题存在较大差异，某些领域容易造成职工攀比。如有的地方反映，以法人为单位还是以矿井为单位确定职工安置人数需要明确。有些煤炭企业以下属的非法人单位矿井为公示的去产能单位，但矿井职工的劳动合同均为与法人公司签订；并且一线职工经常在公司所属多个矿井之间调动，难以固定在一个矿井工作。企业提出将所属矿井的职工全部纳入去产能范围进行转岗安置，但这种确定安置人员范围的方式并未得到政策明确。

2. 部分劳动关系法规政策缺位

在化解产能过剩中，不少企业在与职工保留劳动关系的同时，又将其分流到其他企业工作，签订新的劳动合同或是形成了新的事实劳动关系，但目前劳动立法中尚未明确双重劳动关系的处理规定，造成这部分法规政策缺位。此外，与企业未解除劳动关系的分流职工也无法纳入现行就业扶持政策范围，现行规定并未明确对建立劳动关系却存在事实下岗失业人员的扶持政策，这些职工享受不了职业介绍、职业培训、公益性岗位、创业担保贷款等就业扶持政策，不利于促进其再就业。

3. 部分条款规定不细致、不具体，致使企业操作面临直接困难

现行政策中对经济补偿金的计算存在一定问题。依照劳动合同法的规定，

劳动者月工资高于用人单位所在直辖市、设区的市级人民政府公布的本地区上年度职工月平均工资3倍的,向其支付经济补偿的标准按职工月平均工资3倍的数额支付,向其支付经济补偿的年限最高不超过12年。但在具体操作中,可能会出现收入高的劳动者由于超过3倍的封顶线,经济补偿年限最高不超过12年,最终获得的经济补偿金反而低于其他收入较低的劳动者,产生了不公平现象和相应的矛盾争议。此外,在经济补偿金计算中还涉及工资口径的问题,也就是哪些项目可以算入职工的工资,目前并没有明确的规定,对此企业和职工之间容易产生分歧和矛盾。

(四)资金不足影响了职工安置和劳动关系处理

企业安置富余职工无论是采取转岗、内退还是解聘,都需要一定量的资金支持,特别是对于钢铁、煤炭等行业企业,一旦停产,需要安置的人员数量比较大,带来了资金上的压力。目前,国家拿出了1000亿元专项奖补资金支持化解产能过剩职工安置工作,但在实际调研中发现,企业普遍反映目前支持的资金标准偏低,与企业自身承担的损失相比只是杯水车薪,不能满足企业安置职工和转型发展的需要。此外,不同地区之间差异也比较大,有的人均可达20万元,有些则只有两三万元。有些省财力有限,未配套省级奖补资金,而得到的国家奖补资金不足以弥补安置资金缺口,企业负担沉重。有的职工愿意拿钱走人,但企业无力支付,这不仅影响了职工分流,而且阻碍了劳动法规的落实和新机制的形成。

(五)劳动关系调整机制未充分发挥应有作用

1. 国企劳动用工制度改革有待深化

与民企比较,去产能中国企安置职工普遍十分困难,在相当程度上暴露了国企仍有与市场经济不相适应的弊端。一些企业难以根据生产经营变化增减企业员工,做到能进能出。一些老国企还有大量集体工,他们的身份认定复杂,也缺乏明确的政策规定,经常引发劳动争议,也是安置工作的一个难点。同时,不少国企还承担着"三供一业"、医院、学校等大量社会职能,人员队伍庞大,冗员过多,企业负担沉重。

近年来,一些国有企业开始加大劳动用工制度改革,并且与去产能职工安置同时进行,带来职工安置形势的复杂化。2018年,许多地方启动了厂办大集体改革、"三供一业"移交改制等国企制度改革,这些工作与去产能交织在一起，影响职工的范围进一步扩大，复杂程度升高，矛盾问题增多，加大了部分地区就业安置工作的艰巨性和复杂性。

2. 有的企业经营管理和用人自主权不能充分发挥

一些地方政府要求受影响人员全部由本企业内部吸纳，客观上超出企业安置能力，兼顾职工安置和生产经营压力巨大。产能压减意味着内部职工队伍的调整，特别是人员的向外排出。但有些国有企业，上级政府部门要求他们在调整和压缩产能的时候不能让一个人下岗失业，不将一个人推向社会，这实际上造成了企业劳动生产率下降，产钢能力降低，市场的竞争能力降低，无疑让生产经营艰难的企业"雪上加霜"。

此外，部分企业反映，现有部分法律条款限制了劳动力市场灵活性，给企业进行人员调整安置造成一定障碍。按照劳动合同法规定，企业调整岗位属变更合同内容，须征求职工同意，有的职工即便保持其原工资水平不变也不服从企业对其岗位安排，使得人员转岗安置十分困难。不仅加大了企业负担，限制了企业转型，而且抑制和妨碍了市场发挥决定性作用。

3. 行业和地区层面三方劳动关系协调机制不够健全

化解产能过剩工作的一大特征就是行业和地区差异非常明显，如钢铁、煤炭行业职工就业安置的压力明显大于水泥、平板玻璃等；同样，不同地区产能过剩的形势也差异极大，比较严重的如河北的钢铁、黑龙江的煤炭等。对此，特别有必要在行业和地区层面建立和完善三方协商谈判机制。在处理和解决行业层面与地方层面的劳动关系问题时，由政府、雇主代表、工会三方共同搭建的三方协商平台和机制被证明是一个有效的做法，在处理产能过剩行业中的劳资矛盾时也需要充分考虑这一办法。实际上，我国从20世纪90年代中期开始就在大力推行集体协商制度和三方协商机制，但在很多行业中却没有相应的制度安排。由于劳资政三方在劳动关系处理上的问题不尽相同，各方主体的地位不对称、不明晰，致使在许多劳动关系问题的处理上还是各自为政，缺乏相互的沟通与协调，也因此缺乏化解矛盾的缓冲机制。

（六）有的企业内部劳动关系管理薄弱，不利于及时化解矛盾

实际上，化解过剩产能所带来的企业和劳动者利益关系的改变是一个客观现实，它会引起利益失衡，但并不总会引起矛盾激化。在这个过程中，劳资矛盾治理手段的欠缺和低效是导致矛盾积累和容易激化的结构性原因。笔者在走访中也发现，一些企业在管理和应对劳动关系变动时的一些做法存在较大的风险，特别是企业内部沟通渠道不畅通，缺乏平等协商机制问题严重。

调研发现，不少员工对于产能过剩的现实以及国家的相关改革思路都有大致的了解，但是部分企业在落实产能化解任务、减员分流安置工作的过程中，并未向员工主动、充分地披露或沟通有关改革的信息，如分流安置渠道、安置待遇等。在沟通不畅、缺乏协商的情况下，职工不知道改革的真实消息，不知道自己的未来去向，不少职工心理存在较大的担忧和顾虑，并得不到有效化解。久而久之，职工对化解产能过剩任务和职工分流安置工作抱有强烈的不满和偏见，往往心存猜测、焦急、忧虑，容易加剧不良情绪，就有可能引致更为严重的劳资矛盾甚至冲突。

六、化解产能过剩中劳动关系问题的治理应对

政府应高度重视去产能企业劳动关系问题，并积极做好对劳动关系处理的相关工作，做到事前指导、全程监督、及时响应，确保劳动关系整体运行平稳有序，劳资矛盾始终处于合理区间，群体性冲突风险实时监控。

（一）坚持分类治理、精准施策的思路

就目前调研中反映出的问题来看，不同行业、企业和员工的劳动关系状况差异较大。从行业类型来看，钢铁、煤炭行业涉及职工较多，安置难度较大；电解铝和平板玻璃行业相对职工人数较少，且呈现区域性特点；船舶行业劳动用工形式复杂，但正式职工数量有限。从所有制类型来看，公有制企业化解产能过剩和职工安置的压力比非公有制企业要大，国有企业职工在年龄、技能上的弱势问题更加明显，"固化"的现象也比较严重；相比之下，非公企业很多都是中小企业，"船小好掉头"，职工就业中的市场机制起决定性作用，人员可来可走，职工也不会要求企业过多利益，用工较为灵活。然而一些钢城、煤城等资源依赖型城市就业承载能力有限，去产能带来的冲击更加凸显，需要给予特别关注。

因此，要坚持以分类治理为主线，底线政策一视同仁，扶持政策要差别化、有针对性。也就是说，在税收、社保等基本政策方面，公有制企业与非公企业应当严格一致按照法律规定执行。具体到政策操作层面，要针对国有企业

和民营企业的不同特点有针对性地进行，对不同企业的"口味"，还要具体问题具体分析，尽量使政策弥补前期竞争不同步的问题。

（二）完善和加强对去产能企业劳动关系处理的统筹协调

笔者在调研中发现，在处理劳动关系问题的过程中，企业经营管理方始终站在矛盾处理的"第一线"，更多劳动关系矛盾的化解手段都是企业在实践处理过程中摸索出来的。一些做法由于缺乏明确的政策依据，不少企业也反映处理信心不足，很多措施实施起来心存顾忌。针对这一情况，有必要建立健全劳动关系治理的多主体工作协调机制，指导和帮助企业积极处理劳动关系问题。实际上，化解产能过剩工作的推进本身就涉及多个部门的工作，处理这一过程中的职工安置和劳动关系治理问题，也需要不同部门相关政策的协同和相互支持。各地化解过剩产能和淘汰落后产能工作协调小组要统筹协调本地区企业职工安置工作，以人力资源社会保障部门为牵头单位，发展改革、经济信息化、财政、国资、工会等部门和单位共同负责，明确各部门在化解产能过剩职工安置和处理劳动关系工作中的责任，尤其是补偿资金来源、安置渠道扩展、劳动争议预警预防、劳动者知情权参与权的维护等方面的具体工作，加强相互间的信息沟通，实现政策的协调联动。

（三）突出对去产能企业劳动关系的预警预防和矛盾处理

各地要进一步建立健全劳动关系治理的多主体工作协调机制，充分发挥化解过剩产能工作领导小组和劳动关系三方协调机制等工作组织和机制的作用，指导和帮助企业积极处理劳动关系问题。有关各方要加强对去产能中可能发生的劳动关系矛盾尤其是集体性劳动争议的预警预防，建立健全劳资冲突应急预案和风险预警机制，开展纠纷风险排查，保持对职工安置形势的充分研判，有效监控劳动关系运行。突出对劳动关系重点矛盾的调处，充分发挥社会基层调解组织、劳动行政部门、法院等调解劳资矛盾和冲突的作用，减少和避免重大集体劳动争议事件，维护社会稳定。

（四）完善指导企业处理劳动关系的整体性和具体化方案措施

抓紧制定、完善并系统化指导企业处理劳动关系的一系列措施，为企业提供整体性的指导方案和相关政策文本，使企业做到依法依规处理劳动关系。进一步明确劳动关系处理、工资标准、社会保险关系接续等实施细则，解决双重劳动关系等现实问题，明确职工转移劳动关系指导细则，明确规定程序和操作步骤，厘清原单位、接收单位和职工三方各自的权利和义务，职工与原单位脱离。针对不同类型企业、不同诉求职工制定完善分类细化和具体性的政策措施和指导方案，做深做细劳动关系指导工作，挨家挨户指导企业制定职工安置方案和处理劳动关系。做好相关政策和措施的衔接，把握政策措施的适度性和有效性，平衡劳动力市场的安全性和灵活性，既保障职工的合法合理权益，又防止造成新的市场改革障碍。

(五) 进一步多渠道筹集资金用于去产能企业职工安置和劳动关系处理

中央、地方、行业企业等多方主体共同参与去产能企业帮扶资金的筹集过程：中央政府继续加大奖补资金投入力度，向资源枯竭地区和独立工矿区等倾斜，突出对困难地区的重点帮扶；进一步通过国有资本市场化运作、使用社会保障基金等方式撬动资金投入。地方政府也要加大相关投入，并加强运用中央财政转移支付资金、完善地方财政性补贴措施等帮助去产能企业开展职工安置和劳动关系处理。行业企业通过用"良币补偿劣币退出"的方式进行产能置换和资金补偿，由扩大产能、提高效益的企业对主动退让市场的企业进行补偿，用于后者的职工安置。

(六) 加快推进国企劳动用工的市场化改革

不断深化国有企业改革，加大对"三供一业"等社会职能分离移交的力度，减轻企业负担。进一步深化国企劳动用工制度改革，破除不符合市场竞争规律的用工管理制度，使国有企业在去产能过程中能够进行人力资源的有效优化，释放改革红利。规范政府对企业用工的执法、监督和指导，明确政府行为的边界，防止过度干预企业用人自主权和合法的市场行为，让去产能真正发挥供给侧结构性改革的作用。

(七) 完善劳动关系预警预防和矛盾调处等机制和措施

要对化解产能过剩不断深入过程中可能发生的劳动争议尤其是集体性劳动争议有充分的预判，充分发挥劳动行政部门预警、预防、协调、调解劳资冲突和矛盾的作用。针对企业和职工发生的劳动争议，劳动行政部门要积极斡旋调解。当企业的劳资矛盾较轻时，政府要积极协调，协助争议双方当事人降低分歧程度，达成协议。但政府的建议方案并不具有强制拘束力，是否接受仍然需要由劳资双方自己决定，政府介入劳资争议不得过度。当劳动争议进入到仲裁阶段时，要做好劳动争议的调解和仲裁工作，坚持以调解为主、预防为主的方针，坚持化解矛盾、稳定大局的原则，起到保持社会稳定的减震器的作用。在协调处置劳资矛盾时，要依法办事，保障维护劳资双方合法权益。化解产能过剩涉及劳资双方利益，法律法规不仅保障劳动者的合法权益，同样也应保障企业方的合法权益。政府作为劳动关系中的第三方，应当坚持依法办案、秉公执法，以事实为依据、以法律为准绳，理性、客观、公正、全面处理劳资纠纷案件，依法保障劳资双方权益。

（八）加强政策落实并做好基本公共服务

在化解过剩产能的过程中，企业经济利润遭受重创，利益受损，劳动者的利益也连带受到了较大的损失。但笔者仍然认为，一方面劳动行政部门和工会部门应动员和教育职工与企业同舟共济、共同克服困难，另一方面也要做好服务，积极维护劳动者的合法权益。一是督促指导化解过剩产能和淘汰落后产能企业关闭破产按照国家有关规定对解除劳动合同的职工给予经济补偿，偿清拖欠职工的工资、医疗费，补足拖欠的各项社会保险费。二是严把职工安置方案审核关，对职工安置方案不完善、安置资金不到位、未通过职工代表大会讨论和审议的，指导企业依法依规进行修改完善。三是做好劳动关系接续服务，督促指导化解过剩产能企业认真做好职工的劳动关系处理，维护劳动者合法权益，为解除或终止合同职工及时办理失业登记，为再就业职工做好相关劳动关系建立和社会保险接续服务。

参考文献：

[1] 常凯. 中国劳动关系报告：当代中国劳动关系的特点和趋向［M］. 北京：中国劳动社会保障出版社，2009.

[2] 程延园. 劳动关系（第三版）［M］. 北京：中国人民大学出版社，2011.

[3] 冯梅，孔垂颖. 国内外产能过剩问题研究综述［J］. 经济纵横，2013（10）：117-120.

[4] 付保宗. 关于产能过剩问题研究综述［J］. 经济学动态，2011（5）：90-93.

[5] 黑启明. 劳动关系系统的环境因素与变迁［J］. 理论与现代化，2006（2）：96-99.

[6] 林毅夫，巫和懋，邢亦青. "潮涌现象"与产能过剩的形成机制［J］. 经济研究，2010（10）：118.

[7] 刘燕斌. 劳动保障蓝皮书：中国劳动保障发展报告（2014）［M］. 北京：社会科

学文献出版社,2014.

[8] 孟续铎,詹婧.化解产能过剩中企业劳动关系问题:现状、成因与应对[A]//刘燕斌.中国劳动保障发展报告(蓝皮书)[M].北京:社会科学文献出版社,2015.

[9] 盛朝迅.化解产能过剩的国际经验与策略催生[J].改革,2013(8):94-99.

[10] 王文珍等.构建中国特色和谐劳动关系体制机制总体思路研究[R].北京:人社部劳动科学研究所,2015.

我国企业的劳动力成本高吗？
——中外企业社会保险缴费率的比较和启示

赵海珠 张瑞红 朱俊生[*]

一、引言

西方国家的社会保险制度是随着受雇阶层人员剧增，按照其意愿设立的强制性的风险保障机制，并逐渐演变为福利保障机制。在这一过程中，受雇阶层以及弱势群体的福利需求被满足，古典政治经济学家们倡导的适度征税原则不断被突破，通过福利计划实现收入再分配的目的性越来越明显，由此施加给企业方面的税负压力不断增加。20 世纪 80 年代，在社会保障税负的重压之下，西方国家经济走向"滞涨"。之后的制度改革虽然促进了经济的恢复，但福利制度难以进行结构调整，至今依旧对企业造成了过重的负担。

中国的社会保险制度是围绕国有企业改革而建立、完善的制度，同时，计划经济时期遗留的对高福利的追求观念尚未被肃清，社会保险制度逐渐演变成为一种福利保障制度，企业缴费水平被推高。近十年来，社会保险制度的扩面工作取得了重大进展，但由此带来的重负却为企业不可承受。2008 年受金融危机影响，企业经营困难，部分地方政府推出"五缓四减三补贴"政策来降低企业的社会保险负担。2011 年第二季度以来，全球经济又出现较大的波动，当年我国的 GDP 增速下降至 9.2%，到 2016 年已降至 6.9%，经济进入新常态

---

[*] 赵海珠，广东财经大学讲师，经济学博士，主要研究领域：社会保障；张瑞红，首都经济贸易大学博士研究生，主要研究领域：社会保障；朱俊生，国务院发展研究中心金融研究所教授，经济学博士，主要研究领域：社会保障、农业保险等。

的发展。这对企业的长期发展构成了巨大的挑战,社会保险负担过重的状况再次凸显。

从长期来看,企业的发展还受到以下事实的制约:

第一,劳动力市场的变化。根据学者的研究和判断,我国的经济发展已经到达"刘易斯拐点",人口红利对经济增长的推动作用正在逐步衰减(蔡昉,2010)。劳动力市场也正因此发生了诸多变化:首先,农村剩余劳动力正在逐步枯竭,成为劳动力短缺的重要原因;其次,工资水平和劳动力成本不断上升;最后,工资趋同现象显现,它促进着劳动力市场的一体化,但也意味着提升劳动力流动和重新配置的效率空间在压缩(都阳,2014)。近几年来劳动力短缺、劳动力成本上升的报道多见诸报端,以制造业为代表的外资企业在经营成本不断攀升的压力下有撤离中国转往东南亚国家的趋势印证了劳动力市场发生的变化,中国"世界工厂"的地位正在受到威胁。

第二,资本边际报酬递减以及技术进步迟滞。在过去三十几年的经济增长中,资本要素投入在发挥着主导的推动作用。据学者估计,1980~2010年,资本要素对经济增长的贡献为50.15%,技术进步(全要素生产率TFP)的贡献率为40.81%,而劳动投入对经济增长的贡献则仅为9.04%(李平等,2013)。然而,资本存在边际报酬递减规律,劳动力的充足供应可以匹配资本要素,延缓、避免资本边际报酬递减,但当劳动力市场出现变化,劳动力不再无限供给时,资本边际报酬递减规律则会引起企业减少资本投入、从而引起经济增速的下降(汤向俊、任保平,2010)。从技术进步的角度来看,TFP对经济增长的贡献率自2002年起,特别是金融危机重创之后逐年下降(武鹏,2013),技术革新和结构升级也成为企业所面临的严峻任务。

劳动力市场的变化、资本边际报酬递减和TFP停滞不前的状况给企业,特别是劳动密集型的企业造成了前所未有的经营和转型压力。从近些年的宏观税负状况来看,包括社会保险缴费在内的税费状况均在不断上升。尽管与发达的工业化国家和发展中国家相比,中国1995~2010年窄口径税收的平均税负水平仅在9.9%~18.4%的范围内波动,但包括社会保障基金收入、预算外收入、制度外收入等在内的宽口径税负收入占GDP的比重已经达到36%以上(李炜光,2008),远远超过部分学者对中国最优宏观税率20%左右的估计。税收收入的主体部分来源于企业的经营收入,目前过高的实际税负已经严重影响到了企业竞争力的提升，特别是过度挤占了中小微企业的利润空间，在国内融资难度加大、金融危机重创国外需求的状况下，其生存日益艰难。因此，在经济增长放缓的背景下，社会保险缴费过重会严重影响企业的劳动力需求，影响就业增长。本文力图考察中国企业的法定和实际社会保险缴费水平，并将其与经济合作与发展组织国家进行对比。

二、文献综述

学界对于宏观中国社会保障水平的适度性自20世纪社会保险制度建立起便有较多的讨论，在近年来的讨论更为活跃。微观上国内外文献对企业社会保险缴费的承受能力也有较多的讨论。

（一）中国社会保障水平的适度性

目前，关于适度社会保障水平的讨论多集中于其支出水平与经济发展之间的关系。理论上，随着中产阶层的发展壮大、社会阶层结构的优化，老年人口占比达到一定的限度，经济不断地发展，社会保障水平并不会呈现出绝对的刚性上升的趋势，而是存在一个"度"的界限，且在不同的经济发展阶段有着不同的发展轨迹。因此，对适度的社会保障水平的研究往往侧重于其与经济增长的协调性。

对于中国的社会保障水平的超"度"还是滞后经济发展的问题，早期的研究基本给出了一致的答案。如穆怀中（1997a，1997b）依据柯布—道格拉斯生产函数，最早提出了社会保障适度水平的测定模型。根据其测定，由于职工的养老保险及其他保险福利支出较多，1978~1994年，中国的社会保障水平已经达到较高的水平，甚至超前于发达国家的发展阶段，大口径测定的社会保障水平超出了适度水平的上限。杨翠迎、何文炯（2004）采用社会保障水平发展系数（社会保障支出增长率/GDP增长率）来测度社会保障与经济发展的适应性时则发现，在现有经济发展阶段，我国的社会保障水平偏高，总体增长较快，与经济发展并不相适应。

然而，随着经济发展水平的提升，近些年对中国社会保障水平与经济发展关系出现了一定的变化，柳青瑞等（2014）依据经济合作与发展组织国家的数据建立的含有GDP自变量的回归模型发现，中国现实的社会保障水平要低于预测水平，穆怀中、沈毅（2012）也指出目前的社会保障水平要低于社会保障适度水平的下限。采用耦合度的方法来测度社会保障与经济发展的关系则发现，中国社会保障与经济发展的耦合度在不断提高，从2003年到2011年，两者的关系已由轻度失调走向良好协调（杨亮等，2014），但目前的耦合绝对水平仍然较低，且未来两者的耦合趋势不容乐观（逯进等，2012）。

从城乡的维度来分析，城乡之间呈现不均衡的发展状态，特别是20世纪90年代及之前的时期，城市的社会保障水平超过适度水平的上限，而农村的社会保障水平则呈现低水平且波动性较大的发展，达不到适度水平的下限（穆怀中，1997；杨翠迎、何文炯，2004）。然而，进入21世纪，随着经济的较快发展，目前中国的社会保障水平不仅在整体上低于社会保障水平下限，且城市和农村的社会保障水平都要低于各自的适度水平下限（穆怀中、沈毅，2012），农村由于社会保障体系的空白，其社会保障水平就更为低下。随着农村养老保障体系不断建立完善，农村养老保障水平不断提升，特别是新农保为制度的建立提升了全国养老保险水平和整体的社会保障水平。

因此，从总体来看，目前我国的社会保障水平仍然处于与经济发展不相适应的状态，仍然低于部分研究者测度的适度水平。预计未来的社会保障水平仍将保持上升的趋势。然而，社会保障水平的上涨意味着缴费和财政投入的持续增加，这将对个人、企业的缴费能力和赋税能力形成新的挑战，经济新常态下如何应对这一挑战成为棘手的问题。

（二）企业社会保险缴费与企业竞争力

企业是社会保险缴费的重要来源，缴费比率的高低在一定程度上决定着社会保险的待遇水平。然而从与企业的缴费能力相适应的角度来看，企业社会保险缴费率超出了企业自身的承受能力。受人口结构变动、养老保险历史转制成本等因素的影响，目前企业承担的社会保险缴费率在30%左右。从国际比较的角度来看，这一缴费率超出了国际劳工组织规定的25%的警戒线。即使与发达国家相比，也处在较高的水平。然而根据测算，目前的缴费率也超出了职工工资的20%左右的适度水平。

学界认为，对于过高的社会保险缴费成本，企业会将其向工资转嫁（J. A. Brittan，1971）。但一方面，这种向工资的转嫁并非是即时的，而是在较长时间内发生的事情（Daniel S. Hamermesh，1980）；另一方面，这种转嫁也往往不是全部的,目前学界大部分的研究认为不超过 50%的社会保险缴费会转嫁给雇员(Daniel S. Hamermesh, 1979; Wayne Vroman, 1974; B. Holmund, 1983; Nielsen I. and R. Smyth, 2008; Kugler A. and Kugler M., 2009; J. C. S. Serrato and O., Zidar, 2016)。

当企业自身承受社会保险缴费成本时,会挤出企业的营利状况和利润水平(Emmanuel Saez et al., 2012; Li and Wu, 2011)。相反的研究也认为,社会保险费率下降有助于企业利润的提升,如 Jonas M. 和 A. M. M. S. Quoreshi(2015)对瑞典 2002 年实施的削减工薪税方案的研究表明,工薪税的削减在短期内增加了企业的利润和营业收入。对我国企业的分类研究表明,民营企业在承担社会保险缴费方面承担着更大的压力(孙博、吕晨红,2011;许志涛、丁少群,2014)。这是由于,一方面,我国民营企业资产税负率明显高于国有企业,且民营企业的生产经营依赖国有企业提供的基础设施和服务,国有企业税负易转嫁给民营企业;另一方面,与发达国家相比,我国民营企业利润率也相对较低。另外一些研究还表明,中西部地区的企业利润更容易被社会保险缴费挤出。

由上述分析可以看出,在宏观层面上,现有的文献对我国社会保障的适度水平给予了较为充分的讨论;在微观层面上,现有文献对社会保险缴费对高缴费对企业竞争力和利润水平的挤出程度等也都做了比较充分的说明。但与此同时,目前对企业社会保险缴费率水平的研究缺乏国际视野统筹而详细的比较,这影响了以国际视野来对我国企业社会保险缴费水平进行判断。本文将对我国的法定社会保险缴费水平和实际社会保险缴费水平进行详细分析,并与经济合作与发展组织国家的费率水平做细致的比较,从而为我国社会保险制度费率改革提供思路和建议。

三、中国企业社会保险缴费率状况

我国的法定企业社会保险缴费率自建立之后经过了一系列的调整变化,本文分析了我国法定企业社会保险缴费率的沿革及现实状况,并利用宏观数据分析企业的实际社会保险缴费率。

(一) 我国法定企业社会保险缴费率状况

我国法定企业社会保险缴费率是制度建立初期由中央层面的文件规定的，各地根据自身情况进行调整，执行多年来直到2015年才开始在中央层面进行费率调整。本文主要分析了法定企业社会保险缴费率的历史沿革及2015年后的调整情况。

1. 我国法定企业社会保险缴费率的沿革

我国法定企业社会保险缴费率的确定源于1997年的《国务院关于建立统一的企业职工基本养老保险制度的决定》、1998年的《国务院关于建立城镇职工基本医疗保险制度的决定》、1999年的《失业保险条例》、1994年的《企业职工生育保险试行办法（劳部发〔1994〕504号）》和2003年的《关于工伤保险费率问题的通知（劳社部发〔2003〕29号）》。五个文件分别确定了养老保险、医疗保险、失业保险、生育保险和工伤保险用人单位费用缴纳比例，其中养老保险缴费一般不超过企业工资总额的20%，医疗保险缴费不超过职工工资总额的6%，失业保险按职工工资总额的2%缴纳，生育保险缴费不超过职工工资总额的1%，而工伤保险平均缴费率控制在职工工资总额的1%左右，分三类行业实行0.5%、1%和2%的基准费率，第二类和第三类行业实行浮动费率。由此，我国法定企业社会保险缴费率约为30%。各地在具体实施时又根据具体情况做了相应的调整，如上海养老保险企业缴费比例为21%，山东省和福建省为18%，广东省和浙江省则仅14%，其他省份保持20%的缴费率。各地企业医疗保险缴费率为6%~11.5%不等。失业保险、生育保险和工伤保险的企业缴费比例也未超出上述文件规定的比例。

企业的社会保险缴费比例由上述五个文件确定后一直未在国家层面发生变化。在经济进入新常态发展后，反映企业税费负担过重的声音此起彼伏，自2015年开始，人社部和财政部开始下调社会保险缴费率。2015年2月27日，人社部和财政部共同发布了《关于调整失业保险费率有关问题的通知》，要求自2015年3月1日起，失业保险的总缴费率由3%降至2%，用人单位和个人分别的缴费率由各省（市、自治区）政府确定。同年7月，两个部门又共同发布了《关于适当降低生育保险费率的通知》和《关于调整工伤保险费率政策的通知》，要求自2015年10月1日起，生育保险基金结余超过9个月的统筹地区，其用人单位缴费率应调整到职工工资总额的0.5%以内的水平；将工伤保险原来 3 个档次的基准费率调整为 8 个档次，基准费率标准在 0.2% ~ 1.9%。2016 年 4 月，两个部门再次发布《关于阶段性降低社会保险费率的通知》，要求自 2016 年 5 月 1 日起实行以下内容：一是养老保险企业缴费率在 20% 以上的统筹地区将企业缴费率降至 20%，养老保险基金累计结余可支付 9 个月的统筹地区可在两年期内执行 19% 的企业缴费率；二是在 2015 年的基础上阶段性降低失业保险总缴费率至 1% ~ 1.5%，执行期为两年。按照国务院 2015 年平均降低工伤保险费率和生育保险费率 0.25% 和 0.5% 的标准，各地多将企业失业保险费率降至 1%，因此，2016 年法定企业社会保险缴费率已降至 27.25%。

2. 省会城市目前法定企业社会保险缴费率状况

在人社部和财政部 2015 年和 2016 年出台文件要求下调社会保险费率之后，各统筹地区根据自身的情况下调或阶段性下调了部分险种的企业缴费率。其中，以失业保险企业缴费比例经过两次下调，其下降幅度最大，广州最低档次的失业保险费率仅为 0.48%。工伤保险企业缴费比例大都调整为 8 个档次，实行 0.2% ~ 1.9% 的费率，其中西宁市甚至下降至 0.05% ~ 1.75%。生育保险企业缴费比例大部分省会城市降至 0.5% ~ 0.8%，目前西安市在省会地区中费率最低，为 0.25%。养老保险原有企业缴费比例较低的地区（如济南、杭州、福州、广州）多未做调整，下调的统筹地区多为阶段性下调，基本下降至 19%，上海由 21% 下降至 20%，乌鲁木齐市是唯一降至 18% 的城市。东北部的省会城市、东部的石家庄市及部分西部地区省会城市则未对养老保险企业缴费比例做相应的调整，说明其养老保险基金在支付养老金方面面临较大压力。中央层面的文件中未要求下调医疗保险缴费比例，但部分城市仍然做了相应的调整。如上海市医疗保险企业缴费比例由 11% 下降至 10%，广州和南宁由 8% 下降至 7%，重庆由 8% 下降至 7.5%。杭州市虽未调整费率，但对企业 2016 年和 2017 年的医疗保险缴费每年减征一个月。

目前来看，全国企业社会保险缴费比例平均值最低为 28.79%，最高为 30.8%。合计企业缴费率最高的城市为上海，在 32.2% ~ 33.9%，这与上海的人口老龄化程度较高有关。最低为南昌市，企业缴费率在 26.2% ~ 27.8%。从区域来看，最高区域为东北部地区，其次为东部和中部地区，西部地区合计缴费率最低。东北部地区是国有企业占比较高的地区，而近年来东北地区人口流失现象严重,养老保险基金收支日益不平衡,面临着极大的国有企业退休职工待遇支付压力;同时,东北地区经济下滑趋势明显,极大地影响了就业问题;东北地区还是矿产企业占比较高的地区。以上三个特征决定了东北地区的养老保险、失业保险和工伤保险企业缴费比例较高,从而导致其合计缴费率也高居全国首位。东部地区的养老保险和工伤保险的平均企业缴费率是最低的,说明东部地区作为人口流入集中地区养老保险结余状况较好,且东部地区的工伤事故风险较低。但东部地区是企业医疗保险缴费比例最高的地区,也显示了人口集中地区对医疗服务的强烈需求。中部地区的养老保险企业缴费率平均最低,其医疗保险企业缴费率与东北部地区同为最低,说明其养老保险和医疗保险基金结余状况较好。西部地区的失业保险和生育保险企业缴费率最低,说明其失业保险和生育保险基金的结余状况要好于其他地区。

表1 2016年省会城市企业社会保险缴费率

区域	城市	养老保险(%)	医疗保险(%)	失业保险(%)	工伤保险(%)	生育保险(%)	五险合计(%)
东部	北京	19	10	0.8	0.2~1.9	0.8	30.8~32.5
	天津	19	11	1	0.2~1.9	0.5	31.7~33.4
	石家庄	20	8	1	0.5~2.5	0.5	30~32
	上海	20	10	1	0.2~1.9	1	32.2~33.9
	济南	18	9	1	0.2~1.9	1	29.2~30.9
	南京	19	9	1	0.2~1.9	0.8	30~31.7
	杭州	14	11.5	1	0.3~1	1	27.8~28.5
	福州	18	8	1	0.2~1.9	0.5	27.7~29.4
	广州	14	7	0.48~0.8	0.2~1.4	0.85	22.53~24.05
	海口	19/20	8	0.5	0.2~1.5	0.5	29.2~30.5
	平均值	18/18.1	9.15	0.878~0.91	0.24~1.78	0.745	29.01~30.69
东北部	哈尔滨	20	7.5	1	0.2~1.9	0.6	29.3~31
	长春	20	7	1	0.5~2	0.7	29.2~30.7
	沈阳	20	8	1	0.4~4	1	30~33.6
	平均值	20	7.5	1	0.37~2.63	0.63	29.5~31.76

续表

区域	城市	养老保险（%）	医疗保险（%）	失业保险（%）	工伤保险（%）	生育保险（%）	五险合计（%）
中部	郑州	19	8	1.2	0.2~1.9	1	29.4~31.1
	太原	19	7	1	0.2~1.9	0.5	27.7~29.4
	合肥	19	8	1	0.5~3	0.8	29.3~31.8
	南昌	19	6	0.5	0.2~1.8	0.5	26.2~27.8
	长沙	19	8	1	0.5~2	0.7	29.2~30.7
	武汉	19	8	0.7	0.2~1.9	0.7	28.6~30.3
	平均值	19	7.5	0.9	0.3~2.08	0.7	28.4~30.18
西部	成都	19	6.5	0.6	（基准费率+浮动费率）×0.7	0.5	26.74~27.93
	重庆	19	7.5	0.5	0.5~6.6	0.5	28~34.1
	呼和浩特	20	6	1	0.2~1.9	0.7	27.9~29.6
	西安	20	7	0.7	0.2~1.9	0.25	28.15~29.85
	银川	19	8	1	0.2~1.9	0.85	29.05~30.75
	兰州	19	8	1.2	0.2~1.9	0.5	28.9~30.6
	乌鲁木齐	18	9	1	0.2~1.9	0.8	29~30.7
	西宁	20	8/4.2	0.5	0.05~1.75	0.5/0.45	25.2~30.75
	拉萨	20	8	1.5	0.5~2	0.5	30.5~32
	南宁	19	7	0.5	0.2~1.9	0.8	27.5~29.2
	贵阳	19	7.5	1	0.4~3	0.5	28.4~31
	昆明	19	9	1	0.2~1.9	0.5	29.7~31.4
	平均值	19.25	7.625/7.31	0.875	0.25~2.33	0.575/0.571	28.256~30.655
全国	平均值	19.06/19.09	7.94/7.865	0.91/0.92	0.29~2.21	0.6625/0.6615	28.79~30.8

注：成都市工伤保险基准费率为0.2%~1.9%，在计算均值及费率合计值时仅按基准费率乘以0.7计算，未将浮动费率乘以0.7。西宁市医疗保险和生育保险企业缴费分为两档，其中医疗保险缴费率为8%的档次中含门诊账户，生育保险缴费率为0.5的档次中含生育津贴。

（二）我国实际企业社会保险缴费率状况

2012年国家审计署公布的《全国社会保障资金审计结果》通报了部分统筹地区业务管理不规范的问题，其中包括了社会保险费用欠缴、减免、擅自核销等问题。现实中，企业的参保积极性较差，往往通过不登记雇员、调整工资结构以及低报工资基数等多种方式来逃避缴费。Nyland等（2006）分析上海企业的社会保险遵缴状况时发现，2002年有81.8%的企业实际社会保险缴费率低于法定缴费率。本节利用宏观数据来分析我国企业社会保险的实际缴费率。

由图1和图2的数据可以看出，我国实际的企业社会保险缴费规模和缴费率不断提升，分别从1998年的85247亿元和8.94%上升到2015年的2342697亿元和20.92%，缴费率水平没有达到30%的法定企业社会保险缴费率水平。2008年《劳动合同法》实施，社会保险征缴力度加大，以至于在金融危机背景下企业社会保险缴费水平依旧保持攀升，在2012年一度达到23.13%。然而随着经济形势下行，企业社会保险缴费水平在2013年也出现了断崖式下跌，之后

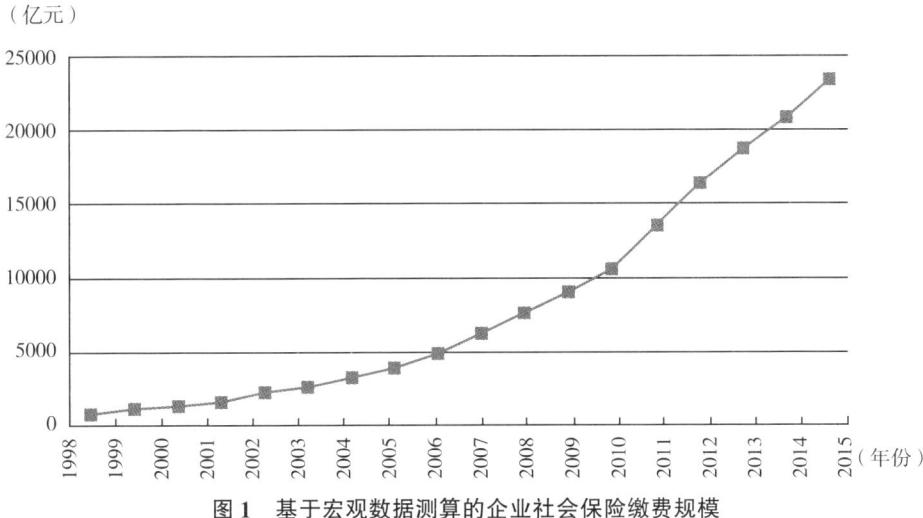

图1　基于宏观数据测算的企业社会保险缴费规模

注：①数据来源于财政部历年《关于社会保险基金决算的说明》、人社部历年《人力资源和社会保障事业公报》及《劳动和社会保障事业公报》以及历年《中国统计年鉴》。②企业社会保险缴费根据历年各项社会保险基金中的"保险费收入"以及企业法定承担比重计算得出。③由于财政部《关于社会保险基金决算的说明》从2003年开始发布，1998~2002年各项社会保险以及2003年的城镇职工基本医疗保险、工伤保险、生育保险的基金收入不能分离出"保险费收入""财政补贴收入"和"利息收入"，笔者测算了有"保险费收入"年份的各项基金中"保险费收入"占各项基金收入比重的均值，用没有"保险费收入"年份的各项基金总收入乘以该均值，得出没有"保险费收入"年份的各项基金"保险费收入"。④笔者在计算"保险费收入"占基金收入比重时发现，城镇职工基本医疗保险基金收入中"保险费收入"占比呈现递减的趋势，由2004年的92.65%下降至2015年的75.91%，因此，测算1998~2003年城镇职工基本医疗保险"保险费收入"时并不能运用2004~2015年"保险费收入"占基金总收入比重的均值。考虑2004~2007年，城镇职工基本医疗保险"保险费收入"占基金总收入的比重均在90%以上，1998~2003年城镇职工基本医疗保险"保险费收入"占比在90%以上的可能性更大，因此，笔者测算1998~2003年城镇职工基本医疗保险"保险费收入"时采用了2004~2007年城镇职工基本医疗保险"保险费收入"占基金总收入比重的均值。

又呈现回升的态势。分析企业社会保险缴费深度（企业社会保险缴费/国内生产总值×100%）则发现，尽管企业社会保险缴费率水平呈现波动状态，但其深度水平却在逐年上升。由1998年的1%上升到了2015年的3.46%。这说明我国社会保险制度正在逐步扩张，企业社会保险缴费规模呈现逐年扩大的趋势。

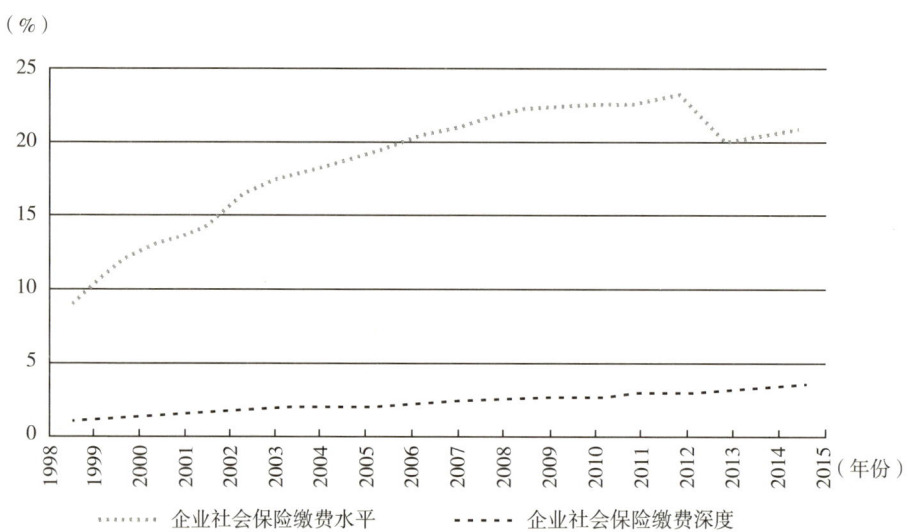

图2 基于宏观数据测算的企业社会保险缴费水平和企业社会保险缴费深度

注：企业社会保险缴费水平是指企业社会保险缴费规模与城镇单位就业人员工资总额之比，企业社会保险缴费深度是指企业社会保险缴费规模与国内生产总值之比。

综上所述，基于宏观数据的测算显示，1998~2015年，我国企业社会保险缴费总额由852亿元上升到23426.97亿元，企业缴费率由8.94%上升到20.92%。这说明，我国企业的实际社会保险缴费率与法定缴费率存在较大差距。拉弗曲线告诉我们，费率超过某一水平时会影响企业缴费的能力和积极性，从而最终造成实际缴费率产生下降的趋势，我国企业实际社会保险缴费率过低极有可能是法定费率水平过高造成的。

四、经济合作与发展组织国家社会保障项目雇主缴费率及其与中国的比较

经济合作与发展组织国家是社会保障体系的发源地，也是目前社会保障体

系建设最完善的地区。经济合作与发展组织国家福利项目不尽相同,名目纷繁复杂,但基本有雇主的缴费贡献。本节主要分析经济合作与发展组织国家社会保障项目总体的雇主缴费率,并与中国的企业缴费率做比较。

(一) 经济合作与发展组织国家社会保障项目的雇主缴费率

除以养老或退休、疾病或医疗或护理、就业、工伤为主题的保险或福利项目外,经济合作与发展组织各个国家根据自身的情况还推出了众多不同的福利项目,如工资保障、家庭津贴项目、儿童照顾项目、家长假期保险项目等。这些社会保障项目需要雇主的共同参与,因此,雇主承担着一定比例的缴费。同时,部分国家雇主还需为社会保险机构支持和运营付费。另外,工薪税在社会保障和服务方面发挥着重要的作用,部分国家对雇主征收工薪税或者将社会保障项目合并至工薪税中。由此可以看出,在社会保障项目的运行中,雇主的缴费必不可少,且发挥着重要作用。

1. 经济合作与发展组织国家社会保障项目雇主缴费率的截面分析

经济合作与发展组织国家社会保障项目雇主缴费率如表2所示。整体上看,经济合作与发展组织国家社会保障项目雇主缴费率均值为20.09%,雇主缴费率最高的为斯洛伐克35.2%,最低的为新西兰,雇主缴费率只有4.04%。按照艾斯平·安德森对社会保障体制的划分,分类型来看,保守体制国家社会保障项目的雇主缴费率最高(为27.715%),社会民主体制国家社会保障项目的雇主缴费率居中(为18.18%),自由体制国家社会保障项目的雇主缴费率最低(为13.03%)。这种不同模式之间社会保障项目雇主缴费率高低的不同体现了不同社会保障体制的特点,如保守体制国家的社会保障项目通常围绕劳动力市场的参与展开,需要由社保的缴费记录,因此雇主的缴费对劳动者来说是异常重要的。社会民主体制的社会保障项目通常以居民资格为条件,注重政府的公共开支,待遇享受与工作表现关系较弱,对雇主的缴费率要求不高。但在社会民主体制内部,雇主的缴费率水平高低不一,说明社会民主体制内部的国家也有着不同的社会保障理念和原则。自由体制国家注重经济的高效运行和劳动力市场的灵活性,雇主缴费率不为企业增加过于沉重的负担。

表2 经济合作与发展组织国家社会保障项目雇主缴费率状况

社会保障体制类型	国家	社会保障项目雇主缴费率（%）	人均GDP（美元）	年均工资（美元）
社会民主体制	冰岛	7.49	47057	—
	荷兰	15.92	48326	50670
	芬兰	23.06	40990	40731
	挪威	13	61255	50908
	瑞典	31.42	46702	40909
	均值	18.18	48866	45804.5
保守体制	奥地利	30.53	48091	46084
	比利时	34.65	44383	47702
	法国	21.99	39813	41252
	德国	19.325	47218	44925
	意大利	32.08	36072	34140
	均值	27.715	43115.4	42820.6
自由体制	澳大利亚	14.95	45769	50167
	加拿大	12.49	44310	47843
	日本	19.262	37391	35780
	瑞士	6.25	61042	58389
	美国	12.2	56066	58714
	均值	13.03	48915.6	50178.6
其他国家	斯洛伐克	35.2	29114	22031
	新西兰	4.04	36750	—
	韩国	10.33	34549	33110
	经济合作与发展组织国家均值	20.01	40096	41253
	中国	30/20	8016	9011

注：①社会保障项目雇主缴费率数据来源于经济合作与发展组织发布的 *Taxing Wages* 2016，人均GDP数据和年均工资数据来源于经济合作与发展组织数据库官方网站 http://stats.oecd.org/。其中，人均GDP采用以2015年现价利用PPPs计算的数据，年均工资采用以2015年不变价格利用PPPs计算的数据。中国人均GDP和年均工资数据利用汇率计算而得。②丹麦的缴费为具体的数值，而非以职工工资比例缴纳，因此，本文没列出丹麦的雇主缴费率。③加拿大的疾病保险和工伤保险没有全国统一的计划，而是各省有自己的安排。本文在测算雇主缴费率时，疾病保险和工伤保险采用的为安大略省的雇主缴费率，失业保险采用的是除魁北克省之外的其他省份的统一雇主缴费率。④德国的工伤保险缴费全部由雇主承担，但因企业的工伤发生率不同而不同，报告没有给出具体缴费率数值，因此，表中德国社会保障项目雇主缴费率不含工伤保险缴费率。⑤日本的工伤保险雇主缴费率给出了最低值和最高值，本文采用了最低值和最高值的平均值。⑥瑞士的家庭津贴的雇主缴费为具体的数值，非以工资比例缴纳，因此，本文没算入其社会保障项目的雇主缴费率中。

2. 经济合作与发展组织国家社会保障项目雇主缴费率的动态变化

由图3可以看出，经济合作与发展组织国家社会保障项目雇主缴费率自1998年开始呈现不断下降的趋势，由24.33%下降到2015年的20.09%。1999年费率下降至21.82%，自进入21世纪开始之后则呈现波动后缓慢下降的趋势。在2007年的金融危机后，经济合作与发展组织国家社会保障项目的雇主缴费率再次产生明显的下降，由2007年的21.29%下降至2010年的19.57%，之后又再次回升。这说明，经济合作与发展组织国家的社会保障项目雇主缴费率并非一成不变，而是会随着经济形势等因素的变化而变化。另外，分析图4、图5、图6则可以发现，社会保障项目雇主缴费率易升不易降，除瑞士以外，其他国家社会保障项目雇主缴费率在下降时幅度较小，而上升时幅度却很大。

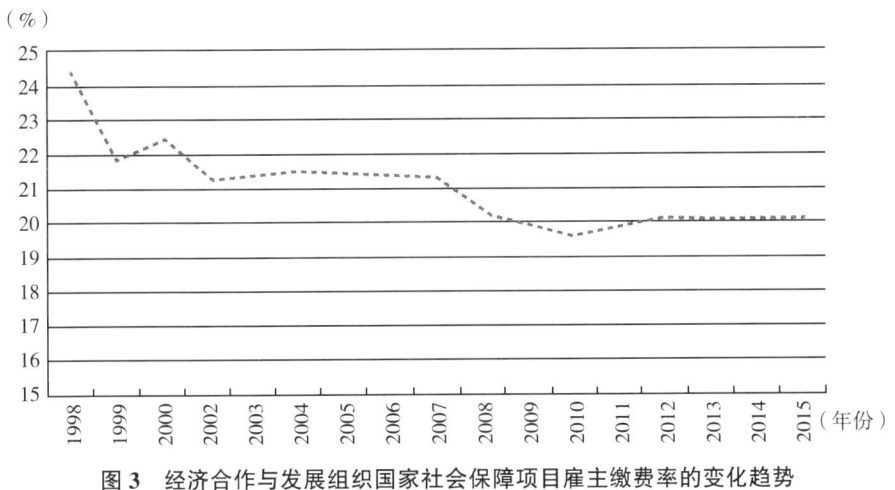

图3 经济合作与发展组织国家社会保障项目雇主缴费率的变化趋势

注：《Taxing Wages》各年的报告中没有给出2001年的数值。图4、图5、图6同。

分类型来看，社会民主体制国家社会保障项目雇主缴费率变动不尽一致。瑞典、芬兰、荷兰的社会保障项目雇主缴费率分别由32.92%、26%和18.55%下降至2015年的31.42%、23.06%和15.92%，挪威的社会保障项目雇主缴费率则出现了略微上升的趋势，由1999年的12.6%上升到2015年的13%，而冰岛在2012年设立了一个新的金融税项，需要金融和保险公司缴纳5.45%的工

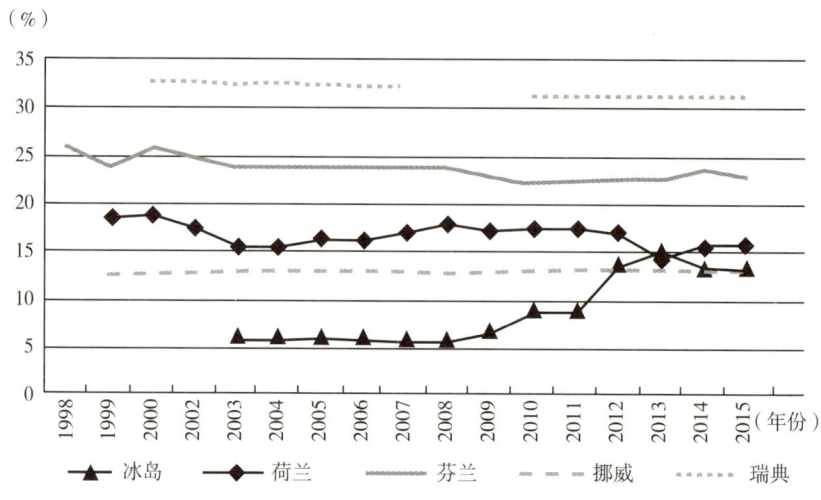

图 4　社会民主体制国家社会保障项目雇主缴费率的变化趋势

注：由于 Taxing Wages 各年的报告中没有给出 2001 年的数值，因此本文在统计时也未列出 2001 年的数据。后同。

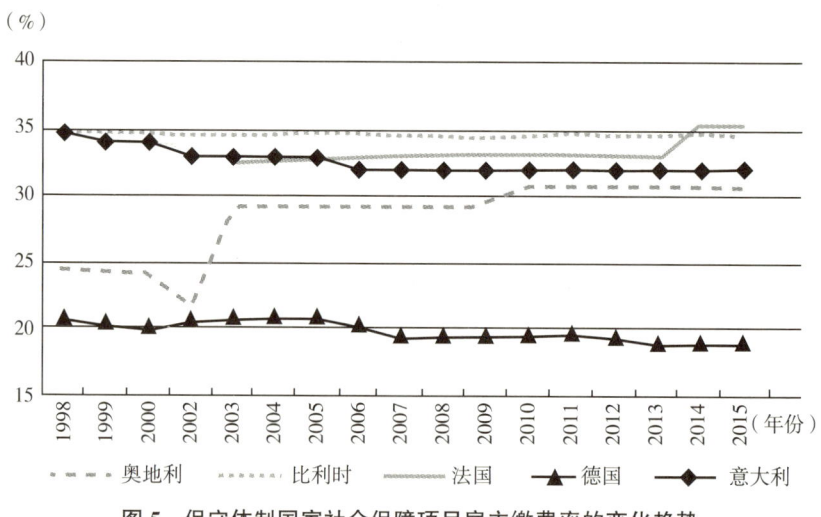

图 5　保守体制国家社会保障项目雇主缴费率的变化趋势

薪税，这一税率随后增加 5.5%。剔除工薪税后，冰岛社会保障项目雇主缴费率呈现增加的趋势，由 2003 年的 6.38% 上升至 2015 年的 8.14%，在 2010 年和 2011 年达到峰值 9.3%。

保守体制国家的社会保障项目雇主缴费率变动幅度较小，只有奥地利社会

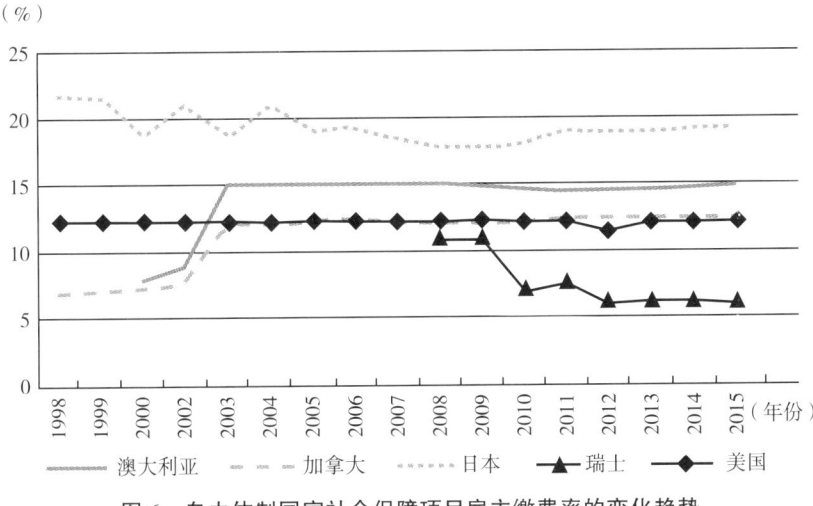

图6 自由体制国家社会保障项目雇主缴费率的变化趋势

保障项目雇主缴费率在2003年有较大幅度的增长,之后呈现缓慢攀升的态势。法国社会保障项目雇主缴费率在2014年有比较明显的上升。比利时、德国和意大利的社会保障项目雇主缴费率都有小幅的下降,分别由1998年的34.96%、21.05%和34.9%下降至2015年的34.65%、19.325%和32.08%。

自由体制国家的社会保障项目雇主缴费率变动幅度较大。澳大利亚和加拿大的社会保障项目雇主缴费率在2003年大幅度上升,日本的社会保障项目雇主缴费率则在2009~2005年有较大幅度的波动,之后略微下降然后又缓慢上升。美国的社会保障项目雇主缴费率在2012年之前一直为12.4%,2012年下降到了11.6%,之后又上升至12.2%后一直平稳。瑞士的社会保障项目雇主缴费率下降幅度较大,由2008年的11.05%下降至2015年的6.25%。

(二)中国企业社会保险缴费率和经济合作与发展组织国家的比较

从法定企业缴费率来看,和经济合作与发展组织国家相比,中国法定企业社会保险缴费率过高,远高于经济合作与发展组织国家社会保障项目的雇主平均缴费率。所有经济合作与发展组织国家中,高于中国企业社会保险缴费率的国家有7个,从高到低依次是斯洛伐克、比利时、捷克、爱沙尼亚、意大利、瑞典和奥地利。这些数据几乎可以断定,中国的法定企业社会保险缴费率在世界上高居第八位(见图7)。

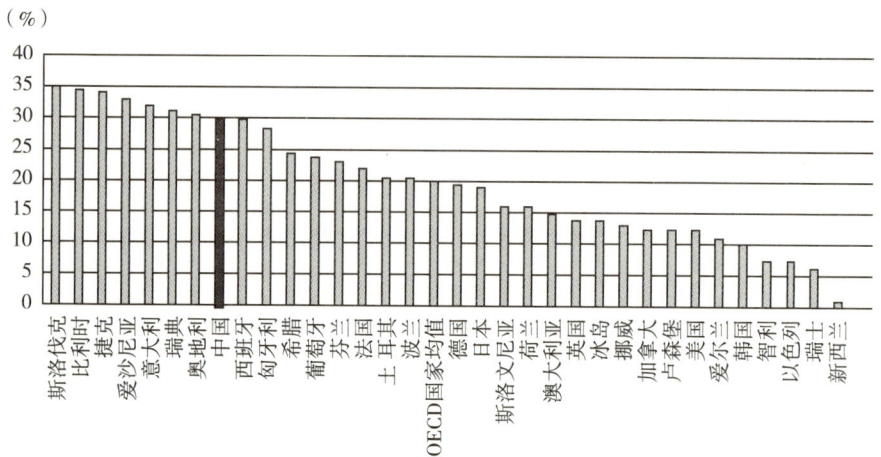

图7 中国法定企业社会保险缴费率和经济合作与发展组织国家的比较

注：报告中只给出了新西兰的工伤保险雇主缴费，但同为经济合作与发展组织发布的《Pensions at a Glance 2015》报告了其私人养老金中雇主的缴费率，因此，本文选取工伤保险和私人养老金雇主缴费率之和。图8相同。

由于监管体制不严，我国社会保险缴费存在逃费、漏费的现象，实际缴费率要远低于法定缴费率。根据前文，以宏观数据测算的2015年企业缴费率水平为20.92%，本文推定企业的实际社会保险缴费率为20%。以实际的缴费率水平来看，中国的企业社会保险缴费率和经济合作与发展组织国家相比处于中等位置，和经济合作与发展组织国家的平均雇主缴费率水平接近。但经济合作与发展组织国家的人均GDP水平和年均工资水平分别是我国的5倍和4.58倍，因此，考虑经济发展水平因素，我国的实际企业社会保险缴费率仍然显得过高（见图8）。

从性质上来说，中国的社会保险项目更类似于保守体制。以劳动力市场的参与状况和相应的工作表现为依据，高于中国企业社会保险缴费率的国家中也以保守体制国家为主，但这并不能论证中国企业社会保险缴费率如此之高的合理性。考虑经济发展阶段状况以及人均工资水平状况则可以发现，保守体制国家的人均GDP和年均工资水平是我国的5倍和4.75倍左右，远远高于中国的发展阶段。

与同为儒家文化圈的国家相比，我国实际的企业社会保险缴费率与日本的水平相当，但比韩国要高出10个百分点，而在人均GDP水平方面我国则与其

❖ 我国企业的劳动力成本高吗？ ❖

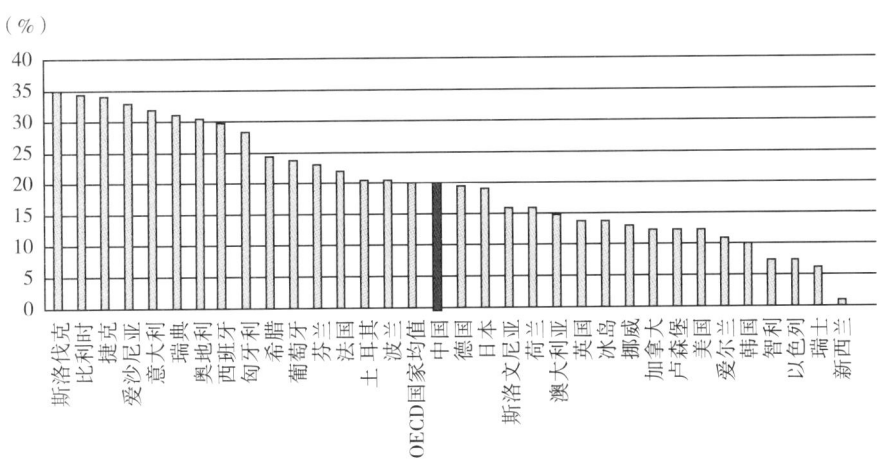

图8 中国实际企业社会保险缴费率和经济合作与发展组织国家的比较

分别相差 3.7 倍和 3.3 倍，年均工资水平方面分别与其相差 3.97 倍和 3.67 倍。这说明，我国在经济发展水平和工资收入水平较低的背景下，推出了比更多发达国家更高水平的社会保险缴费项目，这对企业造成了沉重的生产成本负担，不利于其生存和发展，使得经济增长失去活力。

另外，和经济合作与发展组织国家社会保障项目雇主缴费率的动态变化比较，我国的企业社会保险缴费率缺乏动态性，自制度建立起后费率几乎未产生变动，只在 2008 年金融危机发生后，部分省市推出了"五缓四减三补贴"的政策。但随着经济形势的下行，国务院自 2015 年开始推动降低企业社会保险缴费率。这一方面与社会保障的初始覆盖面较小有关，另一方面也与经济一直处于上升态势有关。同时，也说明社会保障项目只会在极大的压力下产生调整。未来进一步向下的调整是应对经济下行所必须采取的措施。

五、经济合作与发展组织国家养老保障项目雇主缴费率及其与中国的比较

在中国的社会保险项目中缴费占比最大的为养老保险项目，其中企业法定社会保险缴费率为 20%，实际按比例推算的企业缴费率为 13.33%，是企业反映的负担最为沉重的一个项目。经济合作与发展组织国家也都有以保障老年生活的保险或退休为主旨的项目，雇主和雇员的共同缴费构成了项目的基金

来源。

(一) 经济合作与发展组织国家养老保障项目雇主缴费率截面分析

比较中国养老保险制度企业缴费率和经济合作与发展组织国家养老保障项目的雇主缴费率则可以发现：经济合作与发展组织国家的养老保障体系多为多支柱体系，包括公共养老金、强制性私人养老金和自愿储蓄养老金。比利时、加拿大、芬兰、德国、意大利、日本、韩国、卢森堡、波兰、土耳其仅有公共养老金制度，没有强制性的私人养老金制度，而智利则仅有强制性的私人养老金体系，没有公共养老金制度，其他国家则兼有两种制度。除荷兰的公共养老金制度雇主无须缴费，只有雇员缴费，以及墨西哥和新西兰的公共养老金制度雇主和雇员都无须缴费外，其他国家不论是公共养老金还是强制性私人养老金中，政府都要求雇主有一定比例的缴费。公共养老金制度中雇主缴费率最高的是意大利，为23.81%，最低的是丹麦，为0.82%。强制性私人养老金制度中雇主缴费率最高的是荷兰，为16%，最低的是智利，为1.15%。公共和强制性私人养老金雇主缴费率合计最高的依然为意大利，为23.81%，最低的是智利，为1.15%。

在公共养老金和强制性私人养老金项目的总和缴费率中，雇主的缴费率一般都高于雇员的缴费率，这体现了发达国家中雇主对雇员的保护责任。在公共养老金体系中，雇主和雇员的缴费率一般是相同的，在澳大利亚和冰岛则仅有雇主缴费，比利时、丹麦、芬兰、法国、意大利、瑞典、土耳其的公共养老金体系雇主缴费率则高于雇员缴费率。在强制性的私人养老金体系中，智利强调雇员的个人责任，其雇员缴费率要高于雇主缴费率，法国的强制性私人养老金则仅有雇员缴费，除此之外的国家中，强制性私人养老金体系中雇主缴费率都高于雇员缴费率。然而，强调雇主缴费率的同时，雇员的缴费责任也不可忽视。高于8%缴费率的国家有智利、德国、以色列、意大利、日本、波兰、瑞士和土耳其。可见，经济合作与发展组织国家同时也强调雇员自身的责任。

(二) 中国企业养老保险缴费率和经济合作与发展组织国家的比较

从法定的雇主和雇员的整体缴费率来看，中国缴费率水平仅低于意大利一国。考虑中国城镇单位的养老保障体系目前以城镇职工基本养老保险为主，是一项公共养老保险项目，而企业年金制度等尚未充分发展，目前尚未有相关的数据统计。因此，仅比较公共养老金的缴费率，中国的法定养老金缴费率仍然只低于意大利一国,而仅考虑整体缴费率中的雇主缴费率以及单一的公共养老金雇主缴费率,中国仍然居于仅次于意大利的第二的位置。

从实际的缴费率水平来看,雇主和雇员的整体缴费率高于中国缴费率水平的有5个国家,而公共养老金缴费率水平高于我国缴费率的仅有2个国家。从单一的雇主缴费率来看,整体雇主缴费率高于我国的国家有7个,公共养老金雇主缴费率高于我国的仍然仅有芬兰和意大利两个国家。这些数据说明,我国法定的和实际的城镇职工基本养老保险整体缴费率和单一的雇主缴费率都处在过高的水平,在仅和经济合作与发展组织国家比较公共养老金的整体缴费率和单一的雇主缴费率时更为明显。在如此高的公共养老金缴费率水平之下,建立多支柱的养老保障体系会对雇主的缴费能力构成更大的挑战。

表3　2014年部分经济合作与发展组织国家养老金缴费率状况

单位:%

国别	公共养老金雇主缴费率	公共养老金雇员缴费率	公共养老金缴费率合计	私人养老金雇主缴费率	私人养老金雇员缴费率	私人养老金缴费率合计	养老金雇主缴费率合计	养老金缴费率合计
澳大利亚	9.5	—	9.5	—	—	—	9.5	9.5
比利时	8.86	7.5	16.36	—	—	—	8.86	16.36
加拿大	4.95	4.95	9.9	—	—	—	4.95	9.9
智利	—	—	—	1.15	11.2	12.35	1.15	12.35
丹麦	0.82	0.54	1.36	12	—	12	12.82	13.36
芬兰	17.75	7.05	24.8	—	—	—	17.75	24.8
法国	8.45	6.8	15.25	—	3	3	8.45	18.25
德国	9.5	9.5	19	—	—	—	9.5	19
冰岛	7.79	—	7.79	8	4	12	15.79	19.79
以色列	3.75	3.75	7.5	12	5.5	17.5	15.75	25
意大利	23.81	9.19	33	—	—	—	23.81	33
日本	8.737	8.737	17.474	—	—	—	8.737	17.474
韩国	4.5	4.5	9	—	—	—	4.5	9
卢森堡	8	8	16	—	—	—	8	16
墨西哥	—	—	—	5.15	1.125	6.275	5.15	6.275
荷兰	—	4.9	4.9	16	—	16	16	20.9

续表

国别	公共养老金雇主缴费率	公共养老金雇员缴费率	公共养老金缴费率合计	私人养老金雇主缴费率	私人养老金雇员缴费率	私人养老金缴费率合计	养老金雇主缴费率合计	养老金缴费率合计
新西兰	—	—	—	3	3	6	3	6
波兰	9.76	9.76	19.52	—	—	—	9.76	19.52
瑞典	11.4	7	18.4	4.5		4.5	15.9	22.9
瑞士	4.2	4.2	8.4	10.4	7.7	18.1	14.6	26.5
土耳其	11	9	20	—	—	—	11	20
中国	20/13.33	8	28/21.33	—	—	—	20/13.33	28/21.33

注：①数据来源于经济合作与发展组织发布的 *Pensions at a Glance* 表中荷兰的私人养老金雇主缴费率为雇主与雇员缴费率之和，经济合作与发展组织报告中没有分列两项的具体数值。②报告中没有给出澳大利亚私人养老金体系中雇主和雇员的缴费，但替代率的表中列出了其私人养老金的替代率。③报告中给出了新西兰的私人养老金体系中雇主和雇员的缴费率，但替代率的表中没有列出其私人养老金的替代率。

（三）待遇水平视角下的中国和经济合作与发展组织国家养老保障项目缴费率水平比较

由于缴费率中雇主缴费率占比更大，本文仅将养老金待遇水平与雇主缴费率水平相联系。用中国的实际企业社会保险缴费率以及目前的替代率水平和经济合作与发展组织国家相比较（见图9、图10、图11）则发现：

第一，雇主缴费率水平与养老金替代率水平、单一的公共养老金替代率水平和单一的强制性私人养老金替代率水平都呈现较强的正相关关系，即雇主缴费率越高，养老金的替代率水平就越高。

第二，发达国家的公共养老金替代率水平高低不一，具有多支柱体系的国家一般公共养老金替代率水平较低，而仅有公共养老金体系的国家公共养老金的替代率都比较高，如意大利、卢森堡、土耳其等国家。强制性私人养老金体系具有高额的回报率，雇主的私人养老金缴费率带来的养老金替代率水平均在18%以上。

第三，中国的整体养老金替代率水平，仅高于瑞士、波兰、日本、智利、韩国、墨西哥五国，处在较低的位置，但其雇主养老金缴费率水平仅低于意大利。进一步比较公共养老金替代率水平与公共养老金的雇主缴费率水平发现：

一方面,中国的公共养老金替代率水平并不低,要高于大部分经济合作与发展组织国家;另一方面,中国的公共养老金替代率水平仅略低于理论值(图10斜线上13.33%的缴费率水平带来的理论公共养老金替代率水平应该在50%左右)。这似乎说明,中国更应注重建立多支柱的养老保障体系,而非强调缴费制度改革。

第四,进一步将中国与仅有公共养老金制度的国家相比,发现除意大利和芬兰的雇主缴费率高于中国,其公共养老金替代率水平也较高以外,比利时、波兰、德国、日本、韩国和加拿大的公共养老金替代率水平与中国处在大体相同的水平上,但其雇主缴费率要远远低于中国。卢森堡和土耳其的公共养老金替代率远超中国,其缴费率也大大低于中国。说明中国的企业养老保险缴费水平过高依然是事实,在目前的替代率水平下有下降的空间。

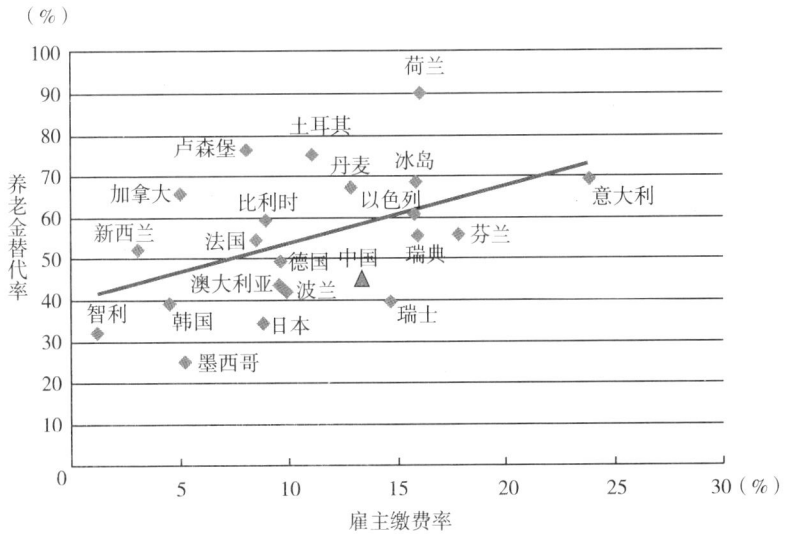

图9 部分经济合作与发展组织国家养老保障项目雇主缴费率与养老金替代率的关系

注:根据《2015年度人力资源和社会保障事业发展统计公报》公布的2015年城镇职工基本养老保险基金支出和参保离退休人员计算得出2015年城镇职工基本养老保险每月养老金为2353元,《2016中国统计摘要》显示2015年中国城镇单位就业人员的平均工资为62029元,月均工资水平为5169元,以此推算中国养老金替代率为45.52%。图10、图11相同。

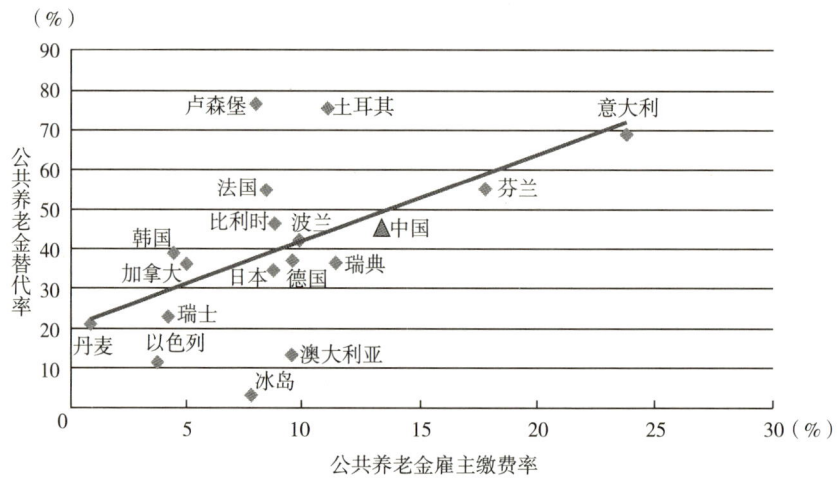

图 10　部分经济合作与发展组织国家养老保障项目公共养老金雇主缴费率与公共养老金替代率的关系

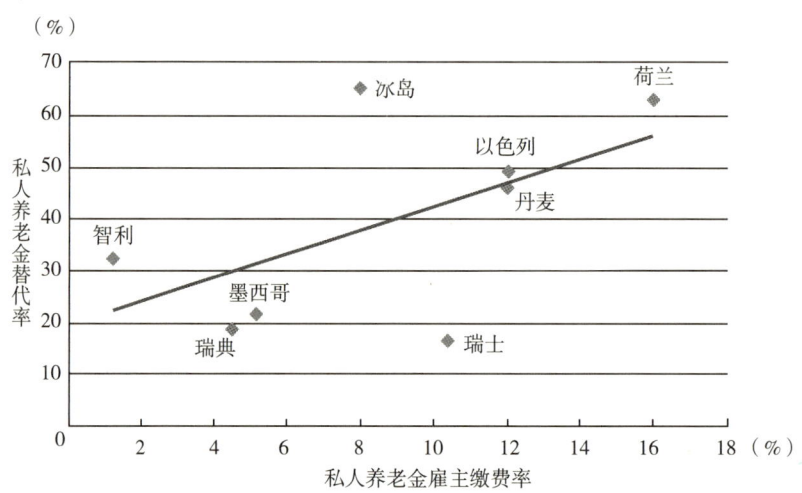

图 11　部分经济合作与发展组织国家养老保障项目私人养老金雇主缴费率与私人养老金替代率的关系

上述分析表明，即使考虑了养老金的待遇水平，中国养老保险雇主缴费率水平依然处在较高的水平。未来中国的城镇职工养老保障制度改革不仅仅需要强调建立多支柱的体系，在目前的替代率水平下下调企业缴费率水平也应提上日程，为企业减轻负担。这在提升养老保险的运行效率的基础上是可行的。

六、经济合作与发展组织国家其他保障项目雇主缴费率及其与中国的比较

不同国家设立的有关医疗的保障项目不同,或为医疗保险,或为医疗护理,或为疾病保险,或为护理保险,智利设立的则为残疾保险项目。在就业保障方面,由于发达国家对就业的重视,大部分国家设立了失业保险项目,比利时还设立了就业安排服务项目。在工伤保障项目方面,大部分国家也设立了与工作有关的疾病、事故保障项目,奥地利没有设立专门的工伤保障项目,但设立了事故保险项目,本文也将其视为与工伤有关的保障项目。医疗保障和失业保障项目的缴费一般由雇主和雇员共同承担,但工伤保障项目一般由雇主完全承担,其费率水平会根据不同行业的风险性或不同企业的事故发生率而不同。

鉴于我国的社会保险体系由养老、医疗、生育、失业和工伤五大险种组成,因此本节主要考察除养老保障体系之外的其他保障项目雇主缴费率的情况。经济合作与发展组织国家几乎不存在单独的生育保障项目,大多归于医疗服务中,本节不再对中国和经济合作与发展组织国家的生育保障雇主缴费情况进行对比,而是将设立生育保障项目的国家的雇主缴费率水平归于医疗保障项目中。

(一) 经济合作与发展组织国家其他社会保障项目雇主缴费率截面分析

医疗保障项目中雇主缴费率最高的为斯洛伐克,其雇主缴费率高达14.4%,这其中包括医疗保险10%的缴费率,疾病保险1.4%的缴费率和残疾保险3%的缴费率。最低的为匈牙利,其医疗护理项目的雇主缴费率仅为1%。就业保障项目中雇主缴费率最高的为美国,其失业保险雇主缴费率为6%,最低的为斯洛文尼亚,其失业保险项目的雇主缴费率仅为0.06%。工伤保障项目中雇主缴费率最高的为日本,日本的工伤保险缴费率在0.25%~8.8%,根据过去三年不同产业事故发生率不同以及其他因素来设定具体的缴费率,目前54个产业类别中共有29种雇主工伤保险缴费率,此处本文采取的是其最低值和最高值的平均值。最低的为瑞典,其职业健康项目的雇主缴费率为0.3%(见表4)。

表4 经济合作与发展组织国家医疗保障、就业保障和工伤保障项目的雇主缴费率状况

单位:%

国别	医疗保障项目雇主缴费率	就业保障项目雇主缴费率	工伤保障项目雇主缴费率
奥地利	3.7	4.53	1.3
比利时	6.15	3.21	1.33
加拿大	1.95	2.63	2.96
智利	1.15	2.4	1.95
捷克	9	—	—
爱沙尼亚	13	—	—
法国	—	4	2.44
德国	8.475	1.5	—
匈牙利	1	—	—
爱尔兰	—	—	0.5
日本	5	0.85	4.525
韩国	3.23	0.9	1.7
卢森堡	3.05	—	1.21
墨西哥	20.4+1.1+1.75+1.75+1	—	2
荷兰	6.95	2.07	—
新西兰	—	—	1.04
波兰	6.5	—	—
斯洛伐克	14.4	1	0.8
斯洛文尼亚	7.09	0.06	—
西班牙	—	5.5	—
瑞典	4.35	—	0.3
瑞士	—	1.1	—
土耳其	7.5	2	—
美国	—	6	—
中国	6/4	2/1.33	1/0.6

注：墨西哥的医疗保障项目有三大项：疾病和生育保障、残疾和生命保险以及社会服务和托育服务。其中，疾病和生育保障的雇主缴费率为墨西哥城联邦特区最低法律工资的20.4%，加上超过墨西哥城联邦特区最低法律工资3倍收入的1.1%，再加上月工资的1.75%。残疾和生命保险雇主缴费率为月工资的1.75%。社会服务和托育服务的雇主缴费率为月工资的1%。

(二) 中国其他保险项目企业缴费率和经济合作与发展组织国家的比较

本文依然采用按比例推算中国实际的企业医疗保险、失业保险和工伤保险缴费水平，法定的企业医疗保险缴费率为6%，企业失业保险缴费率为2%，企业工伤保险缴费率根据行业的不同而不同，在0.5%、1%和2%三个水平档次（2016年降费之前），本文采取1%的水平。推算的实际企业医疗保险、失业保险和工伤保险缴费率分别为4%、1.33%和0.6%。将中国法定和实际的企业缴费率水平和经济合作与发展组织国家相比较发现，中国的医疗保险、失业保险和工伤保险企业缴费率水平并不高，特别是工伤保险企业缴费率远低于许多发达国家。说明我国的企业社会保险缴费率水平主要是由于养老保险制度推高的。

由于失业保障和工伤保障的待遇水平确定难度较大，本文进一步考察医疗保障的待遇水平与其缴费水平的关系。由图12可以看出，经济合作与发展组织国家医疗现金支出占家庭消费支出比重最高的国家是韩国，为4.7%，比例最低的是土耳其，为1.2%。中国医疗保险企业缴费率的水平不高，也没有在

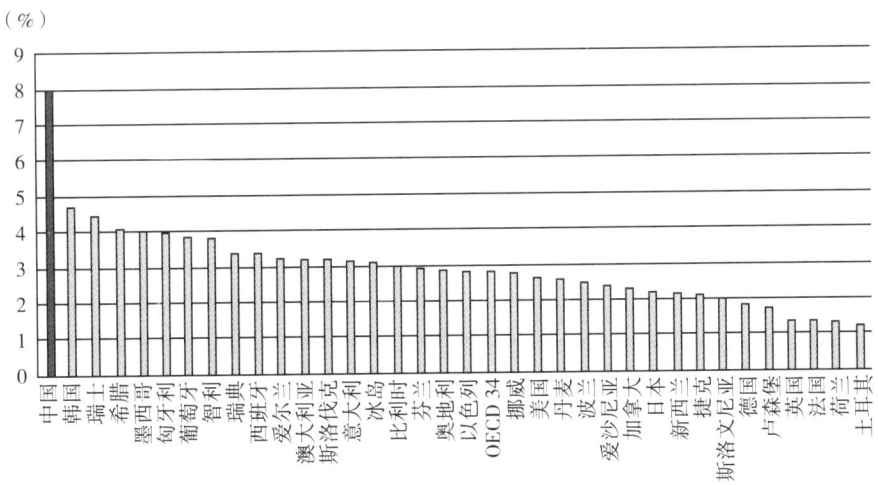

图12 中国和经济合作与发展组织国家个人医疗费用支出占家庭消费支出状况

注：①图中中国数据采用2012年农村住户调查家庭人均医疗保健现金支出占家庭消费现金支出的比重和城镇住户调查中的家庭人均医疗保健现金支出占家庭消费现金支出比重的平均值。②经济合作与发展组织国家数据采用 *Health at a Glance* 2015报告中个人医疗支出（out-of-pocket medical spending）占最终家庭消费支出的比重，采用2013年或者最近年份的数据。

实质上减缓个人的医疗待遇水平。中国个人承担的医疗费用支出占家庭消费的比重（7.93%），不仅高于雇主缴费率比中国低的国家，还高于所有雇主缴费率比中国高的国家。这说明，中国的医疗保险制度运行效率也极为低下，目前缴费水平没有降低个人医疗负担。如果维持目前的个人医疗负担状况，经济合作与发展组织国家需要付出的雇主缴费率远低于中国目前的水平。

七、结论和启示

通过本文的内容分析发现，经济合作与发展组织国家2015年社会保障项目雇主缴费率均值为19.61%，低于中国的法定企业社会保险缴费率，但与中国的实际企业社会保险缴费率水平相当。将中国企业社会保险缴费水平和经济合作与发展组织国家相比较发现，中国的法定企业社会保险缴费率处于较高的水平，位于世界第八，而实际的缴费率水平虽下降了10个百分点，考虑经济发展阶段的因素，中国的企业社会保险缴费水平过高是不争的事实，而单项目的比较也证明中国社会保险各项目的费率处于较高的水平。

因此，未来社会保障制度改革应继续适度降低社会保险费率。目前，人社部和财政部已经调低了失业保险、工伤保险和生育保险费率，对养老保险实施阶段性费率降低。由于养老保险是社会保险中缴费率最高的险种，在费率降低的执行期结束后，应对其相应的影响建立评估机制。在此基础上，分阶段完成降低企业费率的目标，以谨慎对待费率降低可能引致的负面效应。我国是人口大国，拥有丰富的劳动力资源，面临较大的就业压力，劳动密集型企业是吸纳就业的重要途径，东部地区也是经济最为发达、人口集中的区域，民营企业在我国承担着拉动就业的主力军的作用，由此，社会保险费率可根据企业类别实施不同等级的降低，并对劳动密集型企业、东部地区企业、民营企业等予以一定的倾斜。

另外，目前过高的企业社保缴费率主要是由养老保险制度来推动的，费率的调整也应以养老保险为主。但由于人口老龄化以及转轨成本的存在，我国大部分统筹地区面临着较大的养老金支付的压力，降低费率可能使这一压力更加沉重。为此，需要加快养老保险制度的改革：

第一，要厘清转轨成本的责任。在养老保险制度建立之前，国有企业作为职工依托的单位实行的是低工资制，隐含、默许了职工养老等多重福利。因此，从权利义务对等的角度出发，"老人"全部养老金权益和"中人"在养老保险制度建立之前的个人账户养老金权益是理应由国有企业来承担的，已不存在的国有企业中的"老人"全部养老金权益和"中人"在养老保险制度建立之前的个人账户养老金权益应由政府财政来埋单，而不能由现有企业的缴费来负担。

第二，要调整养老保险制度的参数。首先，目前的高缴费率与人口流出地和流入地的制度赡养率不同有关，只有不断提升统筹层次，才能实现人口流入地大量的基金结余与流出地互通使用，从而为降低费率提供空间。其次，参数调整主要指向对可能被"漏掉"的收入予以规范。如我国规定的养老保险缴费年限只有15年，实际退休年龄又较低，现实中中断缴费的参保人占比也较高。最后，目前养老保险基金较大的支付压力也与其投资收益率过低有关，未来应进一步完善养老保险基金的投资运营机制，增加基金的投资运营收益，提升制度的吸引力。

第三，平衡政府与市场的关系，促进多支柱养老保障体系的发展。我国的企业年金制度自2004年开始建立，但发展异常缓慢，2014年建立企业年金制度的企业占全部企业数量的比例仅为0.69%，参与企业年金计划的人数占参与在职职工养老保险人数的比例仅为8.83%。从其达到的效果看，也仅完成了不足10%的替代率，远远低于20%的目标替代率（郑秉文，2016a）。然而我国的商业养老保险的密度和深度都非常低，直到近年延税型商业养老保险政策才得以试点并出台（郑秉文，2016b）。三个支柱体系发展如此不均衡源于第一支柱的高缴费率限制了企业在第二支柱的投入以及过于强调第一支柱的保障作用。在厘清转轨成本责任后，降低的第一支柱缴费率可供企业参加企业年金计划。同时，要优化企业年金的资产配置，适当提升股票投资比例；完善税收优惠政策，并对企业年金和商业养老保险予以适当补贴，提高低收入者的参保率。

参考文献：

[1] Daniel S. Hamermesh. Factor Market Dynamics and the Incidence of Taxes and Subsides [J]. The Quarterly Journal of Economics, 1980 (12).

[2] Daniel S. Hamermesh. New Estimates of the Incidence of the Payroll Tax [J]. Southern Economic Journal, 1979, 45 (4).

[3] Holmlund Bertil. Payroll Taxes and Wage Inflation: The Swedish Experience Scandinavian [J]. Journal of Economics, 1983, 85 (1).

[4] Ingrid Nielsen and Russell Smyth. Who Bears the Burden of Employer Compliance with Social Security Contributions? Evidence from Chinese Firm Level Data [J]. China Economic Review, 2008 (19).

[5] Jonas Mansson, A. M. M. Shahiduzzaman Quoreshi [J]. Evaluating Regional Cuts in the Payroll Tax from a Firm Perspective, ERSA Conference Papers, 2012.

[6] Kugler Adriana and Kugler Maurice. Labor Market Effects of Payroll Taxes in Developing Countries: Evidence from Colombia [J]. Economic Development & Cultural Change, 2009, 57 (2).

[7] Li Zhigang, Wu Mingqin. Estimating the Incidences of the Recent Pension Reform in China: Evidence from 100000 Manufacturers [J]. Contemporary Economic Policy, 2013, 31 (2).

[8] Nyland Chris, Smyth Russell and Zhu Cherrie Jiuhua. What Determines the Extent to which Employer Will Comply with their Social Security [J]. Social Policy & Administration, 2006, 40 (2).

[9] Saez Emmanuel, Matsaganis Manos and Tsakloglou Panos. Earnings Determination and Taxes: Evidence from a Cohort-Based Payroll Tax Reform in Greece [J]. Quarterly Journal of Economics, 2012, 127 (1).

[10] Suarez Serrato, Juan Carlos and Zidar Owen. Who Benefits from State Corporate Tax Cuts—A Local Labor Markets Approach with Heterogeneous Firms [J]. American Economic Review, 2016, 106 (9).

[11] Vroman Wayne. Employer Payroll Taxes and Money Wage Behavior [J]. Applied Economics, 1974, 6 (3).

[12] 蔡昉. 人口转变、人口红利与刘易斯转折点 [J]. 经济研究, 2010 (4).

[13] 陈旭东. 国际比较视角下中国宏观税负水平客观分析 [J]. 现代财经, 2012 (3).

[14] 柳青瑞, 穆怀中. 社会保障水平变动规律的跨国实证分析 [J]. 人口与发展, 2014 (6).

[15] 逯进, 陈阳, 郭志仪. 社会福利、经济增长与区域发展差异——基于中国省域数据的耦合实证分析 [J]. 中国人口科学, 2012 (3).

[16] 穆怀中. 社会保障适度水平研究 [J]. 经济研究, 1997 (2).

[17] 穆怀中, 沈毅, 樊林昕, 施阳. 农村养老保险适度水平及对提高社会保障水平分层贡献研究 [J]. 人口研究, 2013 (3).

[18] 孙博, 吕晨红. 不同所有制企业社会保险缴费能力比较研究——基于超越对数生产函数的实证分析 [J]. 江西财经大学学报, 2011 (1).

[19] 许志涛, 丁少群. 各地区不同所有制企业社会保险缴费能力比较研究 [J]. 保险研究, 2014 (4).

[20] 杨亮, 丁金宏, 郭永昌. 中国社会保障与经济发展耦合协调度的时空特征分析 [J]. 人口与经济, 2014 (4).

[21] 杨翠迎, 何文炯. 社会保障与经济发展的适应性关系研究 [J]. 公共管理学报, 2004 (1).

我国城镇职工基本医疗保险制度政策效应评价

赵 柳*

1998年，国务院颁布《关于建立城镇职工基本医疗保险制度的决定》（国发〔1998〕44号），我国城镇职工医疗保险制度正式确立。2009年4月，《中共中央国务院关于深化医药卫生体制改革的意见》指出，到2020年要基本建立覆盖城乡居民的基本医疗卫生制度。这也为医疗保障制度的发展定了一个更高的要求，而"全民医保"的实现则体现了我国社会发展与和谐。党的十九大报告也指出"实施健康中国战略。深化医药卫生体制改革，全面建立中国特色基本医疗卫生制度、医疗保障制度和优质高效的医疗卫生服务体系，健全现代医院管理制度"。

城镇职工医疗保险制度的发展完善，对满足城镇职工的医疗服务、降低其疾病经济负担、提升健康水平等具有重要的作用。同时，保障城镇职工基本医疗保险制度的可持续发展，也是我国实现高质量发展的必然要求。当前，我国已经颁布出台了一系列城镇职工医疗保险政策法规，构成了该项制度的体系。城镇职工医疗保险政策作为一种典型的公共政策，客观评价制度的运行效果，对洞察制度执行中的问题，比较分析突出的短板，具有重要的现实意义。

一、已有国内外文献的述评

（一）国外文献综述

国外比较注重对医疗保险的评估，有比较丰富的评估理论。美国加利福尼

---

* 赵柳，首都经济贸易大学，管理学硕士，主要研究领域：社会保障政策。

亚大学教授胡德伟（2002）认为，医疗保险评价的核心因素是：可及性、费用和质量。按类型划分国外的医疗保险评估理论可以分为两类：一是强调政策的有效性，二是从政策的投入、产出和效果三个角度对医疗保险进行评价。在这一时期，主要的评价主体是医疗保险制度，它是以工具性标准为基础的。评价对象注重效率，重视投入和产出指标。这一类型典型代表人物就是美国医疗管理之父多那比第安（Avedis Donabedian，1966）及其使用的 SPO 理论。他从结构评价、过程评价和结果评价三个维度，对医疗保险制度进行评估。

世界卫生组织在《2000年世界卫生报告》中以质量、公平和效率作为评价的主要维度，提出了五个评价项目具体评价每个国家医疗体系的卫生和医疗需求、资源分配公平、平均水平和分布。

英国的健康保险制度评估相对来说比较成熟，对于健康保险方面的研究也比较完善。英国国家卫生保健系统（2000）共有51个终端指标，分为六个方面。因为英国实行的是国家健康保险制度，该制度的资金来源主要是国民税收，而且该系统通过国家医疗卫生系统为英国人民提供免费的健康保险服务，不涉及医疗保险制度的筹资、保险、资源配置、资金管理等方面的评估内容。同时，英国的医疗卫生体系和健康保险体系是一体化的，所以对英国健康保险制度的评估也就等于对医疗卫生的整个系统进行评估。值得注意的是，英国从1948年实施全民健康保险制度以来，其运行稳定成熟。但是对涉及该制度运行过程的评价内容较少。

美国是典型的自由福利保障模式的代表，强调了市场在社会保障和福利分配中的主导作用。在美国有两种类型的医疗评估类型：官方评估和非官方评估。官方评估主要包括医疗服务绩效评价、提高资本利用效率、节约政府支出、提高社会医疗服务质量等，是绩效评价的一个维度。非官方评估是对官方评估的重要补充，主要是 WESTAT 公司组织的医疗保险项目受益人调查（Medicare Current Beneficiary Survey）等。美国的医疗保险评估以效率为主导，这也是美国本身以市场为主导的医疗保障模式所决定的。因为美国强调市场的作用，而市场提供的保险是排他性和竞争性的，所以必须排除一些群体。因此，美国在主要发达国家中是一个罕见的国家，并没有实现全民健康保险。美国医疗安全评估指标体系的构建是以效率、公平等理念为基础的。

巴西政府提供了更多的免费医疗，其医疗保险的评估框架简单明了。评估的指标主要包括医疗卫生资源、中间结果和最终结果。由于巴西政府对医疗保险的参与程度高，在评估医疗保险制度时更注重公平和制度实施的效果。巴西政府对健康保险的评估框架可以揭示更多的医疗资源的分布、公平性和可及性以及它们的有效性。

（二）国内文献综述

我国的医疗保险评价研究起步较晚，但对医疗保险评价指标的研究较多。政府部门和社会组织也有参与医疗保险评估的活动。自 2007 年以来，中国医疗保险研究所对医疗保险制度的建设进行了 7 年的系统评估。评价指标包括地方经济社会发展、医疗保险覆盖率、家庭基本情况、居民待遇和医疗费用、医疗保险水平等。邹富良（2002）从卫生经济学视角对镇江的医改展开评价，主要的评价指标包括保险规模和共济能力、医疗费用和监督机制、医疗需求满足程度和医疗保障合理性、医疗需求结构和资源利用效率、保险筹资和承受能力五个方面。赵文龙（2005）也对我国城镇职工基本医疗保险的评价指标体系进行过专门研究，指出我国城镇职工基本医疗保险评价指标体系可以从公平性、效率和发展三个维度进行评估，进而构成一个统一的评价整体。

此外，也有部分学者联系某一区域的具体情况对城镇职工基本医疗保险进行评估。申曙光等（2012）基于特殊研究领域的社会医疗保险信息管理系统获取的医疗保险对象的个人信息、支付信息和报销信息，评估了医疗保险基金的资金收支风险。张再生等（2015）从"第三方评估"视角，经由文献梳理、专家咨询和问卷调查多种形式构建了一套由 3 个一级指标、6 个二级指标和 12 个三级指标组成的医疗保险制度评价指标体系。同时应用该指标体系对天津市城乡居民医疗制度实施效果展开了综合评价。

（三）文献述评

国内外相关学者对医疗保险制度评价已经做了大量的研究工作，尤其是对国外的文献进行研读分析之后发现，国外学者尤其是发达国家在该领域的研究无论是从医疗保险评估的方法论还是实践角度，都进行了深入且细致的研究，并且提供了很多具体且丰富的理论基础。对医疗保险评价的指标体系也做了很多细致完善的工作，能够从宏观整体的角度去把握该制度的演变，同时也能很精准地反映该制度未来的发展趋势,并且通过对社会保险制度的评估也能及时去发现制度演变运行中存在的问题,及时地进行弥补完善。

国内学者对医疗保险制度的评估也进行了卓绝的研究。基本都集中在对医疗保险评价指标体系的研究。从各个学者对该领域的研究视角来看,有从医疗保险运行的角度进行指标体系的研究,有从医疗保险参与方的角度进行指标体系的研究,有从卫生经济学的视角进行评价指标体系的研究,也有分不同维度的划分对评价指标体系进行研究。同时,国内学者结合我国医疗保险制度运行的基本情况,基于我国医疗保险条块分离的现实情况,也专门针对各个地区各个省份的医疗保险制度进行制度评估。这也体现出国内外学者在研究内容、研究视角上的不同之处。

二、城镇职工基本医疗保险制度运行现状

对城镇职工基本医疗保险制度从政策角度的历史沿革进行研究,可以窥探出我国政府在不同社会经济时期对该项制度所做出的努力,同时,也能探究出该制度的变迁动因以及在整个社会历史背景下该制度结构模式变化的过程。按照该制度的历史发展脉络,整理了城镇职工基本医疗保险制度的相关发展变迁政策,从如下三个方面分析制度运行现状。

(一)城镇职工基本医疗保险制度覆盖面状况

城镇职工医疗保险制度是我国目前医疗保障体系的基础,是以工薪劳动者为保障对象,其覆盖范围包括城镇所有的用人单位,企业(国有企业、集体企业、外商投资企业、私营企业等)、机关、事业单位、社会团体、民办非企业单位及其职工[①]。该制度惠及的人群依然很大,且总数在不断上升;同时这一制度所涉及的资源最多;最后该制度实施的时间最早,它的调节对其他医疗保险制度的影响重大。

由相关政策沿革可以看出,我国城镇职工基本医疗保险的制度覆盖面范围从法律法规的角度已经开始逐步地扩展到自由职业者、农民工、个体商户等人群。根据表1的数据显示,1998~2015年,我国城镇职工基本医疗保险的参保

---

① 《国务院关于建立城镇职工基本医疗保险制度的决定》(国发〔1998〕44号)。

人数不断增加，制度的覆盖面不断扩大。截至2015年底，全国共有28893.1万人参加城镇职工基本医疗保险。比1998年参保人数净增27014.4万人。根据国家相关权威统计数据测算显示，截至2015年，该制度的制度覆盖率达到了71.5%，参保人数2.89亿人次，超额完成了"十二五"规划确定的城镇职工基本医疗保险覆盖2.6亿人次的目标（见表1）。城镇职工基本医疗保险制度水平较高的参与率，既可以加强稳定城镇职工基本医疗保险，也可以提高医疗资源的使用效率，降低患者的医疗费用负担，有利于构建和谐的医患关系。

表1 我国城镇职工基本医疗保险制度覆盖率

年份	城镇职工参保人数（万人）	城镇就业人口数（万人）	制度覆盖率（%）
1998	1878.7	21616	8.7
1999	2065.3	22412	9.2
2000	3786.9	23151	16.4
2001	7285.9	24123	30.2
2002	9401.2	25159	37.4
2003	10901.7	26230	41.6
2004	12403.6	27293	45.4
2005	13782.9	28389	48.6
2006	15731.8	29630	53.1
2007	18020.3	30953	58.2
2008	19995.6	32103	62.3
2009	21937.4	33322	65.8
2010	23734.7	34687	68.4
2011	25227.1	35914	70.2
2012	26485.6	37102	71.4
2013	27443.1	38240	71.8
2014	28296	39310	72.0
2015	28893.1	40410	71.5

资料来源：由历年《中国人口和就业统计年鉴》《中国劳动统计年鉴》汇总整理而得。

从图 1 显示的数据可以看出，我国城镇职工基本医疗保险的参保总人数的同比增长率在 2001 年以后开始显著下降，到 2015 年参保人数的同比增长率仅有 2.11%。这说明，随着我国城镇职工基本医疗保险制度的逐步完善，城镇职工基本医疗保险的制度覆盖面在不断扩大，但是同时，未来该制度的总体参保人数将难以大幅度提升，依靠扩大覆盖面去维持金的可持续运行难度将会很大。

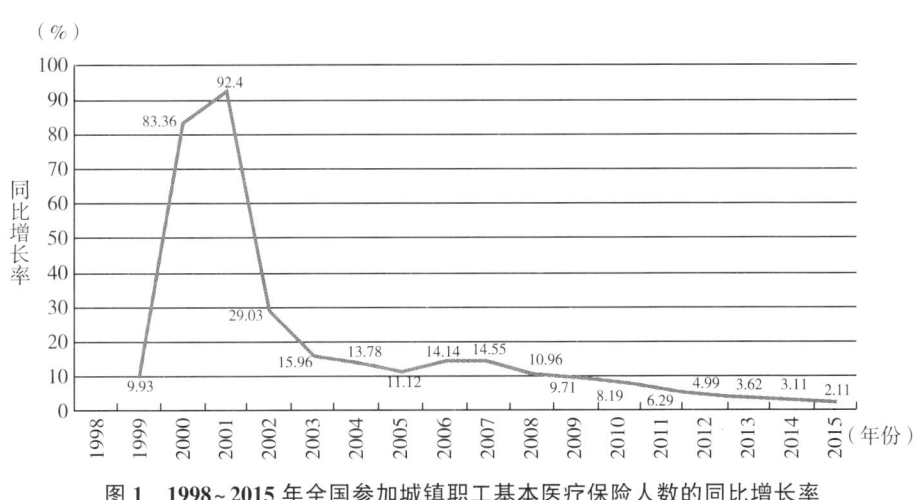

图 1 1998~2015 年全国参加城镇职工基本医疗保险人数的同比增长率

（二）城镇职工基本医疗保险基金运行状况

在城镇职工基本医疗保险制度扩大覆盖面的同时也对该制度的基金管理工作提出了一定的要求。一般来说，城镇职工基本医疗保险制度的基金管理包括基金的收入、支出、投资、运行等相关环节。如表 2 所示，目前我国城镇职工基本医疗保险基金的收入规模、基金的支出规模都出现了大幅度的上涨，随着覆盖面的不断扩大，基金收入也逐步趋向稳定，纵观全国，尽管个别地区的医保基金的压力加大，但从总体上看，职工基金状况还是稳定的。

表 2 1998~2014 年全国城镇职工基本医疗保险基金收支情况

年份	收入（亿元）	支出（亿元）	累计结余（亿元）	收入增幅（%）	支出增幅（%）
1998	61	53	20	—	—
1999	90	69	58	47.54	30.19

续表

年份	收入（亿元）	支出（亿元）	累计结余（亿元）	收入增幅（%）	支出增幅（%）
2000	170	125	110	88.89	81.16
2001	384	244	253	125.88	95.20
2002	607.8	409.4	450.7	58.28	67.79
2003	890	553.9	670.6	46.43	35.30
2004	1140.5	362.2	957.9	28.15	55.62
2005	1405	1079	1278	23.19	25.17
2006	1747.1	1276.7	1752.4	24.35	18.32
2007	2214.2	1551.7	2440.8	26.74	21.54
2008	3040	2084	3432	37.30	34.30
2009	3671.9	2797.4	4275.9	20.79	34.23
2010	3955.4	3271.6	4741.2	7.72	16.95
2011	5539.2	4431.4	6180	40.04	35.45
2012	6061.9	4868.5	6884.2	9.44	9.86
2013	7061.6	5829.9	8129.3	16.49	19.75
2014	8037.9	6696.6	9449.8	13.83	14.87

资料来源：根据历年人力资源与社会保障部统计公报、《中国卫生和计划生育统计年鉴》《中国劳动统计年鉴》汇总整理。

在城镇职工基本医疗保险基金收入、支出不断增长的同时，还应该考虑的一个实际问题就是，随着经济新常态的到来，经济的增速会变缓，相应的基金的筹集难度就会提升。同时，随着我国人口老龄化的不断发展，基金的收入涨幅就不会那么快，就很容易出现基金入不敷出的现象。从图2中也可以看出，2006~2015年，城镇职工基本医疗保险支出的速度已经超过城镇职工基本医疗保险收入的涨幅。相关资料显示，随着人口红利的消失，人口老龄化程度的进一步加深，基金的可持续问题就会暴露出来，给医保基金带来很大隐患。

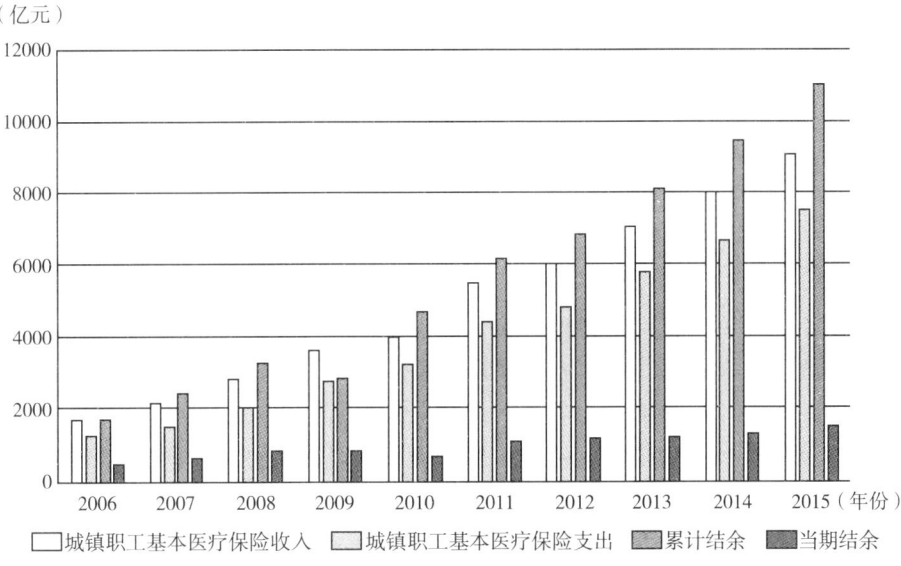

图 2 我国城镇职工基本医疗保险基金收支对比

三、城镇职工基本医疗保险评价指标体系的构建

（一）已有研究现状

我国的很多学者构建了不同指标体系对城镇职工基本医疗保险制度效果进行评价。赵文龙等（2005）从伦理学角度视角出发，对我国城镇职工基本医疗保险评价指标体系作了初步探讨。认为我国城镇职工基本医疗保险评价指标体系可以从公平性、效率和发展三个方面来评价。张太海等（2004）从城镇职工基本医疗保险制度的政策目标出发，运用层次分析法和系统理论，提出了评价指标体系的基本评价要素，即公平性、效率、质量和可持续性，并分别对其基本内涵进行了初步探讨。刘宇熹等（2014）从公平性、效率性、筹资能力、筹资可持续性四方面开展了广东省城镇职工基本医疗保险省级统筹的筹资经济可行性评估。同时，我国相关学者对于城镇职工基本医疗保险评价指标体系的研究也有很多，大多从公平、效率、发展和质量四个维度构建城镇职工基本医疗保险的评价指标体系。同时，使用的研究基本方法、研究视角也不尽相同。

但是，城镇职工基本医疗保险评价指标体系存在着一些问题。第一，指标体系不统一。各个学者都试图用自己的方法去构建符合自己研究判断的指标体系,由于构建的指标体系不统一,很难具有普适性。第二,横向比较缺乏可比性。由于指标体系构建的不统一、我国社会保险制度碎片化的现实情况存在,导致在实际的研究操作中没有办法对我国城镇职工基本医疗保险制度进行评估比较。第三,评价方法操作烦琐。要构建一套符合我国国情且操作便利的指标体系更有利于我国城镇职工基本医疗保险制度的评价,但是前人的指标体系研究可以发现,存在着指标体系过于烦琐的情况且评价方法也比较复杂。第四,可操作性不强。指标体系的构建需要一系列的数据支撑才能对该项制度进行评估分析,但是,在前人的研究中可以看出有些指标的数据获得性比较差,很难在现实的情况中得到运用。

(二) 我国城镇职工基本医疗保险评价指标的构建

从医疗保险改革相关的政策文件的基本目标、基本原则出发,可以发现我国城镇职工基本医疗保险改革的主要政策目标就是:优质低价、广泛覆盖、基本保障。在国内外专家学者对医疗保险制度评估相关研究和实践的基础上,运用多种理论方法,遵照系统性原则、科学性原则、可操作性原则、动态性原则、定性与定量相结合的指标构建原则。确定了我国城镇职工基本医疗保险制度运行评估指标体系的基本框架:3 个一级指标(公平性、效率、可持续性)、6 个二级指标和 20 个三级指标,形成了我国城镇职工基本医疗保险运行评价的指标体系。具体的指标体系参见表 3。

表 3　城镇职工基本医疗保险运行评价指标体系

一级指标(A)	二级指标(B)	三级指标(C)
公平性(A_1)	参保公平性(B_1)	制度覆盖率(C_1)
		在职职工参保数(C_2)
		离退休职工参保数(C_3)
		参保人数增长率(C_4)
		本期参保人数变动情况(C_5)
	费用负担公平性(B_2)	个人筹资负担率(C_6)
		住院医疗费用中个人负担比例(C_7)
		参保患者人均个人负担住院费用占家庭人均年收入的比例(C_8)

续表

一级指标（A）	二级指标（B）	三级指标（C）
效率（A_2）	资源配置效率（B_3）	每千人参保人员医疗机构医护人员数（C_9）
		每千人参保人员床位数（C_{10}）
		三级医院、二级医院、一级医院保险费用支出比例（C_{11}）
	医疗效率（B_4）	平均住院日（C_{12}）
		次均门诊费用（C_{13}）
		平均每床日住院费用（C_{14}）
可持续性（A_3）	经济适应性（B_5）	人均保险费占当地社平工资的比例（C_{15}）
		医疗费用支出占GDP的比例（C_{16}）
	基金稳定性（B_6）	城镇职工医疗保险基金收入（C_{17}）
		城镇职工医疗保险基金支出（C_{18}）
		统筹基金当期结余（C_{19}）
		累计结余（C_{20}）

（三）我国城镇职工基本医疗保险评价指标权重确定

通过进行专家问卷调查，利用层次分析法构建判断矩阵进行各级指标的权重确定。

1. 层次分析法基本原理

层次分析法（AHP）是美国著名的运筹学家 Thomas L. Saaty 等于20世纪70年代初提出的一种定性与定量分析相结合的多准则决策方法。这一方法的特点就是对复杂问题的本质、影响因素以及内在联系进行深入分析之后构建一个有序的层次结构，利用一定的定量信息把决策过程数学化。然后，为求解多目标、多准则的复杂问题决策时提供一种简单的决策方法。

2. 层次分析法操作步骤

第一步，建立递阶层次结构。根据对指标的分析，按照指标体系中所包含的各个因素之间的关系进行归纳分组，使指标体系中的各个因素条理化、系统化，从而构建出一个递阶层次结构模型。

第二步，构造判断矩阵。根据常用的评价判断尺度，由咨询的专家根据评价尺度进行赋值打分。具体的矩阵评价尺度及标准如表4所示。

表 4 矩阵评价尺度及标度

标度	含义
1	两指标同等重要
3	两指标相比，i 比 j 稍微重要
5	两指标相比，i 比 j 明显重要
7	两指标相比，i 比 j 非常重要
9	两指标相比，i 比 j 极为重要
2,4,6,8	介于两个判断尺度之间的情况
上述各数的倒数	j 与 i 相比

第三步，重要度计算与一致性检验。根据判断矩阵，利用方根法或和积法等常用的重要度计算方法，计算出相对应的特征向量，以此作为重要程度的判断依据。本研究所采用的方法是方根法。具体操作步骤如下：

(1) 计算出判断矩阵中每一行元素的乘积，即 $M_i = \prod_{j=1}^{n} a_{ij}$，$i=1,2,3,\cdots,n$。

(2) 计算 M_i 的 n 次方根，即 $\overline{W_i} = \sqrt[n]{M_i}$，$i=1,2,3,\cdots,n$。

(3) 将向量 $\overline{W_i}$ 进行归一化处理，即 $W_i = \dfrac{\overline{W_i}}{\sum_{k=1}^{n} \overline{W_k}}$，$i=1,2,3,\cdots,n$。

(4) 计算最大特征根，即 $\lambda_{max} = \dfrac{1}{n} \sum_{i=1}^{n} \dfrac{(AW)_i}{W_i}$；其中 $(AW)_i$ 表示向量的第 i 个分量。

(5) 进行一致性检验：即 $CR = \dfrac{CI}{RI}$，其中，$CI = \dfrac{\lambda_{max} - n}{n-1}$，RI 为随机一致性指标，具体参数值见表 5。一般在 CR=0 时，可以称是完全一致性矩阵；当 CR<0.1 时，认为具有满意的一致性矩阵；当 CR>0.1 时，则不具有一致性。

表 5 随机一致性指标（RI）

阶数	1	2	3	4	5	6	7	8	9	10
RI	0	0	0.58	0.89	1.12	1.24	1.32	1.41	1.45	1.49

3. 指标权重的确定

将前文构建的指标体系以发放调查问卷的方式邀请12位高等院校的学者组成评价打分小组，采用两两比较的方式进行评价打分，具体完整的评价打分问卷见附录。按照几何平均的方法将专家的评分结果进行汇总整合处理，得出各个指标的权重。具体指标分层的判断矩阵如表6所示。

表6 一级指标的判断矩阵

	A_1	A_2	A_3
A_1	1	3.684031499	2.904392867
A_2	0.271441762	1	1.553616253
A_3	0.344306038	0.64365959	1

计算 M_i 的 n 次方根：

$\overline{W}_1 = 2.203566859$；$\overline{W}_2 = 0.749905963$；$\overline{W}_3 = 0.605155467$。

进行归一化处理：

$\sum_{k=1}^{3} \overline{W}_k = 3.558628289$。

指标各自权重 $W_1 = 0.619218047$；$W_2 = 0.210728939$；$W_3 = 0.170053014$。

计算判断矩阵的最大特征根：

特征向量 W = [0.619, 0.211, 0.170]，各个分量 $AW_1 = 1.889450857$；$AW_2 = 0.643007703$；$AW_3 = 0.518891229$。

由此，计算最大特征根为 $\lambda_{max} = \frac{1}{n} \sum_{i=1}^{n} \frac{(AW)_i}{W_i} = 3.051349788$。

进行一致性检验：CI = 0.025674894；CR = 0.044267059<0.1。

可见，判断矩阵具有令人满意的一致性。因此，一级指标权重见表7。

表7 一级指标判断矩阵和指标权重

	A_1	A_2	A_3	权重
A_1	1	3.6840315	2.904393	0.619
A_2	0.27144176	1	1.55362	0.211
A_3	0.34430604	0.64366	1	0.170

表7中对应的关键变量值是：$\lambda_{max}=3.05$；$CI=0.026$；$CR=0.044<0.1$。

按照上述的同样方法，计算出二级、三级指标的权重，具体如表8~表16所示。

表8　A_1-B_i的判断矩阵和指标权重

A_1	B_1	B_2	权重
B_1	1	5.477225575	0.846
B_2	0.182574186	1	0.154

表8中对应的关键变量值是：$\lambda_{max}=2$；$CI=0$；$CR=0<0.1$。

表9　A_2-B_i的判断矩阵和指标权重

A_2	B_3	B_4	权重
B_3	1	3.240370349	0.764
B_4	0.3086067	1	0.236

表9中对应的关键变量值是：$\lambda_{max}=2$；$CI=0$；$CR=0<0.1$。

表10　A_3-B_i的判断矩阵和指标权重

A_3	B_5	B_6	权重
B_5	1	1	0.5
B_6	1	1	0.5

表10中对应的关键变量值是：$\lambda_{max}=2$；$CI=0$；$CR=0<0.1$。

表11　B_1-C_i的判断矩阵和指标权重

B_1	C_1	C_2	C_3	C_4	C_5	权重
C_1	1	1.49627787	1.895977665	1.528142136	1.496278	0.282
C_2	0.668325062	1	1.551845574	1.584893192	1.643752	0.236
C_3	0.527432374	0.64439402	1	0.832553207	1.107566	0.154
C_4	0.65438939	0.63095734	1.201124434	1	1.37973	0.180
C_5	0.668325062	0.60836434	0.902880451	0.724779664	1	0.149

表 11 中对应的关键变量值是：$\lambda_{max} = 5.034$；$CI = 0.008443168$；$CR = 0.007538542<0.1$。

表 12 B_2-C_i 的判断矩阵和指标权重

B_2	C_6	C_7	C_8	权重
C_6	1	2.596247051	1.882072058	0.523
C_7	0.385171357	1	1.650963624	0.265
C_8	0.531329285	0.605706864	1	0.211

表 12 中对应的关键变量值是：$\lambda_{max} = 3.076$；$CI = 0.037870863$；$CR = 0.065294591<0.1$。

表 13 B_3-C_i 的判断矩阵和指标权重

B_3	C_9	C_{10}	C_{11}	权重
C_9	1	3.556893304	1.386722549	0.539
C_{10}	0.281144222	1	1.650963624	0.245
C_{11}	0.521124785	0.605706864	1	0.216

表 13 中对应的关键变量值是：$\lambda_{max} = 3.078$；$CI = 0.0390161$；$CR = 0.067269137<0.1$。

表 14 B_4-C_i 的判断矩阵和指标权重

B_4	C_{12}	C_{13}	C_{14}	权重
C_{12}	1	0.941036029	1.185631101	0.339
C_{13}	1.062658569	1	1.817120593	0.407
C_{14}	0.843432665	0.550321208	1	0.253

表 14 中对应的关键变量值是：$\lambda_{max} = 3.014919116$；$CI = 0.007459558$；$CR = 0.012861307<0.1$。

表 15　B_5-C_i 的判断矩阵和指标权重

B_5	C_{15}	C_{16}	权重
C_{15}	1	1.264911064	0.558
C_{16}	0.790569415	1	0.442

表 15 中对应的关键变量值是：$\lambda_{max} = 2$；CI = 0；CR = 0<0.1。

表 16　B_6-C_i 的判断矩阵和指标权重

B_6	C_{17}	C_{18}	C_{19}	C_{20}	权重
C_{17}	1	1.3160740	1.4564753	1.4142135	0.312
C_{18}	0.7598357	1	1.4564753	1.31607401	0.267
C_{19}	0.7598356	0.7598356	1	1.31607401	0.227
C_{20}	0.70710678	0.7598357	0.7598357	1	0.194

表 16 中对应的关键变量值是：λ_{max} = 4.070596865；CI = 0.023532288；CR = 0.026146987<0.1。

因此，我国城镇职工基本医疗保险评价指标体系权重见表 17。

表 17　我国城镇职工基本医疗保险评价指标体系权重

一级指标（A）	权重	二级指标（B）	权重	三级指标（C）	权重
公平性（A_1）	0.619	参保公平性（B_1）	0.846	制度覆盖率（C_1）	0.282
				在职职工参保数（C_2）	0.236
				离退休职工参保数（C_3）	0.154
				参保人数增长率（C_4）	0.180
				本期参保人数变动情况（C_5）	0.149
		费用负担公平性（B_2）	0.154	个人筹资负担率（C_6）	0.523
				住院医疗费用中个人负担比例（C_7）	0.265
				参保患者人均个人负担住院费用占家庭人均年收入的比例（C_8）	0.211

续表

一级指标（A）	权重	二级指标（B）	权重	三级指标（C）	权重
效率（A_2）	0.211	资源配置效率（B_3）	0.764	每千人参保人员医疗机构医护人员数（C_9）	0.539
				每千人参保人员床位数（C_{10}）	0.245
				三级医院、二级医院、一级医院保险费用支出比例（C_{11}）	0.216
		医疗效率（B_4）	0.236	平均住院日（C_{12}）	0.339
				次均门诊费用（C_{13}）	0.407
				平均每床日住院费用（C_{14}）	0.253
可持续性（A_3）	0.170	经济适应性（B_5）	0.5	人均保险费占当地社平工资的比例（C_{15}）	0.558
				医疗费用支出占GDP的比例（C_{16}）	0.442
		基金稳定性（B_6）	0.5	城镇职工医疗保险基金收入（C_{17}）	0.312
				城镇职工医疗保险基金支出（C_{18}）	0.267
				统筹基金当期结余（C_{19}）	0.227
				累计结余（C_{20}）	0.194

四、我国城镇职工基本医疗保险的政策效应评估及结果分析

（一）所需数据的来源

为了能更全面直观且客观地对我国城镇职工基本医疗保险政策效应进行分析，本文的数据来源于2005~2015年的《中国人口和就业统计年鉴》《中国卫生和计划生育统计年鉴》《中国统计年鉴》、历年人力资源与社会保障部公告、《国家卫生服务调查分析报告》等。同时，在数据获取时，存在部分数据缺失或不统一的情况。对于数据缺失的部分，使用FORECAST函数进行预测推算得出缺失数据。根据原始数据得出具体各项指标数值如表18所示。

表18 三级指标原始数值

年份	2005	2006	2007	2008	2009	2010	2011	2012	2013	2014	2015
（C_1）	0.137	0.150	0.164	0.176	0.186	0.193	0.198	0.201	0.202	0.203	0.202
（C_2）	2365.1	2732.9	3167.2	3537.1	3872.8	4198.7	4471.5	4687.3	4838.3	4965.7	5041.4

续表

年份	2005	2006	2007	2008	2009	2010	2011	2012	2013	2014	2015
(C_3)	579.2	639.3	708.4	771.2	851.1	915.3	966.9	1020.1	1069.0	1117.2	1159.8
(C_4)	0.020	0.025	0.026	0.020	0.017	0.015	0.011	0.009	0.006	0.006	0.004
(C_5)	205.5	290.4	340.9	294.3	289.3	267.8	222.4	187.5	142.7	127.1	88.968
(C_6)	0.012	0.012	0.012	0.012	0.012	0.012	0.011	0.011	0.011	0.011	0.011
(C_7)	1107.1	1097.5	1087.9	1089.2	1140.7	1135.1	1108.8	1105.2	1030.3	1079.3	1097.0
(C_8)	233.59	231.6	229.5	229.82	240.7	239.5	233.9	233.2	217.4	227.7	231.5
(C_9)	25.333	22.638	21.021	19.404	18.865	18.865	18.326	18.326	19.404	19.404	19.943
(C_{10})	5.880	5.390	5.145	4.900	4.900	4.900	4.900	5.390	5.635	5.635	5.880
(C_{11})	0.002	0.002	0.002	0.002	0.002	0.001	0.001	0.001	0.001	0.001	0.001
(C_{12})	5.987	6.021	5.824	5.627	5.433	5.467	5.363	5.257	4.644	4.805	4.783
(C_{13})	40.303	45.775	51.248	56.720	62.192	67.888	73.097	78.348	84.005	89.540	95.197
(C_{14})	1045.4	1149.7	1254.1	1358.4	1462.7	1567.6	1677.9	1766.0	1882.9	1981.6	2091.8
(C_{15})	0.027	0.027	0.028	0.028	0.027	0.025	0.026	0.027	0.028	0.028	0.028
(C_{16})	0.021	0.020	0.019	0.020	0.021	0.022	0.022	0.023	0.024	0.025	0.027
(C_{17})	438.4	545.1	704.2	948.6	1145.6	1344.4	1728.2	2164.9	2573.5	3022.4	3492.2
(C_{18})	288.0	340.9	417.00	556.32	746.91	944.67	1183.2	1480.1	1815.9	2171.6	2486.3
(C_{19})	74.13	106.78	157.86	217.19	198.51	174.97	251.47	316.68	328.5	352.7	426.9
(C_{20})	247.9	339.97	480.5	665.75	829.5	979.1	1198.9	1483.0	1768.6	2065.1	2433.3

(二) 指标数值的无量纲化处理

按照数据标准化处理方法,假设新数据为 ω_i,原数据为 ω,则:

$$\omega_i = \frac{\omega - \omega_{min}}{\omega_{max} - \omega_{min}} \tag{1}$$

数据无量纲化处理后在 [0, 1] 之间。具体结果见表19。

表19 无量纲化处理后的指标数值

年份	2005	2006	2007	2008	2009	2010	2011	2012	2013	2014	2015
(C_1)	0.000	0.192	0.410	0.585	0.735	0.846	0.923	0.974	0.991	1.000	0.979
(C_2)	0.000	0.137	0.300	0.438	0.563	0.685	0.787	0.868	0.924	0.972	1.000

续表

年份	2005	2006	2007	2008	2009	2010	2011	2012	2013	2014	2015
(C_3)	0.000	0.104	0.222	0.331	0.468	0.579	0.668	0.759	0.844	0.927	1.000
(C_4)	0.726	0.968	1.000	0.718	0.613	0.492	0.339	0.234	0.121	0.081	0.000
(C_5)	0.462	0.799	1.000	0.815	0.795	0.710	0.529	0.391	0.213	0.151	0.000
(C_6)	1.000	0.910	0.821	0.731	0.641	0.687	0.491	0.294	0.098	0.000	0.393
(C_7)	0.695	0.608	0.521	0.533	1.000	0.950	0.711	0.679	0.000	0.444	0.604
(C_8)	0.695	0.608	0.521	0.533	1.000	0.950	0.711	0.679	0.000	0.444	0.604
(C_9)	1.000	0.615	0.385	0.154	0.077	0.077	0.000	0.000	0.154	0.154	0.231
(C_{10})	1.000	0.500	0.250	0.000	0.000	0.000	0.000	0.500	0.750	0.750	1.000
(C_{11})	0.980	1.000	0.942	0.850	0.741	0.626	0.509	0.503	0.226	0.000	0.192
(C_{12})	0.975	1.000	0.857	0.714	0.573	0.598	0.522	0.445	0.000	0.117	0.101
(C_{13})	0.000	0.100	0.199	0.299	0.399	0.503	0.597	0.693	0.796	0.897	1.000
(C_{14})	0.000	0.100	0.199	0.299	0.399	0.499	0.604	0.689	0.800	0.895	1.000
(C_{15})	0.420	0.460	0.804	0.843	0.549	0.255	0.647	0.863	0.941	1.000	
(C_{16})	0.197	0.116	0.000	0.156	0.439	0.329	0.410	0.543	0.618	0.711	1.000
(C_{17})	0.000	0.035	0.087	0.167	0.232	0.297	0.422	0.565	0.699	0.846	1.000
(C_{18})	0.000	0.024	0.059	0.122	0.209	0.299	0.407	0.542	0.695	0.857	1.000
(C_{19})	0.000	0.093	0.237	0.405	0.353	0.286	0.503	0.687	0.721	0.789	1.000
(C_{20})	0.000	0.042	0.106	0.191	0.266	0.335	0.435	0.565	0.696	0.832	1.000

(三) 综合评价指数分析

通过无量纲化处理的数据以及各项指标的权重确定各个指标的评价指数，分析我国城镇职工基本医疗保险运行效果。具体的过程如下：记 P 为各个指标的权重值，ω_i 为标准化后的各项数值。则各项指标的评价指数：

$$P_i = P * \omega_i \tag{2}$$

第 j 年的指标评价指数为：

$$P_j = \sum_{i=1}^{10} P_i \tag{3}$$

具体数值见表20。

表 20 我国城镇职工基本医疗保险运行三级指标评估结果

年份	2005	2006	2007	2008	2009	2010	2011	2012	2013	2014	2015
(C_1)	0.000	0.054	0.116	0.165	0.207	0.239	0.260	0.275	0.280	0.282	0.276
(C_2)	0.000	0.032	0.071	0.103	0.133	0.162	0.186	0.205	0.218	0.229	0.236
(C_3)	0.000	0.016	0.034	0.051	0.072	0.089	0.103	0.117	0.130	0.143	0.154
(C_4)	0.131	0.174	0.180	0.129	0.110	0.089	0.061	0.042	0.022	0.015	0.000
(C_5)	0.069	0.119	0.149	0.121	0.118	0.106	0.079	0.058	0.032	0.023	0.000
(C_6)	0.523	0.476	0.429	0.382	0.335	0.359	0.257	0.154	0.051	0.000	0.205
(C_7)	0.184	0.161	0.138	0.141	0.265	0.252	0.189	0.180	0.000	0.118	0.160
(C_8)	0.147	0.128	0.110	0.113	0.211	0.200	0.150	0.143	0.000	0.094	0.127
(C_9)	0.539	0.332	0.207	0.083	0.041	0.041	0.000	0.000	0.083	0.083	0.124
(C_{10})	0.245	0.123	0.061	0.000	0.000	0.000	0.000	0.123	0.184	0.184	0.245
(C_{11})	0.212	0.216	0.204	0.184	0.160	0.135	0.110	0.109	0.049	0.000	0.041
(C_{12})	0.331	0.339	0.291	0.242	0.194	0.203	0.177	0.151	0.000	0.040	0.034
(C_{13})	0.000	0.041	0.081	0.122	0.162	0.205	0.243	0.282	0.324	0.365	0.407
(C_{14})	0.000	0.025	0.050	0.076	0.101	0.126	0.153	0.174	0.202	0.226	0.253
(C_{15})	0.235	0.257	0.449	0.470	0.306	0.000	0.142	0.361	0.481	0.525	0.558
(C_{16})	0.087	0.051	0.000	0.069	0.194	0.146	0.181	0.240	0.273	0.314	0.442
(C_{17})	0.000	0.011	0.027	0.052	0.072	0.093	0.132	0.176	0.218	0.264	0.312
(C_{18})	0.000	0.006	0.016	0.033	0.056	0.080	0.109	0.145	0.186	0.229	0.267
(C_{19})	0.000	0.021	0.054	0.092	0.080	0.065	0.114	0.156	0.164	0.179	0.227
(C_{20})	0.000	0.008	0.021	0.037	0.052	0.065	0.084	0.110	0.135	0.161	0.194

根据表 20 的数据结果可以发现我国城镇职工基本医疗保险的制度覆盖率、在职职工参保人、离退休人员参保率在不断上升，本期参保人数变化呈先升后降趋势；个人负担率指标呈现下降趋势，住院费用负担比和个人负担住院费用占家庭人均年收入的比例在 2009 年达到最大，随着新医改的进行，之后开始降低。三级医院、二级医院、一级医院保险费用支出比例、平均住院日持续降低，但是次均门诊费用、住院费用、人均保险费占社会平均工资的比重一直呈现上升趋势。同时，城镇职工基本医疗保险的基金收入、支出、结余、累计结余不断上升。

根据表 21 的数据结果对二级指标的分析可以发现，我国城镇职工基本医疗保险的参保公平性不断提升，但费用负担公平性不断下降；资源配置效率不断优化上升，医疗效率也在不断上升，体现了我国医疗卫生技术资源水平的不断优化。同时，我国城镇职工基本医疗保险的经济适应性不断加强，基金的稳定性不断提升。

表 21　我国城镇职工基本医疗保险运行二级指标评估结果

年份	2005	2006	2007	2008	2009	2010	2011	2012	2013	2014	2015
(B_1)	0.172	0.342	0.475	0.492	0.554	0.591	0.595	0.602	0.588	0.597	0.575
(B_2)	0.132	0.118	0.104	0.098	0.125	0.125	0.092	0.073	0.008	0.033	0.076
(B_3)	0.761	0.512	0.361	0.204	0.154	0.135	0.084	0.177	0.241	0.204	0.314
(B_4)	0.078	0.096	0.100	0.104	0.108	0.126	0.135	0.143	0.124	0.149	0.164
(B_5)	0.161	0.154	0.224	0.270	0.250	0.073	0.162	0.301	0.377	0.420	0.500
(B_6)	0.000	0.023	0.059	0.107	0.130	0.151	0.220	0.293	0.351	0.417	0.500

根据表22对我国城镇职工基本医疗保险评价指标一级指标的分析可以看出，我国城镇职工基本医疗保险制度的公平性总体上呈现上升趋势，效率指标总体上呈现一定的下降趋势，可持续性指标不断上升。具体如图3、图4所示。

表 22　我国城镇职工基本医疗保险运行一级指标评估结果

年份	2005	2006	2007	2008	2009	2010	2011	2012	2013	2014	2015
公平性	0.188	0.285	0.359	0.365	0.420	0.443	0.425	0.418	0.369	0.390	0.403
效率	0.177	0.128	0.097	0.065	0.055	0.055	0.046	0.067	0.077	0.074	0.101
可持续性	0.027	0.030	0.048	0.064	0.065	0.038	0.065	0.101	0.124	0.142	0.170

（四）评估结果分析

1. 参保公平性不断提升的同时费用负担公平性有待提升

从公平性指标来看，我国城镇职工基本医疗保险制度覆盖率逐年上升，参保人数不断增加，参保人数年均增长率达20.23%。截至2015年，我国城镇职工基本医疗保险的制度覆盖率为71.5%。该制度设计之初，主要定位是作为

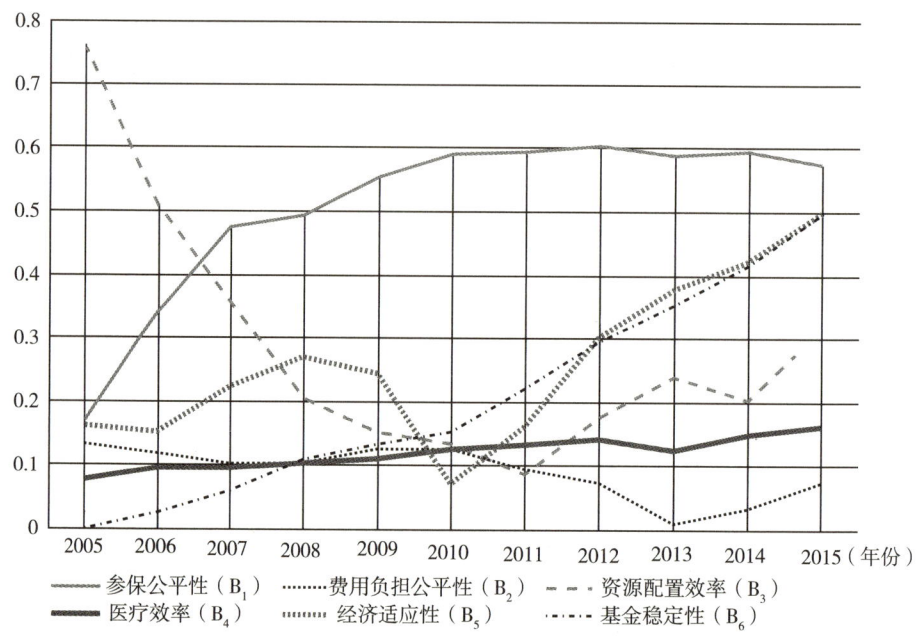

图3 我国城镇职工基本医疗保险运行二级指标效果

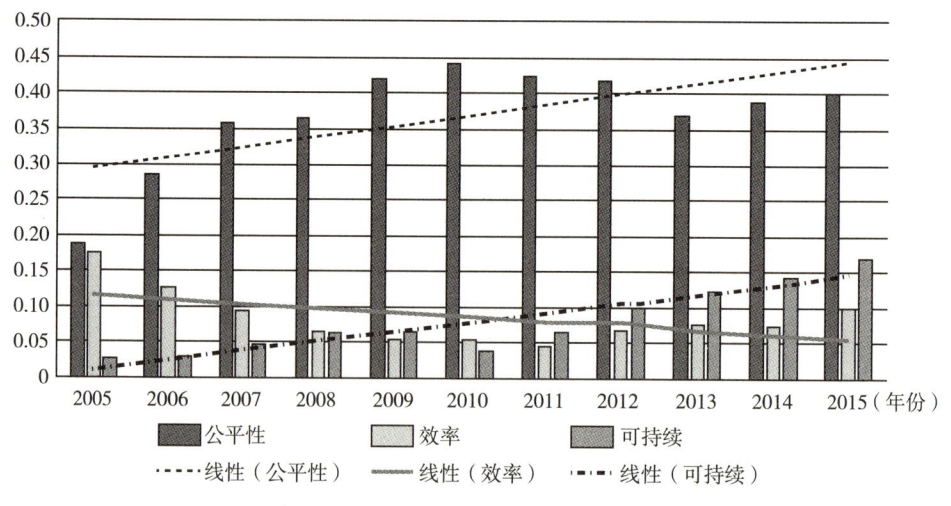

图4 我国城镇职工基本医疗保险运行一级指标效果

我国社会保障制度的重要组成部分。这样的定位决定了城镇职工基本医疗保险覆盖人群主要是正规就业单位及其职工。但是随着社会经济的发展、人口流动的加快、经济体制的不断改革深化,包括流动人口、灵活就业人员等在城镇就业的人员也亟须保障。该制度的参保公平性也有进一步提升的空间。

同时,从城镇职工基本医疗保险缴费率负担方面来看,平均职工个人缴费率都高于2%的水平,个人费率负担偏高。但是,次均报销费用不断提升,次均自付费用不断降低,报销费用比上升到将近70%。报销比重不断提升,体现出我国城镇职工基本医疗保险的费用负担公平也在不断上升。但是,综合评价指标的数据来看,费用负担公平性需要进一步提升。

提升城镇职工基本医疗保险制度的公平性主要可以从三个方面考虑。第一,进一步做好制度的扩大覆盖面工作,让所有的工薪劳动者都能参加并能享受该制度的福利,共享制度发展的成果。第二,做好医保制度之间横向的平衡,职工基本医疗保险要继续稳定做好保基本这一命题,为整个医疗保障体系的公平性做贡献。第三,要做好职工医保制度内参保者公平性,跨地区、不同性质的企业类型、在职与离职员工之间等的公平性问题都要进一步做好细致的研究规划。

2. 医疗效率不断改善的同时要提升卫生资源的配置效率

从效率性指标来看,医疗卫生资源的配置效率情况有待提高,城镇职工医疗保险参保人员每千人医护人员的数量不断下降。医疗机构的床位数年均增长率不足1%。同时,医疗技术的日新月异,大型检查设备和新型治疗方式被广泛运用,使得我国城镇职工的医疗需求得到充分的保障,医疗效率不断改善。城镇职工平均每年的住院天数在不断减少。但是,随着我国人民群众健康意识不断提高,对医疗卫生保健的需求也随之增加。2010~2015年,我国城镇职工次均门诊费用由166.8元上涨到了233.9元,同时,三级医院、二级医院、一级医院的门诊费用也逐年上涨。城镇职工人均住院费用从2010年的人均6194元上涨到2015年的8268元。医疗费用的增长除了合理的价格上涨等因素外,还有诱发医疗需求、过度医疗等因素,导致"看病困难、昂贵"与由疾病和其他社会问题造成的贫困。

改善医疗效率,提升医疗卫生资源的配置效率,降低医疗成本,减少"因病致贫""因病返贫"最根本的是要进行医疗卫生体制改革,提升医疗卫生资源的可及性。从医疗的供需双方进行制度的革新,第一步就是进行医药价格结构调整,改善医疗服务成本。其后进行公立医院的改革,使职工医保的效率可以进一步提升。

3. 城镇职工医疗保险基金的可持续性稳步增强

从可持续性指标来看,城镇职工人均医疗保险费用占城镇职工基本平均工资的比重维持在5%左右,基本能够与城镇职工的基本工资相适应。同时,卫生总费用占我国GDP的比重也从1998年的4.3%增长到2015年的6%,卫生费用支出逐年稳步提升。城镇职工基本医疗保险基金累计结余稳步提升,截至2015年累计结余1万亿元。保证了我国城镇职工基本医疗保险制度的可持续运行。

城镇职工基本医疗保险制度的可持续运行能够为我国整个医疗保障体系的可持续发展奠定坚实基础。为了进一步提升该制度的可持续性,可以从以下几个方面开展工作:第一,适度开展渐进式退休,适当延长退休年龄,为城镇职工基本医疗保险金提供来源;第二,对该制度的缴费年限进行规范,统一城镇职工基本医疗保险缴费年限;第三,利用社保的精算制度,健全城镇职工基本医疗保险基金的精算制度,形成长效的有效机制。

五、完善我国城镇职工基本医疗保险的对策及建议

医疗保险制度是一项复杂的系统工程,涉及社会生活的各个领域。城镇职工基本医疗保险在中国的运行过程中存在的问题,制约了自身的发展,有必要进行系统的思考和评价,指出其发展的方向。针对城镇职工基本医疗保险本身的运行特点,结合全面、科学的评价指标体系,对城镇职工基本医疗保险的公平、效率和可持续性评估,提高医疗机构和医疗卫生资源配置的服务质量,提高医疗市场的公平性和普及,提高医疗保险基金的使用效率等,对促进整个医疗保险系统的发展有很大的作用,对我国的医疗保险制度的完善有着积极的意义,能够为社会主义和谐社会的建设起着重要的作用。

(一) 扩大城镇职工医疗保险的覆盖面

医疗保险的覆盖范围不断扩大,是实现中国全民健康保险的必要途径,同时是中国社会保障可持续发展的必要条件。基于我国的特殊国情,对医疗保险的扩面必须坚持开展,不断扩大全民医疗制度覆盖面是确保在中国医疗保险制度的健康可持续发展的必要条件,是所有公民的宪法权利享受。就目前而言,

我国医疗保险的覆盖范围需要满足城乡一体化发展的需要，满足市场经济制度下企业发展的需要，满足不断扩大就业范围的需要。针对于此，我国政府可以逐步扩大城镇职工医疗保险覆盖面。具体措施如下：第一，做好基本覆盖面的扩张工作；确保城镇企业全体员工参与社会基本医疗保险，特别是帮助解决历史遗留的被保险人的问题。第二，要进一步整合城镇就业人员，包括农民工、民营企业、灵活的就业人群和弱势群体，纳入城镇职工基本医疗保险制度。采用这样的做法不但扩大了职工医疗保险的覆盖面，同时还可以进一步充实我国城镇职工基本医疗保险的社会统筹基金。第三，政府可以通过税收手段制定一些优惠政策，积极引导各类企业参保，不断增加医疗保险的吸引力。

（二）完善城镇职工基本医疗保险的筹资机制，提高保险基金的使用效率

在不断做好城镇职工基本医疗保险扩大覆盖面工作的基础上，还可以把缴费规模扩展到医疗保险普及水平的民办企业或私营企业，制定指导这类企业参加职工医疗保险并缴纳保险费用的政策。同时，对于社会保险法律规定范围内的法定参保人员，可以采取强制性的方式，按时足额的收取保险滞纳金额。另外，政府可以采用一系列的宣传手段，促进城镇职工参加城镇职工基本医疗保险的积极性增加医保基金。在此基础上，逐步加大国家对医疗卫生事业的资金投入，逐步提高社会保险资金在财政支出中的比例，确定要求各级政府在医疗保险制度的财务支撑力度及管控范围，并制定与此相关的绩效激励办法和监控管理法规。同时，政府以市场为导向的医疗保险机制，可以用来促进社会保险和商业保险的更好融合，减轻个人医疗费用的负担，这样也可以变相减少政府在社会保险中的财政负担。

（三）优化医疗资源的配置，提高使用效率

国家对于医疗卫生资源的配置，决定着医疗卫生服务效率。对我国医疗资源配置进行优化，可以进一步地实现病人有序分流，减少医院压力，缓和医患关系，降低医药卫生费用，提升我国医疗服务的可及性，具有重大理论与现实意义。将大城市的综合大医院和基层的医院在门诊服务和住院服务上合理分工，提高基层医院接诊的服务能力。政府有责任有义务对各级医院在门诊上的分工进行合理的配置。可以采取门诊服务"下沉"，实施全科医生制度、双向转诊制度、医疗机构功能定位制度，进一步合理配置医疗卫生资源。如果大医院专门从事医院服务，门诊医务人员到社区医院，可以进一步提高社区医院处理常见病、多发病、社区医院留住病人的能力。同时，大医院的门诊部可以转为病房，缓解住院问题。只有这样，才能真正实现病人大病去大医院、小病去社区医院治疗，优化医疗资源。同时将城市社区医院作为城镇职工基本医疗保险定点医院。对与城镇职工参保人员的转诊医疗费用，实行差别报销比例政策，将政策向基层医院倾斜。

（四）要坚持医疗保险体制改革的"三改并举"

医疗卫生体制改革要坚持"三改并举"：一是加强城镇职工基本医疗保险制度改革，解决体制层面的基本问题；二是分开医疗、医疗核算、管理、减少中间环节，确保患者利益；三是各级医院分类管理。深化医疗卫生体制改革，迫切需要解决当前医药卫生问题，直接切断医务人员与药品营销人员之间的利益关系。《关于城镇医药卫生体制改革指导意见》（国办发〔2000〕6号）已经明确要求根据《中华人民共和国招标投标法》推行药品集中招标采购，医院逐步将基本药物目录和临床用量纳入集中招标采购范围。医院改革首先需要医院分类管理。非营利性医疗机构的设立是为了维护公共利益。主要提供基本医疗服务，实行政府规定的医疗服务指导价格，享受相应的税收优惠政策。营利性医疗机构的医疗服务价格放开，医疗服务项目根据市场需求自主确定。这有利于医院之间的竞争，有利于建立多层次的医疗保障体系。

参考文献：

[1] Avedis Donabedian. Evaluating the Quality of Medical Care [J]. The Milbank Memorial Fund Quarterly, 1966, 44 (3): 166-206.

[2] Department of Health. NHS Performance Indicators. National Figure: February 2002 [EB/OL]. http://www.performance.doh.gov.uk/.

[3] Teh-wei Hu. University of California, Berkeley. Recent International Health Care Reforms: Lessons Learned. Beijing, China, 2002 (4): 21-22.

[4] World Health Organization. The World Health Report: A Framework for Assessing the Performance of Health Systems 2000 [M]. Bulletin of the World Health Organization, 2000, 78 (6).

[5] 董现垒，李炳富. 人口老龄化趋势下城镇职工医疗保险基金评估研究 [J]. 北京工业大学学报，2015 (2): 20-23.

[6] 杜栋，庞庆华，吴炎. 现代综合评价方法与案例精选 [M]. 北京：清华大学出版社，2015.

［7］方鹏骞，张霄艳．中国基本医疗保险制度：评价与展望［M］．成都：华中科技大学出版社，2015．

［8］顾昕．走向全民医保——中国新医改的战略与战术［M］．北京：中国劳动社会保障出版社，2008．

［9］黄成礼．人口老龄化对医疗资源配置的影响分析［J］．人口与发展，2011（2）：35-38．

［10］李珍，赵青．制度变迁视角下的城镇职工基本医疗保险公平性评估［J］．北京社会科学，2014（7）：31-36．

［11］刘宇熹，吴敏珍．城镇职工医保省级统筹可行性评价体系构建——以广东省为例［J］．安徽行政学院院报，2014（3）：49-58．

［12］申曙光，瞿婷婷．社会医疗保险基金收支风险评估研究——基于广东省A市的微观证据［J］．华中师范大学学报（人文社会科学版），2012（6）：57-64．

［13］施丹，张新花，徐明江．2007-2011年广西城镇职工基本医疗保险运行状况评价［J］．医学与哲学，2016（37）：72-73．

［14］孙杰．社会医疗保险综合评估指标体系研究［D］．安徽财经大学，2014．

［15］谭中和．我国职工医保筹资和待遇水平现状及对有关问题的思考［J］．中国医疗保险，2017（6）：9-14．

［16］薛大东．医疗体制行政化管理的缺陷及其改进——基于医疗资源配置效率与公平的视角［J］．中国医院管理，2013（8）：1-3．

［17］杨磊，雷咸胜．国内外医疗保险评估指标体系研究综述［J］．社会保障研究，2016（3）：99-103．

［18］曾毅．中国城镇职工基本医疗保险基金可持续发展研究［J］．财经论丛，2012（5）：61-63．

［19］张晓，李少冬，梅姝娥，刘蓉，张金宏，巢建茜．社会医疗保险制度改革指标体系构建与评估探索［J］．中国卫生经济，2005（1）：37-40．

［20］张再生，徐爱好．医疗保险制度评价指标体系构建及其应用研究——以天津市城乡居民医疗保险制度为例［J］．中国行政管理，2015（1）：99-102．

［21］赵文龙，郑美雁，路小亮．对我国城镇职工基本医疗保险评价指标体系的研究［J］．中国医学伦理学，2005，18（2）：76-78．

［22］朱庆芳，吴寒光．社会指标体系［M］．北京：中国社会科学出版社，2003．

我国知识工作者过度劳动问题研究
——以高校教师为例

刘贝妮[*]

一、问题的提出

作为知识工作者的典型群体代表,高校教师是大学教育的主体力量,人才的培养离不开教师,高等教育质量的提高关键在于教师。高校教师工时制度的特殊性使社会大众对其工作投入产生怀疑,然而正是这样一个工作自由度和灵活度都很高的职业,其"过劳死"[①]的极端现象却屡见报端。2005年1月22日,36岁的清华大学讲师焦连伟突发性心脏骤停逝世,但此前焦连伟从未表现出任何心脏病症,亲属及同事认为,这或许与他长期超负荷工作,心理和生活压力过大有关;2005年1月26日,46岁的清华大学教授高文焕因肺腺癌不治去世,医生诊断认为,繁重的工作压力使他错过了癌症的最佳治疗时机;2005年8月5日,36岁的浙江大学教授何勇患弥漫性肝癌晚期逝世,家属和学校同事公认的死亡原因都是过度劳累;2011年4月19日,33岁的复旦大学教师于娟因患乳腺癌辞世,其在患病时发出的"买车买房买不来健康"和"长期熬夜等于慢性自杀"等言论曾引起人们的热议,其在《生命日记》中也写到,"回想10年来,基本没有12点之前睡过,厉害的时候通宵熬夜";2017

---

[*] 刘贝妮,北京工商大学讲师,经济学博士,主要研究领域:人力资源开发与人才发展、适度劳动。

[①] 目前,我国关于"过劳死"还没有具体的医学和法学界定标准,报端这样提出不代表是这些案例是过劳死的具体界定,只是一种表述。但可以肯定的是,这些案例中的高校教师均为长期超时、超负荷工作,缺乏必要的休息。

年1月8日,58岁的航空地球物理研究领域享誉世界的科学家、国家"千人计划"特聘专家黄大年教授辞世,在回国后7年左右的时间里,为了让我国相关领域的科研水平有更快的进步,黄大年把自己毫无保留地交给了祖国,夜以继日地工作,最后累倒在工作岗位上……

中青年高校教师的猝死虽然都是以个案的形式呈现,具有一定的偶然性,但是也应该看到事件背后隐含着的必然性,猝死总是要经历一个从量的积累到质的变化的过程,是长期持续的超时、超强度的工作投入导致的身体过度劳累、精神高度紧张的产物。与此同时,"带病工作,不休病假"已经成为一种"气候",知识工作者、行政工作者、高校教师等群体少休或不休病假的现象最为普遍,而因工作时间长引致的过度劳动成为职业病和过劳死频发直接且重要的原因。这种现实的冲突使我们不禁思考,是否社会大众对于高校教师群体工作状态的认知有所偏颇?高校教师过劳是否已经成为一种普遍的工作常态?其成因又是怎样的?本研究正是在这样的背景下展开的。

二、文献回顾

洛曼和伍尔夫(Lohman 和 Woolf, 2001)认为,工作任务不断多样化,工作角色持续被重塑是高校教师过劳的主要诱因。高校根据自身组织政策定位的不同,对高校教师逐渐赋予承担管理学校、院系的行政职务,同时还需完成教学实践、课程开发等任务,另外,科研基金资助的申请也占据了教师大量的时间,导致高校教师工作负荷超载,最终形成过度劳动。罗拉(Lora, 2004)的研究也证实了角色扩张给高校教师过劳带来的影响,她针对美国高校教师的研究表明,教师角色不断扩张,但相应的组织结构性支持却没有丰富,可是高校教师出于职业本性在没有支持的情况下继续努力工作,以完成自身对职业的承诺和为学生提供良好教育的道德责任,因此形成过度劳动。这里的职业本性将教师和其他群体过劳原因区分开来,教师培养学生的工作带有关怀性的成分,有一种"天职"的职业身份,职业道德和内在的精神追求使得教师自驱性地进行过度劳动。雅各布斯(Jacobs, 2004)认为高校教师过劳形成有四方面原因:首先,高等教育成本的上升带来了公众监督,公众呼吁更高的教学质量;其次,高校对教师一方面期望教学质量提升,另一方面又期望科研生产率的上升；再次，信息经济带来的技术变迁增加了高校教师工作的时间要求和压力；最后，学术界兼职就业的兴起增加了全职就业高校教师的压力。刘明理等（2006）对民办高校教师过度劳动进行分析，提出民办高校其人力资源管理中，受成本因素影响，追求教师岗位定额的最大效益化，导致了民办高校教师较大的职业压力；与传统高校相比，民办高校教师工作负荷过重，大部分教师没有脱产进修的机会，不得不挤用业余时间；角色冲突，一方面是大学教师，另一方面是企业雇佣的员工；社会比较偏差较大等都是造成民办高校教师过劳的主要原因。刘贝妮等（2014）结合经济学的理论基础和分析模型，通过"委托代理—效率工资—收入替代效应与工作时间""固定时间成本—保留工资与工作时间""风险偏好与工作时间"以及"准固定成本与工作时间"四个模型分析了高校教师工作时间延长导致过度劳动的原因。代志明（2016）以郑州市部分高校为例，对高校青年教师过劳现状进行实证分析发现：高校教师过劳问题较为严重，来自科研、教学和家庭三个方面的压力是导致其过劳的主要因素。其中来自科研方面的压力首当其冲，占到38.8%。

特别地，还有部分学者对高校教师过度劳动的极端现象——过劳死的成因进行了研究，王建军（2005）社会转型期的冲击、教育领域诸多变革的压力、高校管理中存在弊端的挤压、高期望值的重负、自身因素（拥有较强的进取心、事业心和责任心）、身体转型期的影响以及社会对教师工作理解程度不高是导致高校教师过劳死的主要诱因。陈秀兰（2007）认为高校教师过劳死的主要原因有三方面：从工作量和劳动强度方面看，高校教师既要培养优秀人才，又要促进科研创新；从学校方面看，办学行政化导致"官本位"盛行，"双肩挑"的教授、博导比比皆是，多重身份使他们不断透支时间和精力，最终积劳成疾；从个人方面看，高校教师缺乏自我保健意识，追求个性化、多样化以及自主性和创新精神，热衷于具有挑战性的工作，并渴望得到社会的认可。

国内外学者对于高校教师过劳成因的研究主要是从微观视角出发，选取工作角色、工作任务等作为切入点，只有雅各布斯（Jacobs，2004）和王建军（2005）的研究涉及到了宏观层面的原因，但也没有阐明宏观层面原因在高校教师过劳成因中占据的作用效果具体为多少。利己性假设是经济学中最基本也是最核心的假设，是整个经济学的根基。那么既然理性的经济人都是利己的，为什么还会有以损害自身健康为代价的过度劳动现象存在呢？这表明，利己性是一个相对的概念,是一个具有层次的概念,在经济活动中,个人、单位和国家都在自身的层次上尽可能地追求利益的最大化,因此本研究在剖析高校教师过度劳动的成因过程中,尝试引入介观视角,从宏观、中观和微观三个层面进行系统的分析和研究。

三、知识工作者过度劳动问题的理论探讨

(一)基于劳动强度的知识工作者适度劳动均衡模型构建

1. 经济学科研究劳动强度研究的现实困难

探讨过度劳动问题,笔者强调其是一种超时、超强度的持续工作状态,因此除了"劳动时间"这一衡量指标之外,还有一个非常重要的构件需要考虑,就是劳动强度。马克思在《资本论》的第一卷中就对劳动强度进行了阐述,但此时的劳动强度是作为一个衡量社会必要劳动时间的工具和标准出现,如"社会必要劳动时间是在现有的社会正常的生产条件下,在社会平均的劳动熟练程度和劳动强度下制造某种使用价值所需要的劳动时间"。马克思认为劳动强度是资本主义实现剥削的手段,在工作日的时间延长受到限制的情况下,加大劳动强度可以增加资本对剩余价值的占用。因为,一方面,加大劳动强度可以增加工人在单位时间内的劳动内涵量,增加了剩余劳动时间中工人创造的价值;另一方面,劳动强度的加大提高了劳动力价值,缩短了必要劳动时间,从而增加了剩余劳动时间。但是马克思没有对劳动强度概念进行系统的技术性、理论性的分析,而是运用大量的感性材料来描述劳动强度的深化对工人的剥削程度,这些描述分为两部分,一部分是通过工人投入到生产中的活动量大小来描述剥削,如工人的产量、看管机器数、牵伸次数等,另一部分主要是描述过度劳动对工人造成的伤害,如死亡率、死亡年龄、工人患病率等。[①]

在马克思主义政治经济学的理论指导下,1983年我国制定了体力劳动强度分级的国家标准(GB 3869-83),该标准主要是为劳动保护提供科学依据,具有较强的可操作性,将体力劳动强度分为四个等级,这也是目前唯一对体力劳动强度进行测量、分级的标准。具体如表1所示。

---

① 这些内容主要集中在《资本论》第一卷第四篇第十三章和第三卷第一篇第五章。

表 1　体力劳动强度国家分级标准

级别	Ⅰ	Ⅱ	Ⅲ	Ⅳ
劳动强度指数	≤15	~20	~25	>25
◆劳动强度指数计算公式：I=3T+7M				

指标解释：I：劳动强度指数

　　　　　T：劳动时间率=工作日内净劳动时间（分）/工作日总工时（分）

　　　　　M：8小时工作日能量代谢率（大卡/分·米^2）

　　　　　3：劳动时间率的计算系数

　　　　　7：能量代谢率的计算系数

注：净劳动时间为一个工作日除去休息及工作中间暂停的全部时间，其中，劳动时间率的依据是工人填写的劳动时间测定记录表，能量代谢率依靠对肺通气量的测量。

马克思主义政治经济学之后的古典与新古典经济学中对劳动强度的研究则更少，西方经济学家普遍承认劳动的痛苦，或者将这种痛苦延伸为一种负效用，但对劳动强度的研究也仅此而已，并没有过多的深入。亚当·斯密认为劳动是获得物品所必须要付出的代价，把劳动视为辛苦与麻烦。戈森试图精确化的计量这种"辛苦与麻烦"，把这种"辛苦与麻烦"概括为劳动的痛苦所在，并延伸他对效用理论的研究，将劳动的这种痛苦与效用建立起替代关系，他认为效用最大化与劳动痛苦最小化是一致的，边际效用递减对应的就是劳动的边际痛苦递增。戈森还提到把劳动分为"与享受相连的劳动"和"与痛苦相联的劳动"，但在他的分析中忽略了"与享受相连的劳动"。虽然戈森并没有直接提出劳动强度的概念，但是他的思想中包含了对劳动强度的关注。

杰文斯沿着戈森的思路前进，在探讨劳动量的时候为了方便，用 E 代表劳动强度，用 ME 代表生产某种商品所费去的劳动总量，但只是为了方便，因为他认为效用（U）与劳动强度（E）根本上是性质相同的量，如有差别，只是源于 E 代表的通常是负数，U 代表的通常是正数。同时，杰文斯看到了劳动的内在价值，认为："劳动强度有二义：它可以指示所成就的工作量，又可以指示勉力为此工作的痛苦，前者是劳动的报酬，后者是劳动的刑罚。"

在杰文斯之后，劳动强度的研究离开了西方经济学家的视野，但是关于劳动负效用的思想被继续下来，后来的经济学家用"闲暇"分析继承和发展了劳动负效用思想，闲暇作为劳动的负面，具有正效用，可以像一般商品一样进入效用函数，而劳动强度的研究则就此被放弃了。在当代，福格尔的研究让劳动强度的概念再次出现，然而只是通过劳动强度的历史变化轨迹来分析经济增长规律，对劳动强度概念本身的研究并不多。

通过上述简要的回顾可以看出，劳动强度作为描述劳动者在劳动过程中的疲惫和劳累程度的概念，在经济学领域曾经引起过学者们的思考，不论是马克思主义政治经济学，还是古典与新古典经济学中，都有所论述，但整体来看，始终没有形成系统的关于劳动强度的理论体系。但是在非经济学科，劳动强度的研究受到了很大关注，有着较为深入的研究，这些学科都带有很强的自然科学特质，如生理学、劳动保护学、职业病学、人类工效学等。但这些学科中对劳动强度的研究主要集中在对体力劳动强度的研究，对脑力劳动强度的研究也十分薄弱。

因此可以说，关于劳动强度的研究，尤其是知识工作者为典型的脑力劳动者，从经济学视角出发，对脑力劳动强度的研究具有现实的困难，因此本文尝试从理论视角进行知识工作者劳动强度问题的初步探讨。

2. 知识工作者劳动强度的规范性思考

对知识工作者劳动强度的规范性思考，主要是初步探讨知识工作者劳动强度的价值以及价值失衡的原因。这里借用伦理学的价值含义，认为价值包括工具性价值和内在价值，不是每样东西都可以用其内在价值来评估，但是任何东西都具有工具性价值。知识工作者的劳动强度既具有工具性价值，也具有内在价值。

就知识工作者的劳动强度来看，工具性价值主要体现在生产效率、工资收入等方面，在一定程度内，劳动强度的提高可以增加工作效率，提高劳动产出，加深高校教师多渠道获取外部利益的程度，最终表现为工资收入的提升，物质回报的增加；内在价值体现为享受劳动带来的乐趣，尤其是以高校教师为代表的知识工作者的职业特性，会使其在劳动的过程中享受到比普通劳动者更多的乐趣，如学生的成长、成才，科研成果的认可、同行里声誉的提升等，都是其在劳动中获得的内在价值，另外知识工作者多数将工作作为毕生的事业去追求而不仅仅是赚钱谋生的手段，因此在劳动的过程中追求事业的成功所带来的美好感受，也是劳动强度的一种很重要的内在价值。

由此可以看出，工具性价值要求知识工作者提高劳动强度，增加利润、工资或消费品的数量,内在价值也要求知识工作者增加劳动强度以享受劳动带来的事业成就感。但劳动作为提高人们生活质量的手段之一,还有一个比较重要的内在价值就是可以让人们免除劳作之苦,享受轻松与休闲,因此这种内在价值又要求劳动者降低劳动强度,对高知识工作者而言,劳动强度的工具性价值与内在价值在一定程度上会产生矛盾,造成劳动强度的价值失衡,也就是一方面,知识工作者会通过提高自己的劳动强度来获得更多的经济收益以及职业成就感,另一方面,身体的疲惫与劳累又使知识工作者不得不降低这种劳动强度。此时到底哪种力量起到决定性作用,决定着知识工作者劳动强度的具体情况。经验告诉我们,劳动强度的内在价值中,追求职业成功、事业成就、自我实现这部分的力量往往使知识工作者忽视甚至忘记了劳作之苦,也不愿意去享受清闲,因此就产生了劳动强度的价值失衡。

3. 适度劳动均衡模型构建

基于前文的分析,绘制劳动强度的工具性价值曲线和内在价值曲线,如图1所示,纵坐标O点以上表示快乐,O点以下表示痛苦,劳动强度的内在价值曲线为U_1,在开始劳动的一瞬间,由于身心尚不习惯工作之故,通常劳动强度的内在价值上觉得工作有点儿苦,但是随着劳动强度的增加,劳动强度的内在价值曲线呈现出上升的趋势,在b点表现为既不快乐又不痛苦,随后工作体验中快乐多于痛苦,也就是说知识工作者内在价值中追求职业成功、事业成

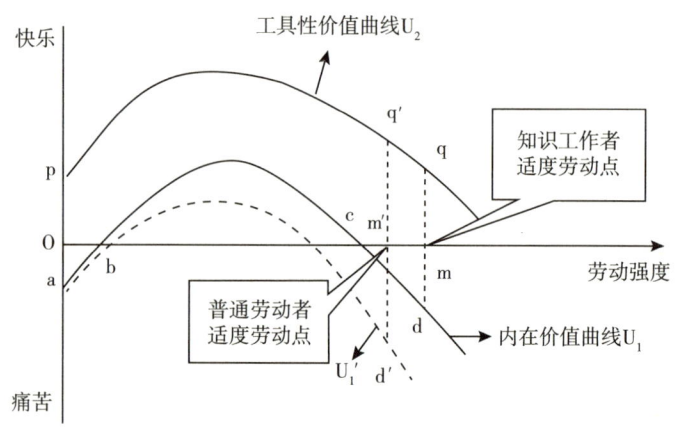

图1 基于劳动强度的知识工作者适度劳动均衡模型

就、自我实现的部分力量强于劳动所带来的劳作之苦，c 点之后，由于劳动强度的持续增加，知识工作者的能力、精力被耗竭，呈现出想免除劳力之苦的感受，即劳动带来的痛苦多于快乐。劳动强度的工具性价值曲线用 U_2 表示，只要劳动一开始，就会产生工具性价值，就会带来快乐，且 Op>Oa，否则将没有工作的动机，工具性价值曲线随着劳动强度的增加而呈现倒"U"形趋势，但总体来说带来的都是快乐的体验，因为赚取了收入、获得了成果等，这当中必有一点 m，qm=dm，所得到的快乐与所受的劳苦恰好相等，稍微经过此点，痛苦就产生余额，因此 m 点可以是劳动强度视角下适度劳动的均衡点。

知识工作者与普通劳动者相比最大的差别应该就是劳动强度的内在价值曲线的不同，抽离地看，劳动强度的工具性价值曲线假设其都相同，即劳动所得的经济性报酬对知识工作者和其他劳动者来讲能够带来相同的快乐感受。但劳动强度的内在价值曲线则有所不同，普通劳动者的内在价值曲线比知识工作者的内在价值曲线要向下移动，呈现为 U_1'，因为知识工作者比普通劳动者有更多种的途径可以增加工作所获得的成就感、价值感和满足感，尤其是高校教师，培养出优秀的学生、完成科研成果、得到同行的认可等。再比如，高校教师是充满爱和奉献的职业，而这种奉献所带来的自身的满足感也格外强烈，当教师觉得自己的价值被认可，自己的奉献有所回馈或者有所成就的时候，这种满足感和成就感更要强烈。所以普通劳动者适度劳动的均衡点出现在 m'，p'm'=d'm'。由此也可以看出，知识工作者职业所能承受的劳动强度是较高的，但人体机能上并不存在说知识工作者就一定比普通劳动者的耐疲劳程度高，只不过是内在价值的体现缓解了疲劳的身体体验，但身体损伤是客观存在的，所以知识工作者群体更需要对这种内驱力作用下引起的过度劳动的重视。

综上所述，基于劳动强度的适度劳动确切地说应该是一个均衡点，在此点上劳动强度使得工作带给知识工作者的快乐感和劳苦感恰好相等，稍超过此点，工作带来的痛苦产生余额。但实际的工作中很难确切地找到这样一个点，因此可以对此点进行拓展到一个区间，在这个区间内，劳动强度使得工作带给知识工作者的快乐感和劳苦感的相互作用的净感受在知识工作者身心所能承受的范围之内。

（二）基于劳动时间的知识工作者适度劳动均衡模型构建

经济学领域中关于劳动强度的研究在理论和实践方面均存在着现实研究的

困难，因此在分析过度劳动问题的时候，同时考察劳动强度和劳动时间存在一定的困难，上一节分析劳动强度的价值均衡的时候已经提出了基于劳动强度的适度劳动均衡模型，这一节主要考察工作时间对知识工作者过度劳动的影响。在本节中，以工作时间为变量，笔者尝试构建一个知识工作者工作时间的均衡模型，从而寻找出适度劳动的区间，并尝试将组织和社会两个层面的模型加进去，探讨知识工作者适度劳动、过度劳动区间对组织层面和整个社会层面的影响。

首先考虑工作时间和工作效率，不管怎样延长工作时间，最终都是有限度的，这由工作时间的延长所带来的疲劳度增加导致对休息的需求上升等来自劳动力供给这方面的理由所决定，同时如果疲劳程度增加，工作效率就会下降，劳动者自身的收益也会受到影响。可以直觉地感受到，刚开始工作的时候需要一个工作的准备期和进入状态的时期，因此从开始工作到工作完全进入状态，工作效率是比较低的，随着工作时间的推移，效率会逐渐提高，但效率的提高也是有限度的，疲劳的增加会导致效率的下降，在图2中工作效率曲线E上各点的切线斜率表示工作的边际效率，而该点与原点的连线的斜率则表示平均效率。可以看出，边际效率和平均效率都是先上升后下降的，在A点边际效率等于平均效率，平均效率达到最大。

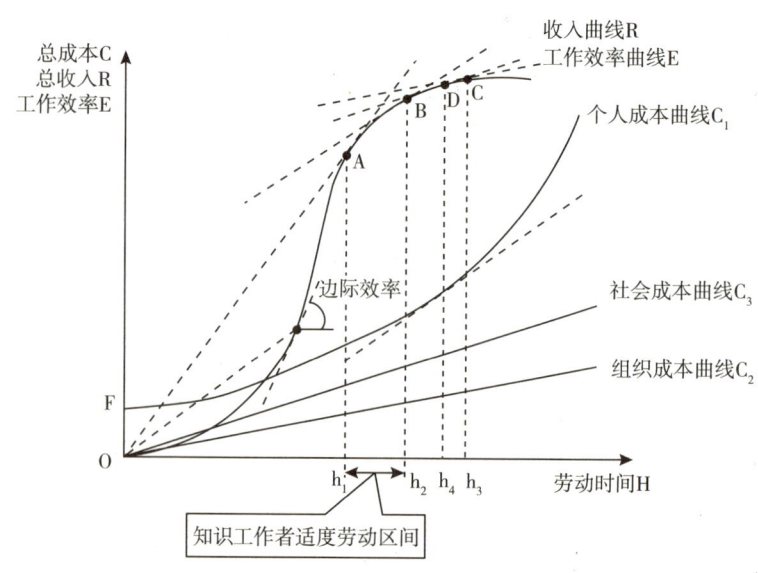

图2 基于劳动时间的知识工作者适度劳动均衡模型

知识工作者收入是劳动产出的产量和劳动产出的价格的乘积,劳动产出的产量和工作效率正相关,假设劳动产出的价格不变,那么其总收入曲线 R 应该与工作效率曲线 E 形状相同,在图 2 中用收入曲线 R 表示,知识工作者个人总成本曲线用 C_1 表示,如前文所分析,知识工作者工作需要支付一部分的"准固定成本",因此在劳动时间为零的时候,存在 OF 这部分的固定成本支付,随着工作时间的延长,知识工作者身体和心理的疲劳感开始产生并逐渐强烈,因此其边际成本应该是越来越大的。知识工作者工作的平均效率最大点应该为 A 点,此时对应的劳动时间为 h_1,但此时并不是知识工作者总收益最大的点,因此即便是平均工作效率在下降,知识工作者仍有继续工作的动力,直到到达 B 点,边际收入与边际成本相同,知识工作者的个人收益达到最大,此时对应的劳动时间为 h_2,如果劳动再持续下去,边际成本大于边际收入,知识工作者的总收益会持续减少,则是不经济的行为选择。

综上分析可以判断,在平均效率最大的点 A 到总收益最大的点 B 之间,都可以称之为知识工作者适度劳动的劳动时间量,比这个劳动时间少的话,知识工作者人力资本没有得到充分的发挥和利用,对于人才的培养激励没有推动作用,多于这个劳动时间的话,由于身心的疲惫带来的成本将不断侵蚀知识工作者的收益,此时再继续劳动则为不经济的行为选择。因此可以说,基于劳动时间的适度劳动是一个区间,一个处于过度劳动和劳动不足之间的区域,在这个区域内,知识工作者劳动带来的总收益不小于总成本。

再考虑组织层面,由于知识工作者大多实行的是弹性工时制,因此延长知识工作者的工作时间高校不需要支付高昂的加班工资费用(这里的延长工作时间可能存在隐蔽性,即组织可以通过较为严苛的绩效政策和较高要求的晋升制度等方式,也可能是知识工作者自驱性的延长工作时间,形成影子工作时间),所以组织在知识工作者延长工作时间方面的成本要比知识工作者自身的成本低,因此存在组织成本 C_2 曲线,对应的收入曲线 R 则为知识工作者群体为组织带来的收入,因为群体收入是个人收入的集合,因此收入曲线形状与知识工作者个人收入相同。存在一点 C 使得组织的边际收益与边际成本相等,对应的劳动时间为 h_3,因此可以说,h_3 的工作时间点是组织层面收益最大化的点,可以看出,其工作时间长于知识工作者适度劳动的区间。

但从整个社会层面看,h_3 点却不是最经济的点,因为知识工作者如果出现了过度劳动的情况，产生了身心疲劳和身体损害，带来了健康问题，组织其实不用承担这些成本损失，而是转嫁给了知识工作者个人或者是社会，因此存在社会成本曲线 C_3 高于组织成本曲线 C_2，但低于知识工作者个人成本曲线 C_1。这是因为如果出现过劳的负效应或者过劳的极端后果，对知识工作者个体人力资本来讲将是不可逆的损害，但社会层面可以用其他知识工作者产生的收益弥补。存在一点 D 使得社会整体的边际收益与边际成本相等，此时对应的劳动时间为 h_4，h_4 要少于 h_3，因此可以说，h_2 到 h_4 这一段知识工作者处于轻度过劳阶段，虽然对知识工作者自身的总收益不是最大，但是对整个社会层面来说，知识工作者轻度的过劳有益于社会总收益的增加，这也是我国在追赶发达国家进程中的关键所在。

综上所述可以看出，知识工作者劳动状态分为四个阶段：第一阶段为 h_1 到 h_2 区间，此为知识工作者适度劳动的区间，在这个区间内的知识工作者的人力资本得到了充分的发挥和利用，个人的总收益一直在增加；第二阶段为 h_2 到 h_4 区间，此为知识工作者轻度过劳区间，这个区间内虽然知识工作者自身的总收益在减少，但是社会总收益在增加，因此可以说是知识工作者轻度的过劳给社会带来的积极效应阶段；第三阶段为 h_4 到 h_3 区间，此为组织收益最大化区间，但知识工作者个人和社会的总收益都不是最优状态，因此可以说此区间给组织带来积极效应，但是给社会带来了消极效应；第四阶段为劳动时间大于 h_3，此时不论是知识工作者个人、组织还是社会，其收益都不是最大化状态，带来的效应全部为消极效应。

四、典型群体过度劳动问题的实证研究——以高校教师为例

（一）研究设计与数据来源

1. 主要研究变量

（1）因变量的选取：运用日本厚生劳动省中央劳动灾害防治协会（2003）发布的《疲劳蓄积度自测诊断量表》对高校教师过劳状况进行测量，根据过劳自测量表得分，将 0~1 分划分为"不过劳"，赋值为 1；将 2~3 分划分为"轻度过劳"，赋值为 2；将 4~5 分划分为"中度过劳"，赋值为 3；将 6~7 分划分为"重度过劳"，赋值为 4，选取"高校教师的过劳等级"为因变量，该

变量类型为顺序变量，数值越高表明高校教师的过劳越严重。

（2）自变量的选取：在文献研究的基础上，将高校教师过劳成因的影响因素划分为宏观、中观和微观三类，共涉及38个自变量，其中宏观因素包括经济、技术、政策、社会环境等，共涉及7个变量；中观因素包括组织管理制度、行政化氛围、时间保护、人力资本回报、时间紧迫感、组织支持、职业特征、工作模式，共涉及18个变量；微观因素包括行为追求偏好、工作/家庭、职业生涯、健康意识，共涉及13个变量。这里需要说明的是，高校教师的个人背景信息等变量只作为影响高校教师过劳呈现出不同的分布特征的因素去分析，不将其作为高校教师过劳的成因去分析；关于工作时间、深夜工作时间、深夜工作带来的身心负担等变量，因在过劳测量量表中对其有所涉及，因此这些变量的内容其实是涵盖在因变量"过劳等级"中，不能再作为自变量进行选取。

2. 研究方法

由于因变量"过劳程度"是顺序变量，数值越高表明高校教师的过劳程度越高。因此使用STATA 11.0中的序次回归（order logit，ologit）命令来解决有序响应的问题，该命令主要用来考察自变量对因变量选择的概率影响。具体操作步骤如下：首先，通过vif命令对回归模型进行多重共线性检验，由于本研究中的自变量较多，为了得到拟合程度更好的回归方程，将不显著的自变量剔除后再进行ologit回归分析，形成最终的回归方程。其次，由于ologit回归模型的回归符号不能直接反映自变量对因变量的影响方向，其回归系数也不能直接反映各自变量对因变量的影响程度的真实大小，只能作为各自变量相互比较、排序的依据，因此各自变量对高校教师过劳程度的影响大小和方向需要通过定量计算得到具体数值，本文中采取将常对数模型转换为弹性进行分析，即通过计算出各自变量对因变量的边际贡献来讨论其影响。在STATA 11.0中运用mfx命令求解出$d(\ln y)/d(\ln x)$，即各自变量的边际贡献，某个自变量对因变量的边际贡献是指在其他变量取均值时，该自变量变动1个单位对因变量选择的概率影响，边际贡献的符号更为准确地代表了自变量和因变量之间的影响方向。最后，通过每个自变量边际贡献的绝对值占所有自变量边际贡献绝对值总和的百分比来计算各自变量对因变量的实际作用效果百分比。

3. 数据来源与样本情况

为了获得所需要的数据，本文采取问卷调查的方式收集数据，编制了《高校教师工作状态与职业健康调查问卷》，整体量表的 α 系数为 0.773，问卷信度较高；相关题目的 KMO 值为 0.741，大于 0.5，且 Bartlett 球度检验近似卡方值，为 9020.768，统计值的显著性概率为 0.000，小于 0.01，说明问卷具有良好的结构效度。调研采取网络问卷和纸质问卷相结合的方式，网络问卷主要依托问卷星、腾讯问卷平台进行问卷发放，纸质问卷主要依托中国适度劳动研究中心进行调研，共收集问卷 727 份①，有效问卷 711 份，有效率 97.8%，调查样本共覆盖全国 20 个省、4 个直辖市、3 个自治区，未覆盖甘肃、宁夏、青海、西藏、香港、澳门、台湾七个地区。有效问卷中没个人信息缺失情况，对于问卷其他部分中存在的缺失值，本文采用序列均值替代。

样本基本情况为如下②：男性教师占 44.2%，女性教师占 55.8%；35 岁以下的教师占 32.3%，36~45 岁的教师占 41.2%，46~60 岁的教师占 23.3%，60 岁以上的教师占 3.1%；5 年以下教龄的占 22.6%，5~9 年教龄的占 22.8%，10~14 年教龄的占 25.3%，15~19 年教龄的占 9.8%，20 年及以上教龄的占 19.4%；职称方面，助教占 13.4%，讲师占 33.2%，副教授占 35.9%，教授占 17.6%；已婚教师占 84.8%，未婚教师占 15.2%；"211" 高校的教师占 35.6%，"非 211" 高校的教师占 64.4%；硕导占 20.7%，硕导、博导占 14.1%，其他教师没有硕导、博导身份；所属学科方面，工学占 12.5%，医学占 3.7%，理学占 5.8%，农学占 2.3%，经济学占 21.8%，文学占 3.1%，法学占 3.1%，历史学占 1.0%，教育学占 4.6%，管理学占 41.4%，哲学占 0.8%。

（二）我国高校教师过劳现状

根据问卷调查结果计算我国高校教师过度劳动得分，结果显示：我国高校教师过劳得分最大值为 7 分，最小值为 2 分，表明我国高校教师普遍存在过度劳动情况；均值为 5.21 分，标准差为 1.208，中位数为 5 分，众数为 6 分，表明我国高校教师平均过劳状况较为严重，处于"中度过劳"程度。具体各等级情况为：轻度过劳的高校教师占 8.6%，中度过劳的高校教师占 45.4%，重

---

① 由于部分问卷依托问卷星、腾讯问卷等网络平台进行发放，无法获取具体发放问卷的数量，因此，无法计算问卷的回收率，故此处只报告问卷的收集数量和有效问卷率。

② 统计分析的计算采取四舍五入的方式，因此百分比总和可能不等于 100%。

度过劳的高校教师占 46%。量表测量的高校教师过劳得分换算成百分制为 74.43 分,高校教师自觉过劳情况的平均分为 70.91 分,由此可见,高校教师对自身过劳状况的主观判断与量表测量结果比较一致和吻合,基本可以说明高校教师对自身过度劳动的状况有较为客观、准确的认识和感知。

另外,高校教师自觉健康状况一般,百分制下平均分为 65.5 分。高校教师平均周工作时间 46.96 小时,其中深夜工作时间为 6.97 小时。将每周工作时间超出 40 小时按超时工作处理,按此计算,高校教师每周超时工作近 6.96 小时,超时工作时间占规定时间的 17.4%。虽然高校教师采取的并不是标准工时制,但是由于其他工时制度并没有给出相应的工作时间上限规定,因此标准工时制度的工作时间具有一定的指导和借鉴意义。

(三) 我国高校教师过劳成因的回归方程构建

1. 全自变量多响应回归方程分析

构建多变量响应回归方程,各变量的方差膨胀因子取值明显小于 10,且均值 1.80 小于 5.00,说明各自变量间相关度较低,多重共线性问题对于回归结果的影响较小。由多响应回归分析结果可知,有效观察变量 $N = 667$,$R^2 = 0.2658$,LR chi2 (38) = 352.06,$P = 0.0000 < 0.0001$,说明以高校教师过劳程度为因变量的回归方程具有统计学意义。在所有自变量中,宏观层面的变量 a_6 社会期望、中观层面的变量 b_1 职称评审与晋升、b_5 杂事占用时间、b_9 人才年轻化趋势、b_{18} 工作追求和微观层面的变量 c_5 闲暇偏好、c_6 性格特质、c_8 家务挤占闲暇、c_9 工作/家庭关系、c_{10} 边界弹性与意愿、c_{12} 距下次职称评审这 11 个变量的参数估计值的 z 值统计量较大且对应的概率值 P 较小 ($P<0.05$),说明这 11 个变量至少在 $P = 0.05$ 的水平上具有统计学意义,而其他的变量 z 值统计量较小且对应的概率值 P 较大,说明不具有统计学意义。由此可以说明,全自变量回归分析中只有 11 个变量对于高校教师过劳程度的影响作用显著 (由于篇幅限制,全自变量多响应回归方程分析结果在此不作展示)。

2. 回归方程的优化

为了使回归方程拥有更好的拟合优度,将不显著的自变量剔除,对回归方程进行优化,形成最终的多响应回归方程。如表 2 所示,各自变量的方差膨胀因子取值均在 1 以内,明显小于 10,且均值 1.14 小于 5.00,说明各自变量间相关度较低,多重共线性问题对于回归结果的影响较小。由多响应回归分析结果可知,有效观察变量 N=667 个,R^2=0.2804,LR chi2 (11) = 320.78,P=0.0000<0.0001,说明调整后的回归方程具有统计学意义且拟合得更好。

表2 调整后方程多响应回归分析结果及共线性检验

编码	变量含义	回归系数	z 值	P 值	VIF 值
a_6	社会期望	0.2514796	4.67	0.000***	1.21
b_1	职称评审与晋升	0.2501927	4.67	0.000***	1.27
b_5	杂事占用时间	0.2087768	3.52	0.002**	1.14
b_9	人才年轻化趋势	0.2444108	3.52	0.002**	1.03
b_{18}	工作追求	0.1825413	2.74	0.032*	1.14
c_5	闲暇偏好	0.1886339	3.34	0.007**	1.07
c_6	性格特质	-0.5699148	-3.57	0.002**	1.08
c_8	家务挤占闲暇	0.3749637	4.44	0.000***	1.22
c_9	工作/家庭关系	1.051806	6.08	0.000***	1.17
c_{10}	边界弹性与意愿	0.2406179	2.92	0.009**	1.13
c_{12}	距下次职称评审	-1.184207	-12.33	0.000***	1.07

注:*P<0.05,**P<0.01,***P<0.001。

3. 弹性系数的计算

由于 ologit 回归模型的回归符号不能直接反映自变量对因变量的影响方向,其回归系数也不能直接反映各自变量对因变量的影响程度的真实大小,所以本文采取计算出各自变量对因变量的边际贡献来讨论其影响。运用 mfx 命令求解出 d(lny)/d(lnx),即各自变量的边际贡献。具体如表3所示。

表3 显著变量的弹性系数

一级分类	二级分类	编码	变量含义	弹性系数
宏观	社会环境	a_6	社会期望	0.3265
中观	组织管理制度	b_1	职称评审与晋升	0.3358
	时间保护	b_5	杂事占用时间	0.3065
	时间紧迫感	b_9	人才年轻化趋势	0.3284
	工作模式	b_{18}	工作追求	0.3671

续表

一级分类	二级分类	编码	变量含义	弹性系数
微观	行为追求偏好	c_5	闲暇偏好	0.2192
		c_6	性格特质	-0.2689
	工作/家庭	c_8	家务挤占闲暇	0.2634
		c_9	工作/家庭关系	0.321
		c_{10}	边界弹性与意愿	0.1738
	职业生涯	c_{12}	距下次职称评审	-0.1555

(四) 我国高校教师过劳成因的具体分析

根据回归分析结果中各个显著变量的弹性系数的大小和符号可以判断其对高校教师过度劳动的影响程度与方向，具体分析如下：

1. 宏观层面

社会大众的高期望、高要求会增加高校教师的过劳程度。传统观念使得大众对高校教师寄予了较高的期望，并赋予了较高的责任要求，社会大众期望高校教师言传身教的内容内化到学生身上，期望高校教师教书育人、为人师表、身体力行，期望高校教师不但要是知识的传授者，还要是灵魂的塑造者。回归分析的结果表明，社会大众对高校教师的期望和要求过高，给高校教师带来了无形的压力，且社会大众对高校教师的期望和要求每增加1个单位，高校教师过劳程度就会增加0.3265个单位。

2. 中观层面

（1）职称评审与晋升的压力会增加高校教师的过劳程度。高校教师的职称评审与晋升过程带有明显的锦标赛制度色彩，这在一方面可以作为内驱激励因素促进高校教师投身于工作，激励教师加大工作投入，提高教研产出，追求职称晋升从而实现自我价值；另一方面也可以看成是一种"隐性强制"，强迫着高校教师不得不在"锦标赛"的要求之下拿出更为优异的成果，从而给教师带来更大的过劳风险与可能。回归分析的结果表明，职称评审与晋升给高校教师带来了很大的压力，这种压力每增加1个单位，高校教师的过劳程度就会增加0.3358个单位。

（2）杂事占用时间过多会增加高校教师的过劳程度。高校教师的时间权利缺乏必要的保护，高校内部任何利益主体都可以侵占其工作或者私人时间，而且随着现代通信技术的发达，高校教师的时间被严重碎片化，而科学研究又是需要时间深度的，因此高校教师需要利用更多的自我时间进行科学研究，无限制地延长工作时间，加大了过度劳动发生的可能。回归分析的结果表明，无关教学、科研的琐事和杂务占用的时间每增加1个单位，高校教师过劳程度就会增加0.3065个单位。

（3）人才年轻化趋势会增加高校教师的过劳程度。当下我国的教育环境中，不仅舆论呈现出对年轻学术人才的偏好，而且如教师的聘任、职称的晋升、课题的申报、人才计划的评选等学术制度也以年龄作为界限来制定制度，这种偏好在一定程度上可以激发年轻学者的学术活力，但毫无弹性的生理年龄限制会使高校教师陷入压缩职业准备期的困局之中，也会存在职业成长期与个人家庭组建、生养下一代等社会职责相冲突的焦虑。大器晚成的学者和深入持久的研究者难以有专业发展的时间和资源作为保障，处于职业中后期的学者也缺乏职业发展的必要激励，造成高校教师身心俱疲。回归分析的结果表明，人才年轻化趋势给高校教师带来的压力每增加1个单位，高校教师的过劳程度就会增加0.3284个单位。

（4）工作追求会增加高校教师的过劳程度。高校教师多数需求层次较高，大部分将工作当成事业和追求而不是简单的谋生手段，高校教师对工作充满热情，具有突破的欲望，自我要求较高，自我实现的动机较强。但是，过大的工作压力、过多的工作任务、加之知识工作结果的不确定性，都容易导致高校教师身体和心理上的疲惫与倦怠，使得高校教师常常处于身心疲惫与持续的努力工作并存的工作状态，加剧了其过劳的风险。回归分析的结果表明，即便非常疲惫，但对工作的热情和追求会让高校教师仍然不想放松，对这种状态的认可程度每增加1个单位，高校教师过劳程度就会增加0.3671个单位。

3. 微观层面

（1）闲暇偏好程度低会增加高校教师的过劳程度。高校教师的闲暇偏好程度较低，首先，因为高校教师工作本身具有挑战性，且没有固定的工作制，因此教师可以充分调整自身的状态，过劳副效用出现就会较迟，或者对过度劳动副效用的体验敏感性降低，工作的负效用就会出现得越晚，因此闲暇需求也就相应较小。其次，高校教师对工作的热情、对事业的追求以及工作带来的回报和成就感，使其易于从工作中感受到快乐，因此工作负效用出现得更慢更缓，减少了对闲暇的需求。最后，教育可以提高个人利用时间的能力，使得可以通过更充分地利用闲暇时间而不是延长闲暇时间来享受到同样的效用，因此闲暇时间的深度利用也会减少对闲暇的需求。调查问卷的结果也验证了这一观点，当被问及自身的时间利用能力，只有21.7%的高校教师认为自己的时间利用能力不是特别强。问卷调查结果还显示，只有31.3%的高校教师认为自己对闲暇时间的偏好程度较高。因此综合以上三点以及问卷调查结果可以看出，高校教师对闲暇的偏好程度较低，对闲暇时间的偏好程度较低会导致替代效应较强，个人劳动力供给曲线的拐点出现较晚，期望的工作时间增加，加剧了过劳的可能和风险。回归分析的结果表明，对闲暇时间偏好的程度每降低1个单位，高校教师过劳程度就会增加0.2192个单位。

（2）追求各方面的平衡的性格特质会缓解高校教师的过劳程度。追求事业成功的性格会使得高校教师投入更多的工作时间、工作精力，并且多数为自我驱动型；而追求各方面的平衡的性格会使得高校教师更倾向于多方面的协调，努力平衡工作和生活，相比于事业成功，更在意多方面均衡发展，这对过度劳动具有缓解作用。回归分析的结果表明，追求各个方面的平衡的性格特质每增加1个单位，高校教师过劳程度就会降低0.2689个单位。实证结果验证了前文的分析。

（3）家务挤占闲暇会增加高校教师的过劳程度。家庭成员之间的家务劳动在一定程度上需要基于"组织压力规则"进行分配，时间资源可相对自由支配的家庭成员可能需要承担较多的家务（陈惠雄，2007）。与现代社会组织中的各行各业相比，高校教师是具有显著自由行为特征的职业，因此高校教师存在承担更多家务工作的可能性。与此同时，高校教师在工作上的投入量却并没有因为"组织压力规则"较小而减少。调查问卷的结果显示，已婚的603名高校教师中，在工作上投入的时间和精力比配偶少的仅占19.4%。家务劳动造成的疲劳不属于本研究界定的过度劳动研究范畴，但因为教师主要是脑力劳动者，其劳动过程具有随时性，因此在进行家务劳动的时候如果仍然在思索问题，其劳动过程也和工作相关，具有分割性，即身体的疲劳是由于家务劳动造成，但心理、脑力的疲劳是由于工作造成，因此需要辩证地看待家务劳动对高校教师过劳的影响。但有一点是可以肯定的，家务挤占闲暇导致高校教师不能很好地利用闲暇时间恢复自身认知资源和缓解工作带来的疲劳，很容易造成认知资源耗竭、疲劳的蓄积并最终导致过度劳动。回归分析的结果表明，家务挤占闲暇的时间每增加1个单位，高校教师过劳程度就会增加0.2634个单位。

（4）工作/家庭之间的相互冲突会增加高校教师的过劳程度。高校教师工作特征导致工作/家庭的边界较为模糊，角色相互渗透，工作/家庭的冲突使得高校教师将工作中的压力和不满带到家庭生活中，导致在非工作时间也无法得到完全地休息和放松，家庭中的负效应带到工作中，导致工作的过程中效率低下，只能通过投入更多的工作时间和加大工作强度来弥补效率缺口，然而这种疲劳在家庭生活中又得不到充分恢复，认知资源丧失螺旋，加大了过度劳动的风险。回归分析的结果表明，工作/家庭之间的相互冲突每增加1个单位，高校教师过劳程度就会增加0.321个单位。

（5）工作/家庭边界的弹性与意愿的不吻合会增加高校教师的过劳程度。对工作/家庭分离的偏好程度，以及实际分离程度与知觉分离程度之间较高的匹配能够带来更高程度的健康状况以及工作家庭满意感，当工作/家庭边际弹性意愿（个人需求）和边际弹性能力（环境资源）不相匹配时，个体的紧张感、压力水平和冲突体验更为强烈，因此更有可能发生工作/家庭冲突（马红宇等，2014）。偏好工作/家庭分离程度高的高校教师，但如果实际情况和感知到的情况是工作/家庭互相渗透，则可能更容易形成工作/家庭冲突，从而带来角色冲突，引发心理和生理上的压力、加剧疲劳的体验和感受，影响健康状况。回归分析的结果表明，工作/家庭边界的弹性与意愿不吻合程度每增加1个单位，高校教师过劳程度就会增加0.1738个单位。

（6）距离下次职称评审的时间越远，高校教师过劳的程度越低。高校教师是劳动力供给行为可自由安排供给时间的职业，在短期内的供给是以一个明确的短期收入（此处的收入既包括物质收入，也包括精神收入）为收入靶，在没达到收入靶前，收入边际效用递增，努力动机很强；一旦达到收入靶后，收入边际效用递减，努力动机开始减弱。这可以解释高校教师职业生涯的周期型过劳，如面临要进行职称评审的时候，过劳现象就会凸显，而职称评上后，可能就有所减弱，因为高校教师职业自由度和灵活度都较大，因此可以自行调整其努力程度。回归分析的结果表明，距离下次职称评审的时间每增加1个单位，高校教师过劳程度就会减少0.1555个单位。

(五) 我国高校教师过劳成因的各变量作用效果

通过每个自变量边际贡献的绝对值占所有自变量边际贡献绝对值总和的百分比来计算各自变量对因变量的实际作用效果百分比,可以看出:高校教师过劳的微观层面原因占 45.72%,中观层面原因占 43.64%,宏观层面原因占 10.65%;从二级分类来看,工作/家庭关系对高校教师过劳的形成作用效果最大 (24.73%);从具体变量来看,高校教师过度劳动成因的主要变量作用效果由大到小的排序分别为:工作追求 (11.97%)、职称评审与晋升 (10.95%)、人才年轻化趋势 (10.71%)、社会期望 (10.65%)、工作/家庭关系 (10.47%)、杂事占用时间 (10.00%)、性格特质 (8.77%)、家务挤占闲暇 (8.59%)、闲暇偏好 (7.15%)、边界弹性与意愿 (5.67%)、距下次职称评审 (5.07%)。具体如表 4 所示。

表 4 显著变量的实际作用效果百分比

一级分类		二级分类		编码	变量名称	作用效果百分比(%)
含义	百分比(%)	含义	百分比(%)			
宏观	10.65	社会环境	10.65	a_6	社会期望	10.65
中观	43.63	组织管理制度	10.95	b_1	职称评审与晋升	10.95
		时间保护	10.00	b_5	杂事占用时间	10.00
		时间紧迫感	10.71	b_9	人才年轻化趋势	10.71
		工作模式	11.97	b_{18}	工作追求	11.97
微观	45.72	行为追求偏好	15.92	c_5	闲暇偏好	7.15
				c_6	性格特质	8.77
		工作/家庭	24.73	c_8	家务挤占闲暇	8.59
				c_9	工作/家庭关系	10.47
				c_{10}	边界弹性与意愿	5.67
		职业生涯	5.07	c_{12}	距下次职称评审	5.07

五、思考与建议

根据前文的分析,针对各层次中知识工作者过劳成因的显著影响因素,提出缓解知识工作者过劳状况的一些具体建议,可供其他类型的知识工作者群体参考。

宏观层面是战略引导层:首先,要引导社会舆论和大众媒体对知识工作者建立起合理的、适度的职业期望和要求,平衡社会大众对知识工作者职业"神圣化"的渲染,形成恰当的公众期望和职业期待;其次,设计弹性的学术制度,秉持年龄友好型的观念,避免生理年龄对学术人才潜能的开发、保持产生限制和制约;最后,适当地减少宏观政策上过度的外在刺激,如政府各种名目的工程计划、项目、奖励、考核、评审与评估等,政策层面减少转嫁给教师的不必要的压力,营造良好的学术成长环境。

中观层面是要素支持层:首先,知识工作者所在单位的行政部门应建立起正确的时间观念,减少行政事务对知识工作者时间造成的任意侵扰;其次,在组织成名学术竞争的过程中,适当淡化锦标赛制特征,遵从知识工作者学术活动的规律;再次,权变的设计组织边界,创建家庭友好型的组织文化,创建适合知识工作者意愿的工作/家庭边界和关系,最大限度地保证工作的边界和知识工作者的偏好相匹配;最后,高校的教师发展中心可以有所作为,为教师提供可持续性的支持,如可以提供专门的行政管理服务,帮助知识工作者处理繁杂的行政事务;可以通过开展心理工作坊等方式,对知识工作者进行心理疏解,使其更为平和地面对工作和事业;可以提供更有针对性的培训项目,如开设改善婚姻关系、亲子关系等系列讲座来促进工作/家庭之间的平衡,帮助其平衡工作/家庭关系等。

微观层面是价值驱动层:首先,知识工作者个人要恰当地看待事业追求,生活和工作中的各项活动都会带来自我价值的实现,努力建立起全面活动价值观;其次,提高对闲暇价值的认识,合理利用闲暇时间来缓解疲劳感受、恢复自身认知资源和身体体力;最后,要加强养生保健的意识,提高对自身健康的重视程度。

最后需要说明的是,由于受到抽样样本自身的影响,某些因素在实证分析结果中不显著,这说明它们在普遍情况下对知识工作者的过劳影响效果不突出,但具体到个人或某个群体上,这些因素很可能起到了重要作用,因此从这个角度上来讲,并不能否定和忽视那些不显著因素的研究意义,这也是未来进一步研究和探索的空间。

参考文献：

[1] Jacobs J. A. Overworked faculty：job stresses and family demands [J]. Annals of the American Academy of Political & Social Science, 2004, 596（1）：104-129.

[2] Lohman M., Woolf N. Self-initiated learning activities of experienced public school teachers：Methods, sources, and relevant organizational influences [J]. Teachers and Teaching：Theory and Practice, 2001, 7（1）：59-74.

[3] Lora Bartlett. Expanding teacher work roles：A resource for retention or a recipe for overwork？[J]. Journal of Education Policy, 2004, 19（5）：565-582.

[4] 陈惠雄. 基于家庭分工与非均衡组织压力的大学教师工作压力研究 [J]. 现代教育科学, 2007（6）：104-106.

[5] 陈秀兰. 浅析高校教师过劳死现象及保护措施 [J]. 法制与社会, 2007（2）：583-584.

[6] 代志明. 高校青年教师过劳问题及其治理策略研究——以郑州市高校为例 [J]. 郑州轻工业学院学报（社会科学版）, 2016, 17（1）：79-85.

[7] GB/T 3869-83, 体力劳动强度分级 [S]. 北京：中国标准出版社, 1983.

[8][美] 赫尔曼·E. 戴利, 肯尼思·N. 汤森. 珍惜地球——经济学生态学伦理学 [M]. 北京：商务印书馆, 2001：240.

[9][德] 赫尔曼·海因里希·戈森. 人类交换规律与人类行为准则的发展 [M]. 陈秀山译. 北京：商务印书馆, 1997.

[10][美] 杰弗里·M. 伍德里奇. 计量经济学导论（第四版）[M]. 北京：中国人民大学出版社, 2010.

[11] 科学网. 浙大36岁博导何勇过劳病逝 [EB/OL]. http：//news.sciencenet.cn/htmlnews/2010/4/231342.shtm, 2005-08-09.

[12] 赖德胜, 孟大虎, 李长安, 王琦等. 2014中国劳动力市场发展报告——迈向高收入国家进程中的工作时间 [M]. 北京：北京师范大学出版集团, 2014.

[13] 刘贝妮, 杨河清. 我国高教部分教师过度劳动的经济学分析 [J]. 中国人力资源开发, 2014（3）：36-41.

[14] 刘明理, 张红, 王志伟. 民办高校教师职业过劳的成因与对策分析 [J]. 电脑知识与技术, 2006（12）：209-210.

[15] 马红宇, 申传刚, 杨璟, 唐汉瑛, 谢菊兰. 边界弹性与工作——家庭冲突、增益的关系：基于人—环境匹配的视角 [J]. 心理学报, 2014, 46（4）：540-551.

[16][德] 马克思. 资本论 [M]. 中共中央马克思恩格斯列宁斯大林著作编译局编

译．北京：人民出版社，1975．

[17] 王建军．探析高校中青年教师"过劳死"[J]．内蒙古师范大学学报（教育科学版），2005，18（11）：134-136．

[18] 网易教育．清华教师英年病逝与高校教师过劳死[EB/OL]．http：//edu.163.com/edu2004/editor_2004/school/050222/050222_179689（1）.html，2005-02-22．

[19] 网易新闻．经常熬夜让于娟得了乳腺癌[EB/OL]．http：//news.163.com/11/0427/10/72L0N2PM00014AED.html，2011-04-27．

[20] 网易新闻．他叫黄大年，一个让美航母舰队后退100海里的人[EB/OL]．http：//war.163.com/17/0526/16/CLCJTEN9000181KT.html，2017-05-26．

[21] [英] 威廉姆·斯坦利·杰文斯．政治经济学理论[M]．郭大力译．北京：商务印书馆，1984．

[22] [英] 亚当·斯密．国民财富的性质和原因的研究[M]．唐日松译．北京：华夏出版社，2005．

[23] 张鹏伟，李嫣怡．STATA统计分析与应用[M]．北京：电子工业出版社，2011．

[24] 张守凯．诺贝尔经济学奖颁奖词与获奖演说全集[M]．浙江：浙江工商大学出版社，2015．

[25] 中央労働災害防止協会．労働者の疲労蓄積度自己診断チェックリスト[EB/OL]．http：//www.jaish.gr.jp/td_chk/tdchk_e_index.html．

我国过度教育的特点及影响因素分析

刘璐宁*

一、引言

始于 1999 年的高等教育规模扩张,加快了我国高等教育发展进程,使我国顺利迈入了高等教育大众化阶段,但也给大学生就业带来了一定难度。1970 年,Berg 在其著作《巨大的培训掠夺》中首次提出了过度教育。Freeman (1976) 第一次系统地讨论了过度教育的问题,他认为由于获得了高于岗位要求的学位,教育带来的收益将会减少,过度教育只是劳动力市场非均衡的表现,是短暂的、可以消除的。但是后续的很多研究表明,过度教育的劳动力在之后的一段时间,其过度教育情况不但没有消除,甚至被解雇或者失业了。

对于过度教育的定义,也有不同的观点。目前,比较公认的定义有三种:一是毕晓普 (J. Bishop) 提出,过度教育是"一个社会或个人拥有的教育超过了它或他的所需 (Required) 或所望 (Desirable)"。[①] 二是约翰·罗伯斯特 (John Robust) 认为,"一个人获得的教育超过其职业通常要求的水平,便属于过度教育"。[②] 三是教育经济学权威莱文教授 (Levin. H, 1985) 和曾满超教授认为,属于下列三种情况之一就称作过度教育:①相对于历史上较高受教育水平者,现在受相同教育的人的经济地位下降了;②受过教育者未能实现其对

---

* 刘璐宁,北京财贸职业学院副教授,首都经济贸易大学博士后,主要研究领域:劳动和社会保障、劳动就业。

①② 转引自曲恒昌,曾晓东. 西方教育经济学研究 [M]. 北京:北京师范大学出版社,2000:123.

事业成就的期望；③工作人员拥有比其工作岗位要求较高的教育技能。[①] 所以，过度教育并不是简单地说教育过度了，而是在探讨教育系统和劳动力市场系统的匹配问题。

过度教育产生的原因是多方面的，但突出集中在微观领域，包括劳动者的个人特征（性别、年龄、移民身份等）、人力资本特征（受教育水平、所学专业、工作经验等）、家庭背景特征（子女状况、配偶状况以及父母状况，尤其是父母受教育水平和工作单位）、工作特征因素（有劳动者的就业状态、所从事的行业和职业、用人单位的规模等）等。实际上，劳动者之所以出现过度教育，背后的原因不仅在微观层面，很大程度上更应该来自于就业领域乃至更宏观的经济因素。为此，本文旨在揭示过度教育的经济性影响因素，以期推动这一现象的研究走向深入，同时也为教育和劳动力市场不匹配问题的研究贡献智慧。

二、过度教育的时空性特点

（一）不同经济发展水平国家高等教育大众化历程回顾

历史上，许多国家尤其是西方发达国家，早已迈过了马丁·特罗当年提出的高等教育大众化门槛，甚至也早已迈过了普及化的门槛。高等教育大众化的最重要指标是高等教育毛入学率，即接受高等教育者占适龄人口的比例，如果这一指标在15%~50%便为大众化阶段，如果超过50%为普及化阶段，北美洲和欧洲大部分地区早在1970年以前就进入了高等教育大众化阶段，并且北美洲是世界最早进入大众化的大洲，大洋洲随后在20世纪70年代早期也进入了大众化阶段，南美洲位列第四，亚洲在2003年高等教育毛入学率首次超过了15%，当然这与我国大学扩招有很大关系，而非洲地区截至2012年，高等教育毛入学率也仅为11.59%，还尚停留在精英教育阶段。

高等教育毛入学率与经济发展水平密切相关。收入水平的高低与高等教育毛入学率呈正比关系，按照时间先后顺序进入大众化的依次为高收入水平国

---

① 转引自 Mun C. Tsang, Henry M. Levin. The Economics of Overeducation [J]. Economics of Education Review, 1985 (4): 93-104.

家、中高收入水平国家、中等收入水平国家、中低收入水平国家（低收入水平国家尚未进入大众化阶段）。高收入水平国家在1970年已经达到28.33%，1995年已经步入高等教育普及化阶段，2012年这一指标甚至达到了75.10%；中高收入国家、中等收入国家和中低收入国家基本上在21世纪头十年也先后进入了大众化阶段。在表1中也体现出了这一点，大部分发达国家都是在20世纪70年代和80年代进入了大众化阶段，一些转型时期国家和发展中国家是在90年代和21世纪初进入了大众化阶段。

表1 一些典型国家/地区高等教育大众化时间

国家/地区	过渡期（10%~20%）					大众化阶段（15%~50%）				
	起始（年）	起始年毛入学率（%）	结束（年）	结束年毛入学率（%）	时长（年）	起始（年）	起始年毛入学率（%）	结束（年）	结束年毛入学率（%）	时长（年）
日本	1964	10.99	1974	20.74	10	1965	17.00	2002	50.71	37
英国	1964	10.00	1983	21.26	19	1972	15.28	1997	52.87	25
美国	1930	9.60	1950	20.01	20	1950	15.00	1975	51.04	25
韩国	1976	9.98	1982	19.62	6	1981	15.34	1996	54.88	15
泰国	1979	11.00	1995	20.14	16	1988	15.14	2010	50.03	22
中国香港	1983	11.28	1994	21.52	11	1992	18.36	2008	53.86	16
智利	1971	11.41	1991	20.95	20	1985	15.28	2007	52.11	22
约旦	1979	10.73	1983	20.58	4	1981	16.77	2012	46.60	31
德国	1968	10.87	1977	20.70	9	1965	15.00	2003	50.00	38
古巴	1976	10.28	1987	21.91	11	1978	15.65	2004	53.51	26
法国	1961	9.97	1973	21.57	12	1968	15.78	1996	52.21	28
西班牙	1972	9.65	1977	20.88	5	1974	15.50	1997	51.35	23
卡塔尔	1982	11.61	1990	20.15	8	1984	15.07	—	—	—

资料来源：根据联合国教科文组织数据库数据整理总结。

马丁·特罗将15%和50%作为大众化阶段的两个分界点，同时，他提到从精英阶段到大众化阶段存在一个过渡期，按照国际惯例进行计算，毛入学率达到10%就算进入大众化过渡期的起始年，达到20%就算是完成了过渡期。

表1列出的典型国家/地区中,经历过渡期最短的为约旦、西班牙和韩国,经历大众化阶段最短的是韩国、中国香港和泰国。还可以看出,从时间上看美国不但是世界上最早步入大众化阶段的国家,也是世界上最早步入普及化阶段的国家;英国、法国、西班牙这些西欧国家以及日本于第二批进入大众化阶段;亚洲的韩国、泰国、中国香港,石油资源丰富的约旦、卡塔尔,以及拉美地区的智利和古巴则在20世纪80年代进入大众化阶段。

通过查阅相关资料还初步了解了这些国家步入大众化阶段的经济社会背景,也印证了一些学者总结的一个结论,即世界上许多发达国家进入高等教育大众化阶段时,人均GDP在1200~3000美元高等教育规模迅猛发展。另外,大众化阶段的时间每个国家也历时不一,如美、英、法三国在25年左右,而日本、德国则将近40年。这与各国在国际社会上的经济地位和教育政策有很大关系。例如,美国作为世界上头号大国,一直以来都是科技出口大国,为了保持全球领先地位,需要大量高素质高水平的人才队伍作为支撑;英、法两国虽然在科技和经济实力上逊于美国,但是也隶属高级尖端技术大国之列,必然要求高精尖人才的摇篮——高等教育迅速发展。然而,日本、德国和美、英、法却有所不同,两国同属于"二战"战败国,在20世纪60年代到70年代初期同样经历了高等教育的急速发展,但是两国将科技和教育的发展着眼于个人需求和社会需求相结合,更注重应用型、民用型,并且具备与高等教育系统相对应的先进的职业教育系统,因此在大众化后期两国发展速度都有所放缓。

与发达国家相比,发展中国家步入大众化阶段的经济社会背景却有所不同。相比于发达国家人均GDP 1200~3000美元的关卡,发展中国家比发达国家超前不少,在150~1500美元。如泰国在20世纪80年代中期人均GDP只有798美元,早在20世纪70年代初就步入高等教育大众化阶段的菲律宾1980年的人均GDP仅为685美元,还不足700美元。发展中国家的经济发展水平远低于发达国家,高等教育投资水平的不足制约了高等教育的发展,产业结构也相对落后,形成了赶超效应。高等教育规模的扩张给个人提供了更多进入大学学习的机会的同时,也引发了过度教育的出现。

(二)过度教育发展变化的"倒U形曲线"假说

自1976年至今,过度教育问题的研究在全世界已有近40余年的历史,但是纵观各国的研究,都缺少可以反映过度教育发展变化过程和发展状态的时间序列上的分析。通过 Slonimczyk（2011）和 Vaisey（2012）等的研究显示，过度教育发生率各不相同，但是从长期趋势上看，过度教育发生率都是上升的。比如，Slonimczyk 对过度教育和教育不足进行了性别上的分析，结果显示无论男性还是女性在长期上都表现出过度教育发生率不断上升，而教育不足发生率不断下降的趋势，30 年间过度教育发生率从 15% 上升到 35% 左右，教育不足发生率则从 15%~20% 下降到 10% 左右；Vaisey 则对不同程度的过度教育进行了测算，结果也显示，无论是三年以下的过度教育、还是超过三年的过度教育均呈现出上升趋势，其中，三年以下的过度教育发生率从 30% 上升到 55%，超过三年的过度教育发生率从 10% 上升到 20%。但是从 Vaisey 的研究中也可以看出，三年以下的过度教育发生率所模拟出的曲线在长期来看有斜率下降的趋势。

大多数国家都表现出了过度教育发生率逐年上涨的趋势，如葡萄牙、英国、瑞典、西班牙等，我国学者曲恒昌也早在 1998 年就做出了"过量教育持久化"的判断。但是也有些国家表现出了先上升后下降的趋势，如荷兰。这似乎说明了过度教育发生率随着时间的演变具有一种潜在的变化趋势，而这种时间变化趋势又与一个国家或地区的高等教育规模与经济发展水平的关系有着直接关系。为此，建立一个"倒 U 形曲线"说明过度教育发生率的时间变化趋势（见图 1）。

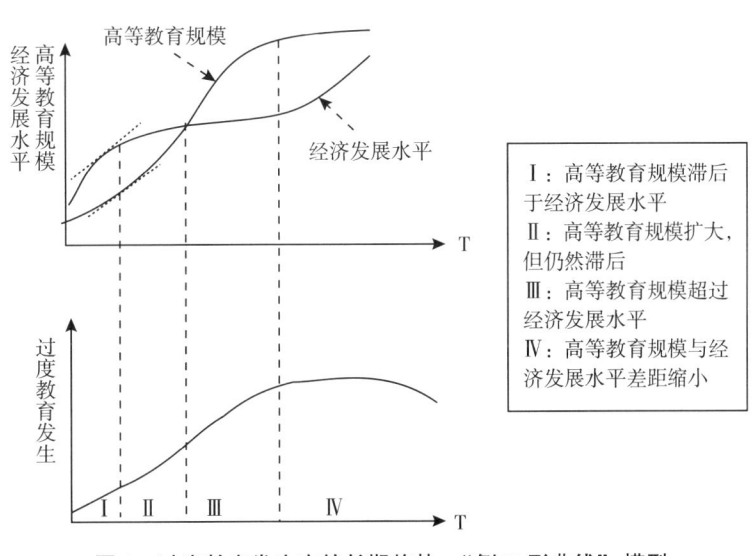

图 1　过度教育发生率的长期趋势："倒 U 形曲线"模型

如图 1 所示，纵轴代表过度教育发生率，横轴代表高等教育规模与经济发展水平的关系。两者之间的关系表现为四种状态，对应着过度教育的演变趋势也有所不同。当然，这有一些假设前提：①经济和社会发展没有大的波动，相对平稳运行；②这里指的是高等教育的规模，而非高等教育的水平，高等教育规模大并不代表水平高，比如很多新兴国家高等教育规模赶超式的发展并不意味着其高等教育水平也大幅度提高；③各阶段之间的划分并没有确定性，与各国各地区的经济发展水平、高等教育政策以及社会文化背景密切相关；④曲线描绘的是一种长期趋势，短期内由于影响过度教育的因素很多会存在上下的波动。

第Ⅰ阶段：高等教育规模滞后于经济发展水平。在低收入水平国家或者一个国家的低收入水平阶段，高等教育规模非常小，按照马丁特罗的观点，高等教育绝对处于精英教育阶段，一般情况下适龄教育人口很多，过度教育发生率非常低。但是，由于经济发展水平很低高等教育投资不足，接受过高等教育的人口可谓凤毛麟角。在此阶段，受过高等教育者的职业地位、收入水平、就业质量都很高，而大部分年轻人没有机会接受高等教育，整个社会主要表现为教育不足，如非洲大部分国家还处于这一阶段。

第Ⅱ阶段：高等教育规模虽然滞后于经济发展水平，但是规模已经开始扩大。在中低收入国家或者一个国家的中低收入阶段，一般情况下这些国家步入了高等教育大众化阶段，宏观上经济的发展急需高素质人才队伍的支撑，微观上劳动者个人收入的提升也有赖于人力资本水平的提高，因此高等教育规模开始扩大，而高等教育结构不合理，高等教育质量可能有所下降。同时，劳动力市场却没有做好准备，由于产业结构还处于比较低的层次，对就业有巨大吸纳能力的服务业尤其是对高等教育劳动者有吸纳能力的高端服务业比重较低，有效就业岗位不足，致使就业质量和就业地位却较早期相对下降，甚至出现了大规模的知识失业现象。如 1982~1986 年，泰国牙医、药学、自然科学、教育学科毕业生大量过剩，很多学生学非所用，失业率甚至达到 24%~70%；印度第 32 次全国抽样调查结果表明，城镇大学生失业率男生为 8%，女生为 16% 左右。这些国家为了缓解大学生失业问题虽然采取了一系列的措施，但是有些措施却直接导致了过度教育的发生。因此，在这一阶段，教育与职业的不匹配表现为教育不足率逐渐降低，过度教育率迅速提升。

第Ⅲ阶段：高等教育规模超过经济发展水平。一般发生在中高收入国家或者高收入国家。这一阶段高等教育毛入学率已经很高,很多国家甚至达到了高等教育普及化水平,同时这些国家的经济也处于很高水平,但是经济发展后劲不足,经济增长率低,或者经济发展方式单一,面对大批受过高等教育的劳动者却不能提供适合他们的岗位,高等教育规模之巨大超过当前经济吸纳能力。如俄罗斯1984年就已经进入了高等教育普及化阶段,2012年的高等教育毛入学率甚至达到了76.14%,从经济发展层面看,近年来其经济也逐步走出困境,2012年人均国民总收入已经达到12740美元,步入了高收入国家的行列。但是由于其发展方式仍然主要依赖于能源和原材料出口,其他行业发展缓慢,没有给大学毕业生施展才能的空间,因此在国际劳工组织针对2010年欧洲34个国家的调查中,俄罗斯过度教育发生率高居榜首达到了32.6%。因此在这一阶段,过度教育发生率的上升速度明显加强。

第Ⅳ阶段:高等教育规模与经济发展水平差距缩小。这一阶段是一种比较理想化的阶段,一般情况下这种国家处于高度发达和文明状态,整个社会具备完善的社会保障体系、教育体系和发达的劳动力市场。从教育方面来看,不单是高等教育更重要的是基础教育非常完备,高等教育作为二次教育为受教育者提供了很多提升工作技能的机会,高等教育规模虽然很大,但是结构优化,质量很高,与产业结构和经济发展基本匹配。另外由于高等教育规模已经足够大,不会再在短时期内出现大学毕业生暴增的现象。从社会保障看,一般这些国家都属于高福利国家,即使失业也能保障很高的生活水平。同时为了避免高福利所带来的劳动参与率的降低,这些国家还实施了灵活积极的就业政策。另外由于经济发展水平已经很高,劳动力市场自我调节能力较强,这不但有利于缓解失业问题,还有利于缓解过度教育的问题。因此在这一阶段,过度教育发生率开始下降,教育和职业的匹配程度变强,但是正如前文所述,过度教育对于一个国家而言是确定性事件,因此过度教育以及教育不足的发生率永远不会为零。

(三) 我国过度教育的时间趋势和空间特征

选用在宏观方面采用最多的实际匹配法中的众数法[①]对我国过度教育情况

---

① 计算过程:根据实际匹配法中众数法的思想,笔者首先将所有样本按照职业信息分类,然后在相同职业中再按照受教育水平排列,人数最多的教育水平即为众数该职业最需要的受教育水平,所以高于该水平的即为过度教育,低于该水平的即为教育不足。例如"单位负责人"中,有10%的人是小学及以下学历,15%的人初中学历,20%的人高中学历,45%的人大学学历,10%的人研究生学历,大学学历的人数最多,因此大学学历就是众数,高于大学学历视为过度教育,即10%过度教育,低于大学学历为教育不足,所以教育不足的比例为45%。

予以计算。选取2003年、2005年、2007年、2009年的《中国城镇住户调查》数据，同时，加入黄志岭（2010）研究的数据和《2013年中国劳动统计年鉴》所提供的数据。通过《中国劳动统计年鉴》计算出2012年的过度教育发生率，希望通过这些"大数据"分析出我国过度教育在宏观上的时空特点。需要说明的是，2003年、2005年、2007年和2009年《中国城镇住户调查》原始数据样本量分别为40348人、39860人、37745人和39382人，剔除就业情况中为"在校学生""家务劳动者""离退休人员""丧失劳动能力者""待分配者""待升学者""失业人员"和"其他"的样本，职业为"不便分类的其他人员"，以及文化程度缺失的样本，最后四年保留的样本量为15088人、14513人、14702人和13984人。

我国进入21世纪以来过度教育发生率呈现出上涨趋势，如图2所示，这与美国学者Stephen Vaisey（2006）对美国1972～2002年的研究结果相一致（从1972年的30%上升到2002年的58%）。2003年是第一批高等教育扩招大学生毕业之年，过度教育发生率从2002年的11%陡增至29.39%，2005年虽然有所下降，但随后几年稳步上升，到2012年已经达到34.98%。这与我国整体受教育水平提升有直接关系，进一步计算可以看出具备大学本科及以上教育

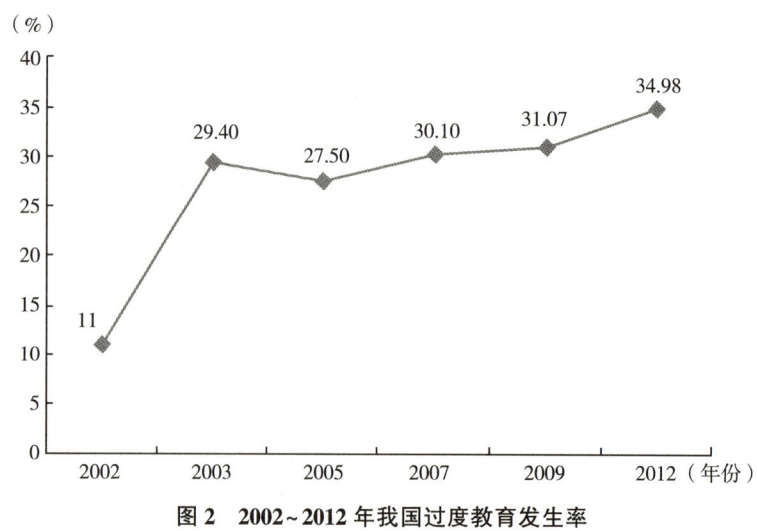

图2 2002～2012年我国过度教育发生率

资料来源：2002年数据来源于黄志岭等（2010），2003～2009年数据由笔者根据《中国城镇住户调查》数据计算所得，2012年数据由笔者根据《2013年中国劳动统计年鉴》数据计算所得。

程度的比例在除生产运输设备操作人员以外的 6 大类职业中均呈现出上涨趋势，与此同时高中及以下受教育程度呈现出下降趋势。

从不同的职业类型来看，各类单位负责人、专业技术人员、办事人员和相关人员的过度教育发生率排名前三位，众数法对 2009 年城调数据的计算结果分别为 36.46%、31.36% 和 19.70%。过度教育是受教育程度和职业不匹配的现实反映，这三类职业的过度教育发生率偏高一方面由于劳动力市场给大学生提供的有效岗位不足，后四类职业不适合大学生就业，致使前三类职业求职的大学生整体上供过于求，表现出过度教育的状态；另一方面，教育水平提升的同时，职业的要求也在提升，而相较之下劳动力市场作为买方市场，从业人员的教育水平提升速度更大于职业要求的提升速度，因此出现了过度教育。

从空间角度来看，将 34 个省级行政区域划分为东中西部，东部、中部和西部的过度教育发生率均在 25% 以上，其中东部地区最高，其次是中部地区，最后是西部地区。东部地区作为人才高地，尤其是像北京、上海、广东、江苏等地区既是经济强省（市）又是优质教育资源强省（市），而西部地区虽然近年加大了人才引进力度，但与东部地区相比还有一定差距，因此东部城市扎堆儿求职、西部城市人才缺乏的不均衡现象屡见不鲜，也就不难理解为何东部地区较之西部地区的过度教育发生率要高。

三、我国产业结构、行业结构、职业结构对过度教育的影响

（一）产业结构对过度教育的影响

1. 产业结构的变迁

产业升级与促进就业是当今中国经济面临的重大课题。经过几十年的发展，中国市场经济体制日臻完善，市场经济活力日趋加强，产业结构不断优化，第三产业产值比重逐步上升，从 1990 年的 17.3% 上升到 46.8%，第一产业产值从 1991 年的 7.1% 稳步下降到 2013 年的 4.9%，而第二产业产值相对比较稳定，处于上下波动趋势。产业结构总体上表现为"二、三、一"的态势，2010 年以后，第三产业比重逐渐上升。

从产业增加值来看，第一产业增加值从 2005 年的 22420 亿元增加到 2013 年的 56957 亿元，平均每年增长 12.48%，第二产业增加值从 2005 年的

87598.09亿元增加到2013年的249684.42亿元，平均每年增长14.16%，第三产业从2015年的74919.28亿元增加到2013年的262203.79亿元，平均每年增长17.02%，已经形成了第三产业迅猛增长，第二、三产业增长率明显高于第一产业，同时高于全国国民生产总值增长率的态势。从三次产业对GDP的贡献度来看，"十一五"以来第一、二产业产值比重稳中有降，第一产业从2005年的5.6%下降到2013年的4.9%，第二产业从51.1%下降到48.3%，第三产业稳步上升从2005年的43.3%上升到46.8%。2014年前三个季度，中国最终消费对经济增长的贡献率为48.5%，超过了投资。服务业增加值占比46.7%，继续超过第二产业。高新技术产业和装备制造业增速分别为12.3%和11.1%，明显高于工业平均增速。单位国内生产总值能耗下降4.6%。

这些数据表明，我国经济结构正在发生深刻变化，质量更好、结构更优。但是我国产业升级依然面临很多问题，最直接的表现是第三产业增加值已经超过第二产业，但是占比仍然较低，不但低于发达国家，甚至低于许多同处在发展中阶段的许多国家，例如2010年马来西亚为59.5%、菲律宾为50.3%、墨西哥为60.6%、委内瑞拉为68.3%。

2. 产业结构对就业结构以及过度教育的影响

从三次产业的就业比例来看，1990年以前就业结构表现为"一、二、三"，1994~2010年就业结构表现为"一、三、二"，2010~2013年表现为"三、一、二"的结构。第二产业和第三产业就业比例基本上呈逐年上升趋势。但是我国第二产业的发展很大程度上依靠政府的投资，且我国工业中许多行业出现了较大程度的产能过剩，对环境和能源的消耗过大，在化解产能过剩的过程中，第二产业拉动就业将会非常乏力，因此将来主要还是靠第三产业的发展来吸纳就业人口。然而我国目前第三产业就业比例仅占38.5%。从国际比较来看，第三产业吸纳就业的能力处于下风，2013年《国际统计年鉴》显示美、日、韩三国的该指标均在70%以上，美国为78.6%，日本次之为77.4%，韩国也占到了73.4%。同为"金砖国家"的巴西、俄罗斯和南非分别为58.2%、62.4%和68.6%也均高于我国，甚至我国第三产业就业比例还不及印度尼西亚的46.4%和泰国的43.6%。

从不同产业的就业弹性来看，如表2所示，第一产业就业弹性一直为负，说明第一产业产值的上升伴随的却是就业的下降，所以第一产业不是吸引就业人口而是存在剩余劳动力。第二产业所吸纳的就业人员数量 1994 年以来均低于第三产业，同时第二产业的就业弹性除在"十一五"期间高于第三产业，其余时间也均低于第三产业。自"八五"以来，第三产业就业弹性一直徘徊在 0.3 左右，1990~2013 年的平均值为 0.23。"十二五"第三产业就业弹性有明显的上升趋势。从国际比较上来看，我国第三产业就业弹性不仅大大低于发达国家，同时也低于泰国（0.37）、菲律宾（0.48）等发展中国家，在金砖四国中，印度的第三产业就业弹性为 0.38，巴西为 0.59，俄罗斯更是高达 0.68（根据《2013 国际统计年鉴》计算所得）。可见，我国第三产业对就业拉动的潜力还没有完全挖掘出来。

表 2　"八五"以来分产业就业弹性

时间	第一产业就业弹性	第二产业就业弹性	第三产业就业弹性
"八五"	-0.07	0.08	0.26
"九五"	-0.86	0.03	0.22
"十五"	-0.19	0.07	0.24
"十一五"	-0.39	0.28	0.14
2011~2013 年	-0.43	0.2	0.28
平均值	-0.39	0.13	0.23

从世界经济发展历程来看，对高校毕业生需求与第三产业发展最为密切。第三产业对就业拉动乏力，对毕业生就业势必会造成一定影响。通过对中国就业网公布的历年劳动力市场供求数据，计算 2001~2013 年三次产业对劳动力的需求比例，第一产业对劳动力的需求占比已经很少，2010 年以后一直维持在 2% 以内；第三产业就业人数虽然多于第二产业，但是其劳动力需求比例却每年呈下降趋势，所以产业结构的不合理以及第三产业的劳动力需求乏力会影响到大学生有效就业岗位的提供，造成适合大学生的就业岗位不足。

此外，在全球价值链中总体来看我国仍处于价值链"U 形曲线"的底端，即主要还是依靠密集型劳动的生产制造来创造价值，产品附加值低，对劳动力需求也低，而大学生恰恰适合技术资本密集型和信息管理密集型工作，如产品研发、管理营销和售后服务等，一般生产制造操作工作并不需要大学生。但是产业结构的低级化，使得相对高级岗位缺失，造成大学生也无奈从事低级岗位，造成大学生教育水平与劳动力市场的隐形不匹配——过度教育。所以，产业优化升级对解决我国大学生就业问题也有很大帮助。

但是，产业升级对社会总体就业问题上存在双重影响，一方面，对于传统行业就业人员提出严峻考验，所需就业人数将减少，而对于高端产业和新兴产业就业需求将增加；另一方面，产业升级对劳动力素质也提出了更高的要求，对具备高超的动手能力、突出的创造能力、极强的适应能力的高技能人才的需求极大，高技能人才对产业生产效率的提升、知识技能的扩散、产业价值的提升起到了关键性作用。然而，虽然我国高等教育已经步入大众化阶段，但是对高技能人才的供给却依然十分短缺。在产业升级过程中，对人力资源的人力资本专用性要求更高，高技能人才所具备的更多的就是专用性人力资本。此外，不同的专业选择也会造成人力资本专用性强弱的差异，理工类专业较社科类专业一般认为人力资本专用性更强。而产业升级进程中对专用性人力资本需求更旺盛，因此会造成具备更多通用性人力资本的求职者的相对过剩，在这种情况下，通用性人力资本的求职者更容易出现过度教育现象。

（二）行业结构对过度教育的影响

第三产业作为吸纳劳动力和新增就业岗位的主力产业，研究其内部行业的就业结构，也对分析受高等教育群体的过度教育情况有一定的意义。1985年《国民经济行业分类及代码》中将第三产业划分为了四个层次，即流通部门（包括交通运输业、邮电通信业、商业饮食业、物资供销和仓储业）；为生产和生活服务的部门（包括金融业、保险业、地质普查业、房地产业、公用事业、居民服务业、旅游业、咨询信息服务业和各类技术服务业等）；为提高科学研究水平与居民素质服务的部门（包括教育事业、文化艺术事业、广播电视事业、卫生事业、体育事业、社会福利事业等）；为社会需要服务的部门（包括国家机关、政党机关、社会团体、军队及警察等）。但是随着服务业的快速发展，很多行业的内涵和外延发生了较大变化。

考虑到本文的研究对象和主要研究问题，将金融业、房地产业、租赁和商务服务业、科学研究、技术服务和地质勘查业、信息传输、计算机服务和软件业归为一类，因为这些行业是以企业和组织所具有的团队知识以及员工的智力为用户提供各种服务或解决方案；将交通运输、仓储和邮政业、批发和零售业、住宿和餐饮业归为一类，因为这些是从生产到消费的中间环节；将教育、卫生、社会保障和社会福利业、文化体育和娱乐业归为一类，这些都属于面向个人的为个人的精神和生理提供服务的行业；最后将水利、环境和公共设施管理业、居民服务和其他服务业、公共管理和社会组织归为一类，这些是解决居民生活问题和为社会提供服务的行业。共分为四类行业，即流通性行业、文教卫行业、社会管理行业和生产性行业。为统一指标口径，选取2003~2013年为研究时间区间。

如表3所示，2003~2013年的11年间，第三产业城镇单位共新增就业人数2707.6万人，其中公共管理和社会组织新增396万人，卫生、社会保障和社会福利业新增284.2万人，批发和零售业新增262.7万人、房地产业新增253.5万人、教育业新增244.4万人，占据了新增就业的前五位，占整个第三产业新增就业人数的53.2%。而城镇私营单位情况则不相同，2004~2013年的10年间，新增就业人数5858.8万人，其中批发和零售业最多，为3876.8万人，其次为住宿和餐饮业，为536.9万人。

表3 第三产业分行业类型的就业情况

类型	所有制	2003年	2004年	2005年	2006年	2007年	2008年	2009年	2010年	2011年	2012年	2013年
生产性	城镇单位	995.7	1029.6	1082.1	1131.7	1197	1281.5	1376.8	1469.9	1551.8	1647.3	2048.6
	城镇私营	—	231.6	302.6	368.9	433.3	494.7	593.4	646.4	798.7	923.2	1004.6
	合计	—	1261.2	1384.7	1500.6	1630.3	1776.2	1970.2	2116.3	2350.5	2570.5	3053.2
流通性	城镇单位	1436.7	1395.6	1339.1	1312.3	1315.8	1334.9	1357.3	1375.4	1553	1644.4	2041.4
	城镇私营	—	2905.1	3226.9	3591.1	4012.7	4432	5075.3	5316.8	6312.6	6819.3	7491.5
	合计	—	4300.7	4566	4903.4	5328.5	5766.9	6432.6	6692.2	7865.6	8463.7	9532.9
管理性	城镇单位	1396.3	1429.3	1475.1	1509.2	1542.1	1588.8	1658.8	1707.6	1757.8	1847.4	1898.5
	城镇私营	—	375	427.8	443.3	484	532.8	606.4	685	751.7	807.1	874.4
	合计	—	1804.3	1902.9	1952.5	2026.1	2121.6	2265.2	2392.6	2509.5	2654.5	2772.9
文教卫	城镇单位	2056.4	2084.9	2114.6	2152.2	2188.7	2223.6	2275.7	2345.7	2431.9	2510.4	2604.2

资料来源：根据《中国统计年鉴》计算而来，2003年城镇私营个体就业数据缺失。另外，第三产业城镇私营单位就业人员主要集中在交通运输、仓储和邮政业、批发和零售业、住宿和餐饮业、租赁和商务服务业、居民服务和其他服务业。

分行业看,如表4所示,流通性行业所吸纳就业人员最多,2013年达到9532.9万人,已经占到所有城镇就业人口的53%,城镇私营单位就业人数占了其中的将近70%,这里做贡献最大的便是批发零售业。生产性服务业位居第二,2013年就业人数达到3053.2万人,而2004年生产性服务业就业人数还落后于其他三类。四大行业类别中,生产性服务业和流通性服务业的就业人数占比均呈上升趋势,而文教卫服务业和社会管理服务业呈下降趋势,其中流通性服务业上升速度最快。

表4 2004~2013年四大行业类别就业人数占比

单位:%

年份	2004	2005	2006	2007	2008	2009	2010	2011	2012	2013
生产性	13.3	13.9	14.3	14.6	14.9	15.2	15.6	15.5	15.9	17.0
流通性	45.5	45.8	46.7	47.7	48.5	49.7	49.4	51.9	52.2	53.1
管理性	19.1	19.1	18.6	18.1	17.8	17.5	17.7	16.6	16.4	15.4
文教卫	22.1	21.2	20.5	19.6	18.7	17.6	17.3	16.0	15.5	14.5

资料来源:根据表3计算而来。

从各行业类别新增就业人员占当年第三产业新增总就业人口的比重看,如表5所示,流通性服务业依然是吸纳新增劳动力的主力军,从2005年吸纳当年新增就业人口的51.3%到2013年的60.6%增长了9.3个百分点,生产性服务业也增长了4.5个百分点,但是相对于流通性服务业的高比重来说明显不足,这说明生产性服务业的就业拉动作用还没有完全发挥出来,而社会管理类和文教卫在吸纳新增就业人口上则表现出下降趋势。

表5 四大行业类别新增人员占当年第三产业新增总就业人员的比重

单位:%

年份	2005	2006	2007	2008	2009	2010	2011	2012	2013
生产性	23.9	21.4	19.5	20.4	18.4	24.2	14.5	21.1	27.4
流通性	51.3	62.4	63.9	61.3	63.1	43.0	72.9	57.4	60.6
管理性	19.1	9.2	11.1	13.4	13.6	21.1	7.3	13.9	6.7
文教卫	5.7	7.0	5.5	4.9	4.9	11.6	5.4	7.5	5.3

不同行业类别吸纳就业情况会给大学生就业带来怎样的影响呢？麦可思"中国2013届大学毕业生社会需求与培养质量调查"显示，2013届本科毕业生就业的前十位行业为建筑业（10.6%）、教育业（10.0%）、媒体、信息及通信业（8.7%）、金融业（8.5%）、电子电气仪器设备及电脑制造业（7.2%）、政府及公共管理（6.6%）、各类专业设计及咨询服务业（5.4%）、机械五金制造业（4.7%）、化学品化工塑料业（3.7%）和零售商业（3.5%），后十位的行业分别为玻璃黏土、石灰水泥制造业（0.5%）、住宿和餐饮业（0.9%）、矿业（0.9%）、初级金属制造业（0.9%）、艺术、娱乐和休闲业（0.9%）、批发商业（1.0%）、邮递物流及仓储业（1.0%）、农林渔和畜牧业（1.1%）、纺织皮革及成品加工业（1.4%）和其他服务业（1.5%）。[①] 从这一统计结果可以看出大学生的目标就业行业主要在一些资本和技术密集型、低消耗、低污染、高产出的中高端行业，而劳动密集型行业以及一些高消耗、高污染的低端行业不是大学生的主要就业行业。表4和表5的结果显示，劳动密集型行业集中的流通业，尤其是批发零售业是吸纳劳动力的巨大蓄水池，这种中低端为主的产业和行业结构现状，虽然保障了作为人口大国的我国的就业稳定增长，但是产业和行业级别过低也成为造成当今大学毕业生就业过程中的供需匹配问题和人岗匹配问题出现的一大诱因。

根据2013年《中国劳动统计年鉴》绘制出2012年分行业城镇就业人员受教育程度大专及以上水平所占比例图（见图3）。文教卫大类和公共管理社会组织的就业人员学历水平较高，例如，从事教育和卫生、社会保障和社会福利业相关工作的人员大专及以上水平者占到70%以上，这些行业虽然是大学毕业生所向往的，但是由于其对劳动力的吸纳能力有限且每年吸纳新增就业人数的比重还呈下降趋势，并且这些行业存在较严重的劳动力市场分割问题，因此不会成为吸纳大学毕业生就业的主力军。

另外，流通性服务业内所包含的三类行业大多属于劳动密集型行业，对劳动者素质的要求不高，2012年，流通性服务业所属三个行业的大专及以上学历就业人员的比例在所有行业中几乎最低，因此流通性服务业也不会成为大学毕业生的目标就业行业，其吸纳的劳动力主要是学历水平较低、技能水平也比

---

① 麦可思研究院. 2014年中国大学生就业报告［M］. 北京：社会科学文献出版社，2015：62.

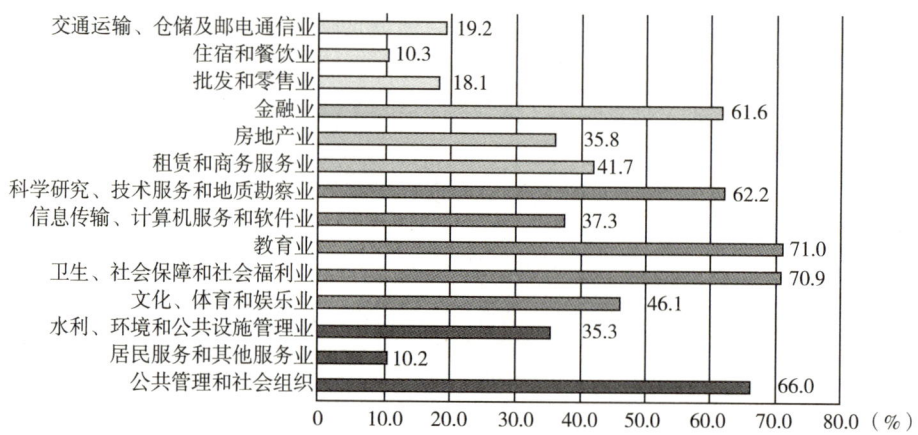

图3　2012年分行业城镇就业人员受教育程度大专及以上所占比例

资料来源：根据《中国劳动统计年鉴》(2013) 计算绘制。

较低的农村剩余劳动力和城镇下岗失业工人。所以，相比之下，生产性服务业就成为了吸纳受过高等教育劳动力的主要部门。然而，事实上虽然生产性服务业近年来发展势头强劲，但是相比于传统服务业，仍存在着规模小，吸纳就业少，建设水平低的缺陷，这也促发了在一些行业过度教育的发生。生产性服务业发展不足和流通服务业的低水平发展使得那些具有较高文化教育水平的劳动力很难从现代服务业的扩张中实现与受教育程度相匹配的就业，在这种情况下，一方面，这些劳动力只能在本行业内部从事较低岗位的工作，或者干脆跳出这个行业从事较低的行业；另一方面，高素质的劳动力不匹配性就业甚至失业，反过来又导致现代服务业持续低效的发展，进而使得对高素质人才的需求不足，更加难以提供相应的岗位。

综上可知，我国的生产性服务业发展虽然不及流通性服务业，但两者之间差距不断缩小，且正处在上升阶段，这意味着我国的生产性服务业还有着巨大的发展潜力。从其他国家的发展经验来看，生产性服务业将成为解决我国大学生就业的主战场。

(三) 职业结构对过度教育的影响

由于过度教育的内涵是劳动者受教育水平与岗位要求之间的不匹配，所以从职业结构的变迁来分析需求的变化同样有合理性。选择2002~2012年数据进行分析。采用众数法，即通过判断同一职业就业人口的受教育程度的众数，将众数作为该职业就业的劳动者最为需要的受教育程度。

七类职业除了单位负责人的城镇就业人口的受教育程度在2002~2012年均有不同程度的上升，如表6所示，单位负责人的受教育程度在大专及以上学历上升不明显甚至还有下降趋势，在中等学历有一定上升。从每年各个职业受教育程度来看，单位负责人、专业技术人员、办事人员和有关人员的受教育程度众数都为"大专及以上学历"，其他职业的众数则为"初中"。

表6 2002~2012年城镇就业人员不同职业受教育程度分布情况

单位：%

	单位负责人	专业技术人员	办事人员和有关人员	商业服务业人员	农林牧渔水利生产人员	生产运输设备操作人员	其他
2002年							
未上过学	0.6	0.3	0.3	2.1	10.6	1.1	3.3
小学	3.0	2.6	2.8	13.3	36.2	10.9	17.7
初中	19.7	19.3	22.4	52.9	47.0	55.2	51.4
高中	30.2	33.3	40.0	27.5	6.0	29.6	21.9
大专及以上	46.5	44.5	34.5	4.1	0.3	3.2	5.7
2003年							
未上过学	0.6	0.3	0.3	1.8	10.6	1.1	3.1
小学	3.3	2.4	2.6	12.6	34.7	12.0	16.6
初中	19.4	19.0	20.7	52.5	46.8	54.2	52.5
高中	29.1	32.2	39.8	28.5	7.3	29.2	22.2
大专及以上	47.6	46.1	36.5	4.6	0.5	3.6	5.7
2004年							
未上过学	0.2	0.2	0.3	1.5	7.8	1.2	2.3
小学	2.8	2.8	2.7	11.2	33.9	11.3	15.9
初中	18.5	20.9	21.4	54.0	49.8	55.1	52.4
高中	27.6	30.2	36.7	28.4	7.6	28.2	23.3
大专及以上	50.8	45.9	38.9	4.8	0.8	4.3	6.0
2005年							
未上过学	0.3	0.5	0.4	2.0	9.5	1.4	2.8
小学	4.5	3.4	3.9	13.6	36.2	14.7	16.4

续表

	单位负责人	专业技术人员	办事人员和有关人员	商业服务业人员	农林牧渔水利生产人员	生产运输设备操作人员	其他
初中	23.0	13.9	19.0	49.5	47.3	56.9	48.0
高中	28.0	26.8	30.3	27.0	6.5	22.6	23.6
大专及以上	44.2	55.3	46.4	7.8	0.5	4.4	9.1
2006 年							
未上过学	0.3	0.1	0.3	1.3	7.9	1.2	2.8
小学	3.9	1.8	3.5	12.2	35.9	13.9	13.2
初中	24.8	13.3	19.0	49.0	49.0	55.9	43.1
高中	30.0	26.8	30.0	28.4	6.7	23.6	25.4
大专及以上	32.0	58.0	47.2	9.1	0.5	5.5	15.5
2007 年							
未上过学	0.2	0.2	0.2	1.2	7.1	1.0	2.1
小学	3.8	2.1	3.0	11.5	35.2	13.0	19.1
初中	26.4	14.2	19.5	50.6	50.7	57.0	46.2
高中	29.7	26.4	31.0	27.8	6.5	23.5	22.4
大专及以上	39.9	57.1	46.2	8.9	0.5	5.5	10.3
2008 年							
未上过学	0.2	0.1	0.3	1.2	6.6	0.9	1.6
小学	5.2	1.9	3.6	11.7	34.8	12.4	12.1
初中	29.4	14.4	19.6	50.0	51.1	56.9	48.4
高中	29.5	24.8	30.2	27.7	6.9	23.7	25.7
大专及以上	35.6	58.7	46.1	9.5	0.6	6.1	12.1
2009 年							
未上过学	0.2	0.1	0.3	1.2	6.6	0.9	1.6
小学	5.2	1.9	3.6	11.7	34.8	12.4	12.1
初中	29.4	14.4	19.6	50.0	51.1	56.9	48.4
高中	29.5	24.8	30.2	27.7	6.9	23.7	25.7
大专及以上	35.6	58.7	46.1	9.5	0.6	6.1	12.1
2010 年							
未上过学	0.2	0.1	0.2	0.9	4.5	0.6	1.3
小学	4.2	1.3	3.5	10.5	32.0	12.2	13.2

续表

	单位负责人	专业技术人员	办事人员和有关人员	商业服务业人员	农林牧渔水利生产人员	生产运输设备操作人员	其他
初中	26.1	11.0	19.7	48.6	54.2	57.6	46.9
高中	26.2	21.8	26.0	27.3	8.1	22.4	24.0
大专及以上	43.4	65.8	50.5	12.8	1.2	7.1	14.6
2011年							
未上过学	0.2	0.1	0.2	0.6	3.3	0.5	0.4
小学	4.2	2.1	2.4	8.3	29.0	10.2	11.0
初中	27.1	13.3	16.7	44.3	55.2	51.6	37.0
高中	27.3	22.9	26.7	30.0	10.2	26.9	25.4
大专及以上	41.3	61.5	54.0	16.8	2.3	10.8	26.1
2012年							
未上过学	0.1	0.1	0.2	0.6	3.4	0.6	1.4
小学	3.9	1.6	2.5	7.9	29.3	9.4	8.6
初中	26.6	13.5	16.5	44.1	56.2	52.3	41.9
高中	28.5	21.7	26.3	30.9	9.2	26.8	27.9
大专及以上	41.0	63.1	54.5	16.4	2.0	11.0	20.2

资料来源：《2003~2013年中国劳动统计年鉴》，众数用灰色底纹标出。

再从大专及以上学历就业者在各个职业所占比例看，专业技术人员、办事人员和有关人员、单位负责人专科及以上学历占比平均值分别为55.9%、45.5%和41.6%，比例明显高于其他四类职业。因此，将七类职业按照所需教育程度的不同分为两类，把前三类职业简单称为"专科以上职业"，把后四类职业称为"专科以下职业"。结合中国就业网公布的《全国职业供求分析报告》中对历年不同职业需求人数的汇总发现，劳动力市场中"专科以下职业"对劳动力的需求明显多于且增长速度也快于"专科以上职业"对劳动力的需求，劳动力市场需求或者说就业岗位的提供主要还是源于专科以下职业。如表7所示，2002~2012年，专科以上职业需求人数平均每年为4268791人，而专科以下职业需求人数平均为12422657人，专科以上职业需求人数所占比率的变化率有些年没有增加相反还有所下降。从劳动力的供给方来看，专科以上职业供给人数变动的主要因素来源于大学毕业生人数。2006~2012年的专科以上职业需求人数变化率的平均值为8.7%，而同期的求职人员中单应届毕业生求职人数的增加率就高达16.8%，这还不包含往届高校毕业生再就业的人数。分年度看，应届高校毕业生求职人数年增长率为16.8%的比例也仅仅是被2011年的特殊情况所拉低，如果不算2011年的情况，那么就是每年10.6%适合高校毕业生的就业岗位的增加，对应以每年25.7%的速度增加的应届高校毕业生大军，因此，高校毕业生找到适合自己受教育程度的工作的难度可想而知。

表7 两类职业需求人数变化及求职人员中应届高校毕业生人数变化

年份	专科以上职业需求人数（人）	专科以下职业需求人数（人）	专科以上职业需求人数变化率（%）	求职人员应届高校毕业生人数（人）	求职人员应届高校毕业生变化率（%）
2002	1772117	5005781	—	—	—
2003	2173375	6706171	—	—	—
2004	3481536	10623091	—	—	—
2005	3928535	11682065	—	—	—
2006	3825419	10832589	—	1098309	—
2007	4506000	12151245	17.8	1324712	20.6
2008	4720340	13464053	4.8	1576090	19.0
2009	5223656	15709645	10.7	2157468	36.9
2010	5570126	17789624	6.6	2911755	35.0
2011	5516601	15163962	-1.0	2109365	-27.6
2012	6238999	17520996	13.1	2471343	17.2
平均值	4268791	12422657	8.7	1949863	16.8

注：根据中国就业网公布的历年《全国职业供求分析报告》计算绘制，2006年以前官方没有公布求职人员中应届毕业生人数，因此无法计算2006年以前的情况。

四、其他宏观经济因素对过度教育的影响

（一）经济规模决定教育投资水平

从数量上来看，经济基础与经济发展水平决定了教育投资规模，为过度教

育问题的滋生提供了物质基础。教育投资可以这样定义：它是指一个国家或地区，为了培养不同熟练程度的后备劳动力和各种专门人才，以及提高现有劳动力的智力水平和劳动能力而投入到教育领域中的人力、物力和财力资源，它是以货币形式表现出来的费用的综合，其包含两层含义：一是教育投资是投入到教育者以特定领域内的人力、物力和财力的货币表现，二是其目的在于培养和提高人的劳动能力和智力水平[①]。一般来说，经济增长就是国民生产总值的增加，进而国民收入得以增加。教育投资是国民收入再投入至教育领域，其本质是投入社会再生产所需要的人力资本，也可以划入再分配的范畴。恩格斯说："分配方式本质上取决于有多少产品可以分配。"一方面，经济的增长为国家教育投资的增加提供了物质基础；另一方面，经济增长也是影响人均收入提高的最主要因素，人均收入的提高也会扩大个人的教育投资水平。

没有充足的教育经费，我国高等教育规模不可能在短时间内扩大。从我国改革开放以来，经济总量大规模增长，国民总收入从1978年的3645.22亿元增长到2013年的566130.28亿元。人均国内生产总值也从1978年的381.23元增长到2013年的41907.59元。国民收入的增长也带动了国家对教育的投资。据统计，高等院校国家财政内教育经费在高校扩招前1998年只有3837813万元，到了2011年已经增长到40963277万元。从居民的消费角度来看，由于个人可支配收入的增加，对教育尤其是高等教育的投入支出也有所增加，2006~2010年教育娱乐消费支出已经占到我国城镇居民家庭消费中的第二位，1998年城镇人均高等教育支出仅为283元，到了2009年则增长到了1025元。经济的发展也需要源源不断的高水平人才作支撑，尤其是"取之不尽，用之不竭"的适龄劳动力人口在2012年开始走下坡路，低廉劳动力资源优势已然不在，人口红利逐渐消失，人才红利逐渐成为刺激我国经济进一步发展的引擎。

（二）经济结构不合理阻碍人才流动

经济结构的失衡对劳动力流动尤其是人才流动有一定的影响，进而使有些地区和部门形成人才高地，人才高消费现象显著，出现过度教育。经济结构划分方法有很多在学术界也没有达成一致。一般认为生产要素在行业、地区、企

---

① 刘志民.教育经济学［M］.北京：北京大学出版社，2007：143.

业之间的分布状况，或是国民生产总量在部门、地区、企业之间的分布即为经济结构。本部分主要考虑经济结构中的所有制结构、区域结构和产业结构。

在所有制结构变化中，最突出的就是非公有经济比重的上升。1975年，国有工业产值占81.1%，集体工业产值占18.9%，而到了2010年国有工业产值只占到26.6%，私营企业则占到了30.5%。另外，第二次经济普查结果显示，全国非公有企业数已经占到了95%，吸纳就业人数比重也占到了79.70%。所有制结构的不同决定着用人方式和工资机制的不同，也决定着劳动力流动的不同。有研究发现，国有部门的流动性显著低于其他部门，民营部门和国有及集体部门之间的流动性也比较低，而带有公有性质的部门之间的流动性相对较高，尤其是国有部门和大型集体部门之间。最后，民营部门和小型集体部门之间的流动性相对较大。[①] 随着经济结构调整和国企改革的逐步推进，公有经济虽然占比下降，但是在一些关乎国计民生命脉的行业即使有非国有资本的加入但国有资本仍占主导地位。与非公有企业相比反映在劳动力市场中就呈现出工作稳定性更强、薪酬待遇更好、职业地位更高、社会保障更健全的显著特征，因此也成为了高校毕业生就业首选。

从区域结构看，我国经济发展存在明显的区域差异性，根据国家统计局公布数据，各省（直辖市）2017年人均国内生产总值，差异还是比较明显的，2017年人均GDP排名前十的省市为：北京12.9万元，上海12.5万元、天津11.9万元、江苏10.7万元、浙江9.3万元、福建8.3万元、广东8.2万元、山东7.3万元、内蒙古6.9万元、重庆6.4万元，仅两个省份不是来自于东部地区。此外，区域发展的不均衡也会对公共服务带来影响。在医疗卫生服务方面，2017年每万人拥有卫生技术人员数北京市为113人，而位于中部地区的江西省则只有51人；2012年三级公立医院（我国医院等级评定，三级最高）东部地区为4904个，中部地区为443个，西部地区只有389个。此外，在城镇化水平、教育、社会保障、文化娱乐、基础设施等方面东中西部也有一定差距。这种区域经济发展的不均衡直接影响着劳动力的流动。

总之，区域经济不均衡性导致毕业生就业区域选择上的差异，东部地区人才聚集优势明显的同时，也形成了人才高地，受过高等教育的求职者在很多岗

[①] 邢春冰. 经济转型与不同所有制部门的工资决定 [J]. 管理世界, 2007 (6): 23-37.

位出现供大于求的现象，致使东部地区过度教育问题较其他地区更为严重。因此经济结构的不合理导致局部的结构性过度教育问题的发生。

参考文献：

［1］Berg Ivar. Education and Jobs：The Great Training of Robbery ［M］. New York：Praeger，1970.

［2］Fabian Slonimczyk. Earnings Inequality and Skill Mismatch in the U. S.：1973－2002 ［J］. The Journal of Economic Inequality，2011（12）.

［3］Kiker B.，Santos M.，de Oliveira M. Overeducation and Undereducation：Evidence for Portugal ［J］. Economics of Education Review，1997，16（2）：111-125.

［4］Martin Trow. Twentieth-Century Higher Education：Elite to Mass to Universal ［M］. edited by Michael Burrage. Baltimore：Johns Hopkins University Press，2010.

［5］Mun C. Tsang，Henry M. Levin. The Economics of Overeducation ［J］. Economics of Education Review，1985（4）：93-104.

［6］Richard B. Freeman. The Over-educated American ［M］. Massacbusetts：Acedemic Press，1976.

［7］Rumberger，Russell W. The Impact of Surplus Schooling on Productivity and Earnings ［J］. Journal of Human Resources，1987（22）：24-50.

［8］Stephen Vaisey. Education and its Discontents：Overeducation in America，1972－2002 ［R］. Social Forces，2012（85）：2.

［9］黄志岭等. 过度教育的收入效应实证研究 ［J］. 财经论丛，2020（6）：16-22.

［10］刘志民. 教育经济学 ［M］. 北京：北京大学出版社，2007：143.

［11］麦可思研究院. 2014年中国大学生就业报告 ［M］. 北京：社会科学文献出版社，2014：62.

［12］曲恒昌，曾晓东. 西方教育经济学研究 ［M］. 北京：北京师范大学出版社，2000：123.

［13］邢春冰. 经济转型与不同所有制部门的工资决定 ［J］. 管理世界，2007（6）：23-37.

数字技术支持的平台工作及其雇佣关系

伍美云[*]

一、引言

"机器人"一词在近 100 年前由捷克作家卡雷尔·卡佩可（Karel Capek）在其创作的科幻舞台剧《罗素姆的万能机器人》中首次提出，剧中描述以更低的成本一个机器人可以完成 2.5 个工人的工作量[①]。如今，随着公司越来越多地在制造过程中使用机器人或运用算法（Algorithme）优化其物流并完成其他业务功能，这一现象不再仅存在于科幻作品中，而是一个科技发展事实，乃至是商业现实。这一加速发展的科技浪潮被称为"第四次工业革命"或"第二机器时代"。伴随着此次科技创新潮，"数字化""信息化""自动化""机器人化"等词不绝于耳。与这些技术相伴产生的是新的经济社会现象，如"平台经济"，亦称"零工经济""共享经济"等。同时，此次科技变革的性质和影响也成为各界讨论的热点话题。基于此次技术变革中将无一职业可以避免科技影响的认识，即无论是低技能还是高技能职业，甚至是高等教育和健康医疗从业者都将受到不同程度的影响，有研究者提出"这一次与以往不同"。

数字科技浪潮的"不一样"主要可以从以下几方面进行解读：第一，新技术的发展范围更深、更广，信息技术认知能力使得其比以往技术更具颠覆性力量；第二，指数级的发展速度是前所未有的，如摩尔定律（Moore's Law）

---

[*] 伍美云，加拿大蒙特利尔大学全球化与工作研究中心助理研究员，博士，主要研究领域：劳动关系理论、雇员策略。

[①] "机器人"（Robot）源自捷克语"Robota"，而该词表示"农奴工作"（Serf Work）。

所说，电脑计算能力每18~24个月会提升1倍；第三，对全球社会与经济的颠覆性影响，福特（Ford，2015）用"七种致命趋势"来描述数字技术对经济社会的影响，并认为这次不同于以往，因为它打破了"生产率提高和收入增加之间的相关性"，且人们无法在经济史上总结、吸取经验。总之，数字化技术范围的深度与广度，其发展速度及其影响的不确定性使其显得不同于以往各次技术变革，尤其是其社会和经济影响。

一方面，伴随着物联网、3D打印、云计算、机器人技术等的发展，传统制造行业进入了一个新的技术变革阶段。这些变革技术被描述为"高端制造技术""数字制造技术""智能工厂""工业4.0""智能制造"等。另一方面，数字技术使基于网络、基于平台的商业模式、公司成为可能，在这些商业模式、公司中，数据生成和管理发挥着核心作用。尽管商业模式和公司非常多样化，既包括巨型跨国公司如脸书（Facebook）、阿里巴巴等，也包括较小的、服务小众的企业（Niche-related Businesses），其中小众化是它们与"传统"公司相区别的一个重要特征。无论是制造业还是新的商业模式企业，雇佣关系受到这些变化的影响，面临新的挑战。但在传统制造业，新技术引进带来工作的变化并不是一个新话题，而是自第一次产业革命以来就存在的。此次技术变革之所以被人们认为会给雇佣关系带来颠覆性影响，主要在于数字化技术所带来的平台经济模式，及相应而生的工作模式对传统雇佣关系的挑战。因此，本文将主要聚焦于支持平台经济的数字化技术对雇佣关系的影响。

二、数字技术支持的平台经济

随着数字技术的发展，"平台经济"（Platform Economy）[①]这类新的商业模式在各个行业中不断涌现和发展。尽管它们在行业中存在差异，但它们具有共同的特征，即使用基于应用程序的平台来连接商品、服务或劳动力供应者和

[①] "共享经济"（Sharing Economy）似乎是最常用的术语，但欧洲议会表示"平台经济"（Platform Economy）一词是最客观的描述，并呼吁委员会确保使用连贯的术语（程序2017）/2003（INI）。如Drahokoupil和Fabo（2016）以及Fabo等（2017）的研究也更倾向于使用"平台经济"这个术语而不是"共享经济"或"协同经济"（Collaborative Economy）术语，因为后两个术语引起某些特定的关注而不是客观地关注平台的使用。

需求者，运营平台的公司根据每笔交易的现金价格收取服务费，百分比因公司而异。这种模式的一个优势是方便，人们只需单击计算机鼠标或在手机上点击他们的应用程序即可获得商品或服务；另一个优势是其评价系统，它在一定程度上有助于培养信任并降低匿名交易的风险。然而，新的商业模式也给公司乃至整个社会带来了挑战。一方面，我们可以看到诸如优步（Uber）、滴滴等企业的快速崛起，平台经济的规模和重要性正在迅速扩大；另一方面，人们对它们仍然知之甚少，特别是劳动领域的问题。比如，平台工作者（Platform Worker）划归为独立承包人（Independent Contractor）是否合理等基本问题仍然没有答案。

平台经济从"协同消费"（Collaborative Consumption）的理念演变而来，与网络和移动应用程序相联系，是由数字平台组成的经济部分，使用户能够共享、出借、出租或购买商品和服务。平台经济的一个关键功能是使个人能够在微观范围内实现货物、服务和货币的交换。比如，亚马逊、淘宝等使任何人都可以在平台上卖出货物并从中赚取利润；优步、滴滴使得任何人都可以使用自己的车提供交通出行服务并收取费用；而爱彼迎（Airbnb）等改变了酒店业，允许任何人出租自己不使用的房产，还有其他各式各样的在线劳动服务平台。与传统市场相比，平台降低了交易成本，从而实现了微交易。具体来说，平台经济体内有三大主体：第一，平台，诸如优步、爱彼迎（Airbnb）或滴滴等公司；第二，通过平台接收商品或服务的客户；第三，服务提供者，也称为众包工作者（Crowd Worker）或平台工作者。这里需要把服务提供者与为平台工作的员工区分开来，因为平台公司员工的职责是维护平台本身而不是利用平台提供自己的服务。

普华永道研究曾估计，2016年"全球共享经济"价值150亿美元，到2025年可能达到3350亿美元。欧盟委员会估计共享经济的当前价值为200亿欧元，到2025年全球共享经济将达到5720亿欧元。同时，有研究者估计，到2025年，"在线人才平台"可以将全球GDP提高2.7万亿美元。平台经济的迅速发展使得相关立法无法跟上。有研究者称平台经济为"数字的狂野西部"（Digital Wild West）。平台经济中出现的许多未解决的问题，比如，税收、负外部性、负债和保险、信息不对称和认知偏见、许可和认证计划、数据和隐私、竞争力及劳动问题等。也就是说，随着数字技术的发展和应用，平台经济迅猛发展，但随之而来的是诸多问题，可能最有争议的问题是与劳动相关的。其中，典型问题是关于平台上的服务提供者是雇员（Employee）还是独立承包人的持续辩论。平台工作者是承包人还是雇员的问题会影响其他劳工问题，包括报酬、工作时间、工作条件等。

三、平台经济的工作模式

与传统的全职（Full-Time）、永久性（Permanent）工作不同，数字技术新创造的大部分工作都是临时的（Temporary）、兼职的（Part-Time）或独立的（Independent），这些工作长期以来被视为"非标准"工作。例如，在线"零工"（Gig）为自由职业工作创造了数字化渠道，并使按需劳动（On-Demand Labour）成为可能。这种数字技术支持的平台经济活动补充或取代传统的就业，因此，平台经济受到政府和利益相关方的密切关注。

关于这种平台工作，最常听到的问题之一是平台工作者是否为自雇人士或独立承包人。这种区分不仅仅是文字上的差别，而是与相应的劳动权利相关，如带薪假期、最低工资等。这个问题在全世界引发了激烈的争论，优步被引用作为一个典型的例子。优步的代表坚持认为自己只是一个将司机（优步的"合作伙伴"）与客户联系起来的"中间人"，而优步司机和法官经常对这一立场提出质疑，因为某些从属因素显然存在。且与自雇佣者不同，优步司机无法协商费用或拒绝利润较低的载客费用。同时，如果优步司机的评价得分低于某个特定值，他们的账户将被暂停，他们的"自雇"将被有效终止。平台支持者倾向于将平台工作者视为"微型企业家"，且宣称千禧一代更喜欢兼职、零工工作，尽管安永的研究报告反驳了这一认识；而反对者称他们为"不稳定无产者"（Precariat）或"高科技无产者"（Cybertariat）。库特纳（Kuttner，2013）认为，平台经济中的就业侵蚀了劳动合同并增加了不稳定的就业，创造了经济学家所谓的"临时劳动"（Contigent Labour）。虽然平台工作者几乎被普遍归类为独立承包人，但平台在维持低成本的同时越来越多地控制平台工作者。Sundararajan（2016）指出："通过应用程序进行的众包（Crowdwork）和随叫即到工作（On Demand Work）允许向个人进行远距离的'外包'活动，这样可以更有效地将外包和分配工作的条款标准化，同时保持对业务流程和产出相当大的控制权。"

当前实践中,在数字技术产生的平台经济活动中,人们提供劳动几乎普遍被视为不受劳动立法和监管保护的独立或自雇佣(Self-Employed)工作者。另外一个与数字化技术相关的做法是使用"独立承包人"替代公司的雇员。这些公司安排的灵活性和不确定性增加了不稳定,使工人更加弱势。在滴滴、优步、爱彼迎等公司的商业模式中,"独立承包人"负责几乎所有的劳动力成本,并提供低于公司资本成本的生产资料。"独立承包人"在履行其工作时未获得任何就业保护或最低劳动标准保护。德怀尔(Dwyer)预测,在短短几年内,商业界将有大约50%的劳动力被视为非雇员。由于他们没有工人的带薪休假、最低工资等权利,他们面临着更加艰难的局面。斯丹鼎(Standing)指出,对许多人来说,从事临时工作是"步入低收入状况的第一步"。随着数字技术的发展和应用,企业可以设法将劳动力用于有时间限制和特定的任务,这将减少生产中的劳动力的部分,并改变用工者和提供者之间的关系。那么,这种平台工作模式在多大程度上是一种新的雇佣关系形式?

四、平台工作的主要特征

所有数字平台经济活动都执行某种匹配功能,即连接参与者进行某种形式的交换(直接或间接)。网络和匹配技术的进步为最成功的数字平台开发广大市场的出现奠定了基础。一旦某个特定平台在其市场中占据领先地位,强大的规模经济和网络范围往往会加强其主导地位。匹配平台可分为两大类:促进资产交易(Asset-Trading)的平台和促进实际生产和工作(Production Work)的平台。促进实际生产和工作的平台在一些行业已经很普遍,包括运输和快递、零工和杂项任务,以及许多形式的数字工作(如编程、写作、翻译或设计)[①]。通过这一类平台,生产性劳动通常包含以下五个主要特征:第一,工作是按需(On-Demand)进行的,工作者只在其服务被即时需要时才工作,且并不保证持续有需求;第二,工作报酬以"一件工作"(Piece of Work)为基础,工作

---

① 一些平台是资产交易和生产工作的混合,比如,爱彼迎(Airbnb)对现有住宿的租赁(一项并不增加GDP的服务),但房屋出租可能与相应服务相挂钩(家政服务、早餐供应等),这些又被视为生产劳动,见Manyika等(2015)。

者是按每个具体任务拿到相应报酬,而不是依据他们工作的时间;第三,生产者自己提供相应的资本设备,这通常包括提供工作场所(家庭、汽车等),以及直接在生产中使用的任何工具和设备,由于个体的财务能力有限,平台工作的资本要求(至少是生产者直接使用的资本)通常相对较小;第四,组织工作的实体不同于产品的最终用户或最终消费者,这意味着生产者、最终用户和中间人之间存在三角关系;第五,利用某种形式的数字中介来委托工作、监督工作,将其交付给最终客户,并促成支付。

这些特征多大程度上是与当前数字技术相关?多大程度上是数字技术促使的创新呢?似乎除了最后一项特征与数字技术有明显联系,因为这种通信、管理、监督和支付的数字技术是最近才开发应用的,其他的各项特征并不是数字技术出现后才有的新事物。为更好地理解平台工作与以往工作形式的不同,从历史的维度来分析它的主要特征显得有必要。

五、历史视角的平台工作

平台工作的几项特征主要包括:随叫即到工作模式(On Demand Work),以件计酬(A Piece of Work),生产者自己提供生产设备的生产服务模式,生产者、中间人与最终用户的三角关系。这些特征并不是新事物,而是自资本主义产生之时便有,甚至可能先于资本主义而存在。在整个雇佣的历史过程中,这些做法在不同行业都出现过。随叫即到工作和计件工资补偿的形式在许多行业中得到普遍应用,因为它们可以确保雇主只支付他们实际需要和接受的工作。随着资本主义首次出现和巩固,临时的、季节性的合同劳动是有偿工作的主要形式。坤兰(Quinlan,2012)表明,在19世纪政策话语中,这些做法被描述为"不稳定的工作"(Precarious Work)。同样,要求生产者提供自己的生产设备是许多行业长期存在的工作特征,比如,运输、建筑和私人服务等。

欧洲在商业资本主义早期常见的"家庭作坊"模式提供了一个很好的历史实例,它证明这些在现代数字经济中兴起的灵活和分包的工作策略存在的历史很长。这种生产模式在纺织品、服装、鞋类、餐具、小家具及其他简单消费品的制造中尤为普遍,在"家庭作坊"生产中,商人提供必要的原材料,将生产任务分配给付费工作人员,生产者使用他们拥有的简单生产设备在自己的家中进行工作。他们的劳动力产出归提供了初始材料的商业资本家所有，生产者只是对这些材料进行了增值劳动。他们的工作以件为基础得到补偿，在家庭工人将成品交给商家后进行支付。同时，双方没有承诺再次参与进行另一批家庭生产。商人负责将成品销售给第三方消费者（在某些情况下，工资支付被推迟到销售之后）。除了缺乏协调、监督和支付工作的数字化系统外，这种商业模式与现代数字平台的商业模式相当。

　　生产者、终端消费者和中间数字平台典型的三角关系也有许多历史先例。这种三角形式模糊了中间人与从事生产劳动的工作者之间的关系，在现代背景下，它允许雇主处在一个"灰色地带"，使得生产者的身份不明确，他们是员工、承包人还是自雇职业者？迄今为止，这种模糊不清使数字平台能够规避传统雇主应履行的正常义务。但这种模糊的中间人立场并不新颖，它在整个资本主义历史中许多前期商业模式的典型做法。为了规避给雇员相应的权利或福利、避免雇佣标准的影响（如最低工资或工作时间限制）以及将市场需求波动的风险转移给生产者，许多情况下，企业一直倾向于将其生产工人包装为"承包人"或名义上独立的生产者，而不是严格定义的"雇员"。从历史的角度来看，劳动承包（Contract）和分包（Subcontract）是19世纪后期之前的早期资本主义有偿工作的主要形式，甚至在钢铁生产等重工业中也常被使用。随着更多正规化和集中化生产技术的出现，以及需要在雇主和工人之间建立更多互惠关系的社会和法律改革，长期固定雇佣的做法才能扩大其影响范围。

　　劳动力短期雇佣的形式也有很长的（数字化前的）历史，它是雇主为规避了与长期雇佣相关的风险和责任而分包劳动力的另一个体现。在19世纪的大部分时间，许多农业和工业设备中的工资工作通常是通过名义上独立的分包商（Independent Subcontractor）或英国和大陆经济体中的"工头"（Bangmasters）组织的。因此，外包、承包和分包策略在整个资本主义历史中始终存在。这种做法在许多非数字行业中也很常见，比如，资源采集（如伐木和钓鱼）、美发和其他私人服务、清洁、维护和修理活动，以及写作、艺术和设计等创造性工作。在这些安排中，生产者通过中间人将其产出最终售出后得到的收入来获得报酬，这与平台企业使用的支付系统类似，分包通常也是工作者提供自己的工具和设备，这也是现代平台工作的另一个特征。

　　因此，除了数字通信、工作分配、监督和支付方法的特定性质之外，现代数字平台中体现的做法和关系似乎根本不是"新的"。这种历史视角使我们能够重新考虑现代数字平台所使用的商业模式和工作组织战略是否以及何种程度上确实是"创新的"。以大家熟知的滴滴乘车服务为例，这个企业凭借有效的数字化调度系统成功地取代了传统的出租车工作，客户可以通过智能手机上的应用程序乘车并付费，同时，客户能够在线跟踪汽车的位置。与长期存在的分包策略一致，滴滴将其司机定义为自雇佣者而非雇员。然而，滴滴设定价格和路线，通过其在线应用程序向客户收取乘车费，监督和以必要的纪律管理司机，然后根据预先确定的距离和时间因素向司机支付部分收入。这个生产过程与传统的出租车没有什么不同，都是司机接上乘客并将他们送到目的地。对于许多用户来说，在线搭乘应用程序比手动搭乘出租车或打电话给调度办公室更便捷。但传统的出租车服务肯定有可能利用数字调度系统（包括基于网络和智能电话系统）来实现这种服务，同时又不采用与滴滴相同的分包劳动策略。

因此，滴滴与传统出租车公司真正的区别在于在其服务范围内的工作安排方式，而不是生产技术。滴滴司机提供自己的车辆，支付所有相关费用（包括摊销、燃料和维修），并由滴滴依据一定比例支付报酬，每小时或每日收入没有保障。滴滴司机承担了运营车辆的全部费用（如出租车所有者—运营商），但却失去了优步从车费收入中扣除的费用（如出租车司机）。这种模式已经允许滴滴从提供出租车式服务中获得利润，但却没有拥有或运营车辆及办理许可证等任何资本支出。对调度应有程序的控制能力，是滴滴获得收入的基础，因为司机使用该程序来找到乘客，而这与旧时商人将家庭制作的商品与最终购买者联系起来的集中能力有何差别？那时，商人也是基于这种链接能力获得自己的收入。同时，与商业资本时期的"家庭作坊"一样，工作者（滴滴司机）自己提供直接用于生产的资金。当然，中间商（滴滴）也必须进行资本投资，但相对于用于生产的总资本而言，它相对较小，其中大部分是由生产者提供的。在"家庭作坊"体系中，商人的投资包括购买材料和开发市场基础设施，以将成品运送到相应市场。对滴滴来说，它的投资包括运行调度和支付系统的软件和计算机能力，以及提升其品牌在消费者中知名度的营销。

现代数字平台经济中，平台公司从产品或服务的持续生产和销售过程中榨取盈余。在现代背景下，企业家能够以大型股票市场估值的形式预先将盈余资本化，然后通过公开发行、期权及其他金融策略将这些收益货币化。在这些方面，金融化措施鼓励且便利了这些商业的快速扩张。但这些天价平台估值是否具有长期可持续性？伴随着对新投资的狂热和泡沫，股票市场经常高估新商业的盈利能力。与此同时，需要注意的是，这些金融化战略无疑会促进大量的财富积累在企业手中，从而加剧社会的不平等，而这些企业起初仅从事相当平凡、低技术的生产而已（如快递、零工等）。

概括来讲，除了以数字技术为媒介进行的通信、工作分配、监督和支付方法等，平台经济中的工作安排和关系并不是完全新的东西。但在现代技术及现代企业的金融战略下，其影响面更为广大，技术始终混合其他社会因素发挥影响。

六、平台工作的用工逻辑

前文分析可知，平台工作的主要特征并不是现代数字技术产生后特有的。那么，为了更好地理解平台工作，本文将进一步分析其用工逻辑。有偿工作的前提是个人为另一个实体开展工作，以换取报酬。在这种关系中，雇主指导并监督其雇佣工作者，以确保其有效。但存在的问题是，被雇者不是"为自己"工作，而是生产被雇主拥有的增值产品，并最终出售成为雇主的利益。从独立生产者的自主工作到有偿雇员工作的过渡需要发展管理、监督、激励和纪律系统，以便雇主可以从其工资雇员中获得最大的劳动投入和生产力。

雇主通常支付的是雇员的时间，但这与他们想要的劳动力努力程度截然不同，这构成了雇主用工的挑战。从工业化初期的工资劳动到现在，雇主通过不同的管理、监管和文化措施来解决用工的挑战，这些做法使劳动强度最大化。单位价格和材料成本保持不变的情况下，最大化单位利润取决于最小化工资支付，最大化劳动强度和提高生产过程的技术效率。但是，工资、劳动强度和生产的最终效率并不是相互独立的，因此雇主的挑战变成了一个复杂游戏——权衡各种方式利弊以实现生产力最大化和底线劳动力成本。如果低报酬会对劳动努力度产生负面影响，那么就不能假设支付最低工资会使利润最大化，这种关系为雇主支付高于市场出清的工资提供了合理的基础。

为了最大限度地降低单位劳动力成本，雇主采取一系列的用工策略。在管理层的决策中，"胡萝卜"和"大棒"之间始终存在着一种权衡：雇主通常会奖励高绩效员工，比如，通过收益分享、高于平均工资等鼓励忠诚和努力，同时也会对不服从或低绩效进行惩罚。然而惩罚的有效性取决于若干其他因素，比如，工人的态度和期望、监督成本、解雇员工的法律能力以及员工因被解雇而遭受的最终损失。此外，员工"失去工作的成本"也是其他几个因素的综合结果，包括被解雇员工能否较快找到其他工作，新工作的收入与之前工资的匹配程度以及过渡期间收入补助金（如失业保险金）。雇主的控制力量源于好工作的稀缺性，因为好工作有限，如果员工与雇主的关系闹僵，员工总会有一些损失。

生产技术显然在很多方面影响了用工，但技术总是与社会因素相互作用。在严格控制的福特主义生产环境中，工作细化为具体任务，产出可能在某种程度上较少依赖于参与工人所施加的劳动努力程度，因为产出主要取决于机械的速度，这可能会降低雇主为激发工人努力而付出的代价。同时，复杂的生产系统需要相当完善的生产纪律。在非常复杂的工作场所，一个工人的缺勤可能会扰乱数百人的工作，这提高了工人对遵守纪律和保证可靠性要求额外费用的能力。因此，集中生产技术可以增强工人的谈判地位。

现代经济中企业平均规模的缩小可能有助于实现分散化，从而使工作更加随意化。通过相对有限的直接资本（包括某些类型的数字工作），使更大程度地分散生产成为可能的技术变革，也可能促使回到更加不稳定的工作组织模式，包括家庭生产体系（要求工人提供自己的资本）。雇主经常以对工作者方便或灵活来"出售"家庭工作安排，但实际上，这是将资本成本转移给工人的有效机制，也是将有偿工作时间延长的有效机制。许多工作需要的资金显然超过了个体工人能够提供的范围。此外，生产可能需要雇主不太愿意支付的专有技术知识，大多数生产仍需要工人在特定时间聚集在特定的工作场所。因此，虽然现代经济中的一些工作可以由使用少量直接资本设备投资的工人来执行，这是数字平台商业模式的工作，但这种趋势能否变成普遍有待进一步考量。

监督技术也影响了雇主对用工中"胡萝卜"和"大棒"之间权衡的选择。一方面，如果监督工人的成本很高（例如，必须雇用人工监督员，而他们自己需要自己监督），并且难以惩罚或解雇那些不符合绩效基准的人，那么雇主将更倾向于使用积极的激励措施。另一方面，如果监管成本低廉（如由于自动化监控技术），对工人进行纪律处罚很容易（如解雇工人可以不需要解雇费用），那么"大棒"看起来相对更有吸引力。在这方面，数字平台技术"评价"系统尤为重要。许多平台利用在线客户"评级"系统来监督其相关"生产者"的服务质量。"生产者"接受个体客户的评价，平台保留对评价不达标的生产者的剔除权。对于该平台，这种评价系统使得监督和绩效管理以低成本的形式外包给客户。当然，对于工作者来说，该系统会带来巨大的风险，比如，不公平、专断或不准确的客户评价，以及容忍客户剥削行为，因为担心自己的评价可能会因抱怨或抵制而受到不利影响。但只要依据未经证实的消费者反应剔除工作者是法律允许的，这个评价系统将成为雇主用工中的一个强大而廉价的武器。

考虑到数字平台业务中"计件工作"报酬的重要性，计件工资补偿在雇主用工中的作用值得进一步讨论。一方面，计件工资补偿似乎是将有偿工作时间转化为所投入劳动努力的明显解决方案：工人因实际产出而不是其劳动时间获得报酬。这解释了管理理论家在整个资本主义历史中对这一方式的推崇——从泰勒主义到现代的数字化应用。但另一方面，计件工作的局限性限制了它对大多数工作的有用性。为了获得最大的效果，计件工资必须在个体层面计算工件补偿，系统难以处理需要工人团队合作的工作。此外，在大多数工作中，劳动力产出很难衡量。在产出质量很重要，而不能仅关注产出数量的情况下，这种测量问题尤其严重。另外，大多数工作会面临不断变化的环境，需要在这种变化的环境下执行各种任务。在这种情况下，工人和管理人员都需要具备判断和解决问题能力的灵活性和素质，而不是盲目追求特定的绩效指标。由于所有这些原因，虽然计件工作仍然是雇主的一个重要工具，但其适用性仅限于现代经济中总工作的一小部分。

这些分析让人有理由质疑依赖于计件工资补偿的数字平台可以在多大程度上在整个经济中传播。零工数字平台也显示了计件报酬的局限性，用户通过该平台定义一个工作，然后平台工作者"竞标"获得工作。但通常用户很难完全准确地描述其所希望获得的服务或其要外包的工作，用户和"生产者"之间的后续（隐含）合同的不完整性引起了许多关于某项工作是否完全完成的争议。

在现代数字平台的背景下，政策制定者并不确定要将现有最低标准（如最低工资标准）应用于通过平台进行的工作，部分原因是平台工作者身份在传统劳动法中不明确。监管政策可以影响管理层和工作者的力量，比如，社会政策通过失业保险而给工人力量去拒绝临时、过低条件的劳动从而影响平台工作。此外，劳动力市场的总体状况是影响雇主用工战略的另一个宏观层面因素。当失业率更高时，失业的成本会更高，因为需要更长时间才能找到一份新工作，这种情况下，一般来说，雇员会更愿意满足雇主的工作场所需求。同时，由于雇主确定当生产需要时可以招聘所需劳动力，这增强了他们利用临时或短期雇佣或通过平台的模式来外包工作的意愿。最后，人们对工作和就业的普遍期望也会影响到平台工作的扩张，有效的工作组织需要同意和控制。新自由主义一定程度上使得当今年轻人对劳动力市场的期待止于不稳定的"零工"（Gig），这一影响在发达经济体尤其突出。

总体来看，平台工作只是雇主用工的策略表现之一。技术的发展对雇主用工策略有很大影响，但技术并不是唯一因素，它还会与其他社会因素相作用。比如，劳动政策、社会保险政策、劳动力市场情况及人们对工作的期望等，这些因素都会一定程度上改变雇主和雇员或工作者的相对力量，从而影响某一做法能否可持续。

七、平台工作与传统标准雇佣关系

前文历史维度的分析可见，除了使用数字技术来协助工作分配、协调和支付报酬之外，数字平台工作几乎没有"新"的东西。他们工作安排的主要特征——随叫即到工作、计件工作报酬、自己提供生产工具以及生产者、中间人和最终用户之间的三角关系，实质上长期存在于资本主义经济中。因此，数字平台所使用的核心劳动关系可以理解为对历史的重现。然而，这样的结论引出了另一个问题，即如果这是对历史的重现，为何人们似乎非常陌生且充满恐慌？一个可能的回答是它偏离了人们所理解的"标准雇佣关系"（Standard Employment Relations，SER）——一种更加规范化、更稳定的雇佣关系，这种"标准雇佣关系"在 20 世纪大部分时间是人们心中的主流。那么，既然类似平台工作的做法由来已久，为什么这些做法在 20 世纪并不那么常见？为什么这段时间雇佣与更稳定的关系和做法相关联？

"标准雇佣关系"是指雇佣提供了更加规范化、可预测的安排,给员工更多的经济安全感,一种更稳定的雇佣制度下的双方关系。克兰福德(Cranford)和波什(Bosch)对这种"标准雇佣关系"特征进行了归纳:工人通常以全职工作形式,只受雇于一名雇主,在雇主的场所使用雇主提供的资本设备工作;通常雇佣期限是不确定的,但工人很少得到"终身雇佣"的承诺,但双方期望的是可持续的雇佣关系,除非一些外力(例如雇主业务的低迷或工人的严重失误)导致这种关系被终止。

这种稳定的雇佣实践起源于19世纪开始的大型工厂集中生产,但直到20世纪,它才成为工作组织的主要模式。随着时间的推移,由于双方对公平和稳定的期望,劳动法界定了双方与雇佣相关的权利和责任,工会和集体谈判法律和惯例也基于这种稳定的、凝聚劳动力的前提构建,这类劳动力市场制度不断发展加强了"标准雇佣关系"作为雇佣的规范基准。此外,社会福利计划也基于稳定雇佣关系而设定,即诸如从工资单收集的社会保障缴款的机制,以及与稳定雇佣相连的养老金或失业保险等权利相关的机制。概括而言,"标准雇佣关系"被视为一种安全雇佣状态,它通过一系列广泛的制度约束建立起来,包括劳动法和政策、社会保障、家庭政策、税收和就业政策等制度。雇主也从这种"标准雇佣关系"中获得了一些好处,比如,工作组织稳定,能够进行更密集的生产计划和围绕工人集体行动构建制度限制。然而,有学者提出它只是资本主义历史中有限的"标准",甚至可以理解为历史的例外。即使在其巅峰时期,尽管受到法律和社会制度的支持,但"标准雇佣关系"从未普及过。

那么,如何解释"标准雇佣关系"作为工作组织主要形式的崛起?它从19世纪后期开始,到"二战"后"黄金时代"在工业化国家扩张达到顶峰。首先,技术当然是关键因素之一。随着福特主义装配线技术的应用,大规模生产集中技术(特别是制造业)的发展,破坏了以前的雇佣模式。资本要求超出了分散生产者的能力、大型设施的运作,以及内部的严格分工,需要一支纪律严明的可靠劳动力队伍的存在。同样,大规模生产技术的特定工作技能要求增强了雇主对稳定劳动力的好处,从而鼓励他们提供长期雇佣。然而,除了技术,更广泛的宏观经济、政治力量推动了"标准雇佣关系"的扩张,特别是在第二次世界大战之后,政府通过凯恩斯主义的充分就业宏观经济政策加强扩张，战后失业率很低。这种激励雇主为招募和留住工人给予稳定的工作，而不是认为随时随地可以获得劳动力。政治要求也巩固了标准雇佣关系的发展，由于各种国内和全球政治经济原因，大多数国家的雇主和政府都不得不给工人提供更具吸引力的条件或社会契约。从而，关于雇主采取何种公平待遇的规范发生了变化，人们期望稳定的就业以及相关的权利和福利作为正常的工作特征。"标准雇佣关系"的优势地位上升，与雇主、国家和工人之间对再分配理解相结合，反映了战后时代经济、政治和地缘政治环境的独特结合。

回到数字技术支持的平台工作，是对"标准雇佣关系"的背离，但这种"背离"并不仅存在于数字平台经济中。有数据表明，在发达的盎格鲁—撒克逊经济体（如美国、澳大利亚和加拿大）中，只有一半的有偿工作仍然是"标准雇佣关系"的模式范围内，兼职、临时、承包和自雇多种形式的不稳定或临时工作占其余部分。因为，支持"标准雇佣关系"的因素在很大程度上出现逆转，这一定程度上解释了不稳定工作的普遍复苏。这些因素包括技术变革的方向，但不仅是基于网络的平台的发展，还包括其他因素，例如，服务业的相对重要性日益增加，以及其他类型生产的分散化，规模较小的生产及雇主可能不担心招聘和留住劳动力等问题。

现代技术促进了生产过程的分解，使得将工作任务外包给其他个人或小型公司成为可能。另外，技术使得监控变得更有效。但是，并不能把"标准雇佣关系"的衰落和以平台工作为典型的不稳定工作的增加视为是由技术决定的。因为更宏观的经济、政治环境发挥着重要作用，他们促使了"标准雇佣关系"在"二战"后的兴盛，同时，由于这些政治、经济力量方向的变化，促进了不稳定的雇佣模式。随着新自由主义宏观经济管理的出现，充分就业不再作为指导目标。劳动力市场的萧条一定程度上已成为工业化国家的特征（特别是自全球金融危机以来），这至少从两种方面促成了不稳定工作的扩大。一方面，雇主不像从前那样担心在必要时不能够雇用到劳动力，因此提供"标准雇佣关系"职位的重要动机消失了。工人被迫失业，加上对失业人员的收入保障缩减，工人不得不接受不稳定的工作。另一方面，新自由主义监管结构的放松，促进了不稳定工作的扩大。这些监管结构反映了政治、文化对雇佣的态度，也影响了雇佣规范和期望。新自由主义经济的其他特征和实践——包括供应链的纵向解体、特许经营的集约化、无处不在的外包，以及复杂的全球供应链的发展——也促成了"标准雇佣关系"的解体及不稳定或临时雇佣的增多。

总结来说,数字技术支持的平台工作只是"标准雇佣关系"被侵蚀的表现之一,而"标准雇佣关系"在"二战"后的兴盛及其随后在新自由主义下的衰落,反映了工业化经济体内政治—经济力量的变化,而不是仅由技术变革导致的。

八、结论

"这一次与以往不同"是对此次数字技术浪潮巨大影响力的描述,一定程度上体现了数字技术给人们带来的担忧。一方面,物联网、机器人等高端制造技术通过消除、替代部分现有工作或创造新的工作机会影响着传统制造业的工作世界;另一方面,数字技术所支持的商业模式创造了新的工作模式,对传统的雇佣关系带来挑战。本文着重于数字化技术所带来的平台经济及相关的工作模式,通过从历史视角和理论层面分析平台工作,并以传统的标准雇佣关系为参照,以更深入地理解平台工作。

首先,数字平台经济下的工作安排并不是顺应此次数字技术而生的新的工作组织方式,其基本用工逻辑是长期存在的。当然,支持规划、分配、监督和支付方式的新数字技术是这些平台商业模式的核心。但是,在大多数情况下,这些技术只是促进某些劳动力管理战略的使用,而这种劳动策略的内在逻辑是一直存在的。平台工作与其他诸多不稳定的用工方式,比如,临时工、中介工等(亦称作"非标准雇佣"),这些用工方式的上升趋势表明对雇佣稳定性的更普遍的侵蚀,但这种不稳定并不只是存在于平台经济中。因此,平台经济的用工方式不能被视作由技术决定的。

其次,技术并不是影响雇佣关系的唯一因素。技术的发展对雇主用工策略有很大影响,但其他社会因素会与它相互作用。比如,劳动政策、社会保险政策、劳动力市场情况及人们对工作的期望等,这些因素都会在一定程度上改变雇主和雇员或工作者的相对力量,从而影响某一做法能否可持续。与其他形式的不稳定工作一样,数字技术支持的平台工作只是"标准雇佣关系"被侵蚀的表现之一。"标准雇佣关系"在"二战"后的兴盛及其随后在新自由主义下的衰落，反映了工业化经济体内政治—经济力量的变化，而不是仅由技术变革导致的。即使技术会改变工作的完成方式和工作的执行者，但取代人类并不是技术进步的必然结果，关系中的各方主体及大的政治经济环境会影响技术的作用。

最后，技术不是唯一的存在，技术变革也不是一蹴而就的，而是一个社会过程。悲观者对此次技术变革带来的可怖前景的预测，基本有一个共同的分析前提，即机器或技术本身是整个过程的唯一参与者。但是，像以前所有技术一样，机器学习（Machine Learning）和算法（Algorithm）带有其开发者和所处文化的印记，其质量水平取决于其创造者。技术创新的成功取决于其所依赖的生态系统，生态系统中元素的强度和成熟度在技术转变中起着关键作用。同时，新技术的引入通常会面临旧技术和就生态系统的一些障碍。因此，新技术的应用不会一蹴而就。此外，技术可行并不总是意味着经济可行。新技术的引入和应用是一个社会过程，技术的结果是受人类主体和组织背景的影响的。因此，当我们思考数字技术对雇佣关系的影响时，应当跳脱技术决定论，而是在更大的政治经济背景中分析参与整个过程的主体权力关系。

参考文献：

[1] Acemoglu, Daron, and Pascual Restrepo. The Race between Machine and Man: Implications of Technology for Growth, Factor Shares and Employment. Boston: National Bureau of Economic Research, 2016.

[2] Adner, Ron, and Rahul Kapoor. Right Tech, Wrong Time: How to Make Sure Your Ecosystem Is Ready for the Newest Technologies. Harvard Business Review, 2016, 94 (11): 60-67.

[3] Bosch, Gerhard. Towards a New Standard Employment Relationship in Western Europe. British Journal of Industrial Relations, 2004, 42 (4): 617-636.

[4] Brass, Tom. "Medieval Working Practices"? British Agriculture and the Return of the Gangmaster. Journal of Peasant Studies, 2004, 31 (2): 313-340.

[5] Braverman, Harry. Labour and Monopoly Capital: The Degradation of Work in the Twentieth Century. New York: Monthly Review Press, 1974.

[6] Brynjolfsson, Erik, and Andrew McAfee. The Second Machine Age: Work, Progress, and Prosperity in a Time of Brilliant Technologies. New York: W. W. Norton & Company, 2014.

[7] Burawoy, Michael. Manufactoring Consent: Changes in the Labor Process under Monopoly Capitalism. Chicago: University of Chicago Press, 1979.

[8] Cranford, Cynthia J, Leah F Vosko, and Nancy Zukewich. Precarious Employment in the Canadian Labour Market: A Statistical Portrait. Just Labour, 2003 (3): 6-22.

[9] Davies, Annette. Industrial Relations and New Technology. New York: Routledge, 2018.

[10] Dwyer, Christopher J. Contingent Workforce Management: 2016 Technology and Innovation Outlook Report. Boston: Ardent Partners, 2016.

[11] Farrell, Diana, and Fiona Greig. Paychecks, Paydays, and the Online Platform Economy: Big Data on Income Volatility. Washington, D. C. : JP Morgan Chase Institute, 2016.

[12] Finkin, Matthew W. Beclpouded Work, Beclouded Workers in Historical Perspective. Comparative Labor Law and Policy Journal, 2016, 37 (3): 578-603.

[13] Ford, Martin. Rise of the Robots: Technology and the Threat of a Jobless Future. New York: Basic Books, 2015.

[14] Gordon, David M. Fat and Mean: The Corporate Squeeze of Working Americans and the Myth of Corporate "Downsizing". New York: Free Press, 1996.

[15] Graversen, Gert. New Technolog—Goals, Control and Participation. In New Technology and Industrial Relations in Scandinavia, edited by Gert Graversen and Russell D. Lansbury, 13-24. Hants, England: Gower Publishing Company Limited, 1988.

[16] Howard, Michael, and John Edward King. The Rise of Neoliberalism in Advanced Capitalist Economies: A Materialist Analysis. Palgrave Macmillan, 2008.

[17] Huws, Ursula. The Making of a Cybertariat: Collected Essays. New York: Monthly Review Press, 2003.

[18] Huws, Ursula. Platform Labour: Sharing Economy or Virtual Wild West. Journal for a Progressive Economy, 2016 (1): 24-27.

[19] Innovation Union. Communication from the Commission to the European Parliament, the Council, the European Economic and Social Committee and the Committee of the Regions — a European Agenda for the Collaborative Economy. Brussel: European Union Commission, 2016.

[20] Johnstone, Richard, Shae McCrystal, Igor Nossar, Michael Quinlan, Michael Rawling, and Joellen Riley. Beyond Employment: The Legal Regulation of Work Relationships. Alexandria Australia: The Federation Press, 2012.

[21] Kalleberg, Arne L. Precarious Work, Insecure Workers: Employment Relations in Transition. American Sociological Review, 2009, 74 (1): 1-22.

[22] Kilhoffer, Zachary, Karolien Lenaerts, and Miroslav Beblavý. The Platform Economy and Industrial Relations: Applying the Old Framework to the New Reality. Brussels: CEPS, 2017.

[23] Kuttner, Robert. Thetask Rabbit Economy. The American Prospect, 2013 (9): 46-55.

[24] Lazonick, William. Sustainable Prosperity in the New Economy?: Business Organization and High-Tech Employment in the United States. Kalamazoo, Michigan: W. E. Upjohn Institute for Employment Research, 2009.

[25] Lewchuk, Wayne, Michelynn Lafleche, Diane Dyson, Luin Goldring, Alan Meisner, Stephanie Procyk, Dan Rosen, et al. It's More Than Poverty: Employment Precarity and Household Well-Being. Toronto, On: Poverty and Employment Precarity in Southern Ontario, 2013.

[26] Manyika, James, Susan Lund, Kelsey Robinson, John Valentino, and Richard Dobbs. A Labor Market That Works: Connecting Talent with Opportunity in the Digital Age. McKinsey Global Institute, 2015.

[27] Orlikowski, Wanda J. The Duality of Technology: Rethinking the Concept of Technology in Organizations. Organization Science, 1992 (3): 398-427.

[28] Prassl, Jeremias, and Martin Risak. Uber, Taskrabbit, and Co.: Platforms as Employers-Rethinking the Legal Analysis of Crowdwork. Comparative Labor Law and Policy Journal, 2016 (37): 619-649.

[29] Quinlan, Michael. The "Pre-Invention" of Precarious Employment: The Changing World of Work in Context. The Economic and Labour Relations Review, 2012, 23 (4): 3-24.

[30] Schwab, Klaus. The Fourth Industrial Revolution. Geneva: World Economic Forum, 2016.

[31] Standing, Guy. The Precariat: The New Dangerous Class. London: Bloomsbury Academic, 2014.

[32] Stanford, Jim. The Resurgence of Gig Work: Historical and Theoretical Perspectives. The Economic and Labour Relations Review, 2017, 28 (3): 382-401.

[33] Stewart, Andrew, and Jim Stanford. Regulating Work in the Gig Economy: What Are the Options?. The Economic and Labour Relations Review, 2017, 28 (3): 420-437.

[34] Sundararajan, Arun. The Sharing Economy: The End of Employment and the Rise of Crowd-Based Capitalism. Boston: The MIT Press, 2016.

[35] Susskind, Richard, and Daniel Susskind. The Future of the Professions: How Technology Will Transform the Work of Human Experts. Oxford: Oxford University Press, 2015.

[36] Unions NSW. Innovation or Exploitation. Busting the Airtasker Myth. Sydney: Unions NSW, 2016.

[37] Valenduc, Gérard, and Patricia Vendramin. Work in the Digital Economy: Sorting the Old from the New. Brussels: European Trade Union Institute, 2016.

[38] Vaughan R, and J Hawksworth. The Sharing Economy: How Will It Disrupt Your Business. London: Price Waterhouse & Cooper, 2014.

[39] Wajcman J. Automation: Is It Really Different This Time?. The British Jounal of Sociology, 2017, 68 (1): 119-127.

[40] Wilson H. James , and Paul R. Daugherty. Collaborative Intelligence: Humans and Ai Are Joining Forces. Harvard Business Review, 2018 (7): 114-123.

新就业形态中非典型雇佣关系的影响因素及优化建议

魏 巍 杨河清 王 欣[*]

一、问题的提出

《中国互联网络发展状况统计报告》显示，截至2017年12月，我国网民规模达7.72亿人，全年共计新增网民4074万人。互联网普及率为55.8%，较2016年底提升2.6个百分点。我国手机网民规模达7.53亿人，较2016年底增加5734万人。网民中使用手机上网人群的占比由2016年的95.1%提升至97.5%。在移动互联时代，以新一代信息和网络技术为支撑，加强技术集成和商业模式创新，推动了平台经济、众包经济、分享经济等的创新发展。出现了很多新型的就业形式，如淘宝微商、网红、网约车司机、房产中介、O2O企业线下服务人员等，一方面用信息手段解决了很大数量的劳动者就业问题，另一方面不同于以往雇佣关系的非典型雇佣也日益成为热点。

党的十九大报告强调"要实现更高质量和更充分就业，完善政府、工会、企业共同参与的协商协调机制，构建和谐劳动关系"。2018年李克强总理在中央政府工作报告中明确"鼓励大企业、高校和科研院所开放创新资源，发展平台经济、共享经济，形成线上线下结合、产学研用协同、大中小企业融合的创新创业格局，打造'双创'升级版，着力促进就业创业"。中共十八届三中

---

[*] 魏巍，北京物资学院副教授，经济学博士，主要研究领域：劳动经济学、劳动关系；杨河清，首都经济贸易大学教授、博士生导师，主要研究领域：劳动经济、劳动关系、过度劳动、人才学；王欣，首都经济贸易大学讲师，经济学博士，主要研究领域：劳动经济、过度劳动。

全会指出,"要创新劳动关系协调机制";中共十八届五中全会公报和2016年政府工作报告都提到,"加强对灵活就业、新就业形态的支持"。国务院印发《关于做好当前和今后一段时期就业创业工作的意见》(国发〔2017〕28号)指出,支持新就业形态发展完善适应新就业形态特点的用工和社保等制度,探索适应灵活就业人员的失业、工伤保险保障方式。可见,国家对于"新就业形态"的关注,这也是本文的意义所在。

非典型雇佣这一概念首先由 Freedman(1985)提出,它是相对于传统的雇佣方式而言的。是指所从事的工作是通过职业中介机构所安排的,并且往往其工作的地点、时间与数量具有潜在的不可预期性(转引自 Pohkva,1996)。相对于传统的雇佣关系而言,非典型雇佣关系在合同期限、薪酬标准、工作关系、工作时间、工作地点的不同,如表1所示。

表1 典型雇佣关系与非典型雇佣关系比较分析

	典型雇佣关系	非典型雇佣关系
合同期限	雇主与雇员签订全日制的长期劳动合同	雇主与雇员之间签订的是有期限工作合同
薪酬标准	雇主向雇员提供不低于国家规定的最低工资标准的薪酬(含社会保障)	雇主向雇员提供不低于国家规定的最低工资标准的薪酬
工作关系	雇员依附于雇主,听从雇主指挥;监督与服从层级管理关系	介于市场交易关系和层级管理关系之间的新型雇佣关系
工作内容	劳动合同是开放性的,对雇员工作任务不做详细约定	对工作任务的约定相对更加详细,具有市场交易关系的特征
工作时间	全日制	不确定
工作地点	相对确定	不确定

本文的研究对象主要是互联网经济背景下,在平台经济中活跃的非典型雇佣群体,他们从事的多是服务行业,与平台企业存在一定的管理与被管理的关系,工作时间、工作地点相对自由,工作地点、时间与数量具有潜在的不可预期性,接受平台企业的任务,也向其支付一定程度的管理费用,与传统的雇佣关系有着显著的差别。

二、理论模型、方法及主要研究变量

(一) 理论模型和研究方法

对于雇佣关系的研究,管理学派主要遵循两个理论框架,第一个理论框架是以 Rousseau 等（1990,1995）等为代表的从员工的角度来研究双方对雇佣关系责任认知的心理契约模型。第二个理论框架是以徐淑英等（Tusi A. S., Pearce J. L., Porter, L. W. & Tripoli, A. M., 1997）为代表的从组织的角度来研究对双方责任认知的雇佣关系的诱因/贡献模型。本文在以上两种研究思路基础上,主要沿袭第二个理论框架即诱因/贡献模型,把非典型雇佣关系的影响因素进行归类。Rousseau（1995）对雇佣关系的理论分析认为,雇佣关系受到各种内外部因素的影响。内部因素包括个人的解释风格、价值观、特质等;外部因素包括来自外在的信息和社会线索,如工作关系、组织激励等。

因研究对象分散化,变量关系目前没有清晰界定,需要用质性研究形成理论框架,笔者依据简单抽样原则,通过分层抽样法和滚雪球法采访了部分互联网企业中的非典型雇佣者,以及平台企业的管理人员,受访者主要为互联网背景下,在平台经济中活跃的非典型雇佣群体,如淘宝店主、微商、滴滴专车、优步、爱彼迎、线上房产中介、58到家、百度外卖、河狸家、爱大厨等平台上的非典型雇佣劳动者。他们与平台企业存在一定的管理与被管理的关系,工作时间、工作地点相对自由,工作地点、工作时间与任务数量具有潜在的不可预期性,他们都从平台企业接受任务,也向其支付一定的管理费用,与传统的雇佣关系有着显著的差别。

在质性访谈中,笔者用滚雪球法进行了问卷调查,问卷覆盖平台企业100余个。为保证调查的科学性和有效性,笔者一方面基于自己的社会关系和能力范围,利用随机抽样原则,在各企业确定访谈目标,并把访谈记录进行分类整理编码;另一方面利用滚雪球法,请访谈对象通过微信群将问卷进行扩散,并推荐其他典型对象进行后续访谈。对于文化水平较低的家政服务人员和外卖骑手则采用纸质问卷的形式回收并录入整理。同时,运用扎根理论,通过访谈进行数据收集、数据整理（或排序）、数据分析和文献比较四个阶段。以桑德沃模型和策略选择模型为原型,通过观察法、质性访谈、文献法（研究其公司政策、规章制度、公告、外部信息源)探索非典型劳动者雇佣关系的特征及影响因素,依据诱因贡献模型对非典型雇佣关系的影响因素进行归类,从经济、管理、个体、发展四个维度建立要素模型,建立了非典型雇佣关系内外部诱因理论模型。

外部环境主要包括:政府宏观经济政策、互联网的发展和宏观经济的发展。对于内部三个主体之一平台企业的管理方面主要包括集体合同签订率、工会参与率和管理制度的民主程度;员工发展方面主要是劳动保护程度、劳动争议处理和权益诉求通道;而经济诱因是由谁来缴纳社会保险以及缴纳比例,平台企业管理费的激励标准两个因素组成。对于平台型劳动者来说,影响其劳动关系和谐度的因素主要有工资、福利、生活质量、劳动合同期限等经济因素;培训次数、组织承诺、职业发展等发展因素;有工作乐趣、工作生活平衡、工作自由度、人际关系简单、工作时间自由等个人因素。另外,平台型劳动者一般都从事服务性行业,所以消费者评价和消费者情绪也需要被纳入到考虑的范畴中。

依据诱因/贡献模型把25个影响因素归纳为外部环境之社会、外部环境之技术、外部环境之经济、内部环境之平台企业管理诱因、平台企业发展诱因、平台企业经济诱因、劳动者经济诱因、劳动者发展诱因、劳动者个体诱因、消费者情绪因素、消费者评价因素。具体理论模型如图1所示。

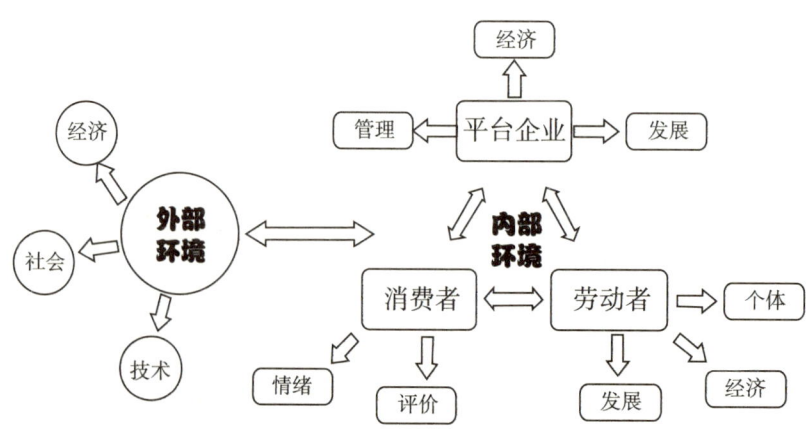

图1 非典型雇佣关系内部—外部诱因理论模型

(二) 计量模型的构建

由于因变量是顺序变量，所以使用 STATA 11.0 中的 ologit 命令来解决有序响应的问题，通过 ologit 回归模型对非典型雇佣关系的影响因素进行分析，具体模型如下：

由于因变量为四分变量，所以设 y 表示在 {1, 2, 3, 4, 5} 上所取得值的有序响应，x 为解释变量，假定潜变量 $y_i^* = x\beta + e$，其中 β 表示 K*1 向量，残差 e 服从 logistics 分布。设 θ_1 至 θ_{j-1} 为未知割点，且 $\theta_1 < \theta_2 < \cdots < \theta_{j-1}$，同时定义：

$$y = \begin{cases} 1, y_i^* \leq \theta_1 \\ 2, \theta_1 < y_i^* \leq \theta_2 \\ 3, \theta_2 < y_i^* \leq \theta_3 \\ 4, \theta_3 < y_i^* \leq \theta_4 \\ 5, \theta_3 < y_i^* \leq \theta_5 \end{cases} \tag{1}$$

在给定的关于 e 残差的 logistics 分布假设下，可推导出给定的 x 与 y 的条件分布并计算出每个响应概率，如式（2）所示：

$$\begin{aligned} p(y=1|x) &= p(y_i^* \leq \theta_1|x) = \phi(\theta_1 - x\beta) \\ p(y=2|x) &= p(\theta_1 < y_i^* \leq \theta_2|x) = \phi(\theta_2 - x\beta) - \phi(\theta_1 - x\beta) \\ &\cdots\cdots \\ p(y=5|x) &= p(y_i^* \geq \theta_5|x) = 1 - \phi(\theta_5 - x\beta) \end{aligned} \tag{2}$$

因此在上述模型中：

$$p(y_i > i) = \phi(\theta_i - x\beta) = \frac{\exp(\theta_i - x\beta)}{1 + \exp(\theta_i - x\beta)}, \quad i = 1, 2, 3, 4, 5 \tag{3}$$

通过 vif 命令对回归模型进行多重共线性检验。因有序回归模型的回归系数不能反映各自变量对因变量的影响程度的真实大小，只能作为各自变量相互比较、排序的依据。回归系数的符号也无法说明中间选择的影响方向。所以转换成弹性进行分析，即计算出各自变量对因变量的边际贡献。即通过发生比率（odds ratio）对各自变量的回归系数进行解释，即如式（4）所示。

$$odds(p) = \exp(a + \beta_1 x_1 + \beta_2 x_2 + \cdots + \beta_i x_i) \tag{4}$$

$$\alpha = \frac{e_{ai}}{\sum e_{mi}}, \quad \beta = \frac{e_{bi}}{\sum e_{mi}}, \quad \gamma = \frac{e_{ci}}{\sum e_{mi}}, \quad \delta = \frac{e_{di}}{\sum e_{mi}} \quad (i=1, 2, 3, \cdots)$$

在 STATA 14.0 中利用 mfx 命令，求解各变量的边际贡献。而要计算出各组变量对因变量实际的作用效果，则需要通过公式（5）进一步计算：

$$e_{mi} = \partial y_j / \partial x_{mi} \quad (m=a, b, c, d) \ (i=1, 2, 3, \cdots)$$

$$\alpha = \frac{e_{ai}}{\sum e_{mi}}, \quad \beta = \frac{e_{bi}}{\sum e_{mi}}, \quad \gamma = \frac{e_{ci}}{\sum e_{mi}}, \quad \delta = \frac{e_{di}}{\sum e_{mi}} \quad (i=1, 2, 3, \cdots) \quad (5)$$

其中，e是自变量对因变量的弹性系数；α是"外部环境"因素的贡献率，e_{ai}是位于"外部环境"因素组中的自变量；β是"平台企业"因素的贡献率，e_{bi}是位于"平台企业"因素组中的自变量；γ是"劳动者"因素的贡献率，e_{ci}是位于"劳动者"因素组中的自变量；δ是"消费者"因素的贡献率，ε_{di}是位于"消费者"因素组中的自变量。

（三）变量的选取

在文献研究的基础上，本研究共涉及25个自变量，所有变量类型除工作时间外均为顺序变量，主要分为外部环境组变量和内部环境组变量。通过模型Ⅰ和模型Ⅱ来研究所有自变量在加入控制变量前后对因变量影响程度的变化。其中外部环境组变量包括：社会、技术、经济三个组变量，即a_1=宏观政策、a_2=互联网技术、a_3=宏观经济。主要通过模型Ⅲ来研究外部环境组变量对因变量的影响程度。内部环境组变量主要包括平台企业、劳动者和消费者组变量。主要通过模型Ⅳ来研究内部环境组变量对因变量的影响程度。具体如下所示：

（1）平台企业组变量。该组自变量具体包括了8个自变量，即b_1=管理制度民主，b_2=集体合同签订，b_3=行业协会参与，b_4=劳动保护，b_5=权益诉求，b_6=劳动争议处理，b_7=管理费计提，b_8=社保承担主体。主要通过模型Ⅴ来研究平台企业组变量对因变量的影响程度。

（2）劳动者组变量。该组自变量具体包括了12个自变量，即c_1=薪酬水平，c_2=福利待遇，c_3=生活质量，c_4=劳动合同期限，c_5=培训次数，c_6=组织承诺，c_7=职业发展，c_8=工作乐趣，c_9=家业平衡，c_{10}=工作自由度，c_{11}=人际关系简单，c_{12}=工作时间。主要通过模型Ⅵ来研究劳动者组变量对因变量的影响程度。

(3) 消费者组变量。该组自变量具体包括了2个自变量，即 d_1 =消费者情绪，d_2 =消费者评价。另外，模型Ⅶ反映的是淘宝、微店电商的分类研究情况，可以从模型Ⅰ全员总体情况进行比较研究。各变量的定义及赋值情况详见表2。

表2　定义变量及赋值

一级组变量	二级组变量	三级组变量	代码	变量名称	变量赋值
被解释变量			y	和谐劳动关系	1=非常好，2=比较好，3=一般，4=比较差，5=非常差
外部环境	社会	宏观政策	a_1	宏观政策	1=影响非常大，2=影响比较大，3=一般，4=影响比较小，5=影响非常小
外部环境	技术	互联网技术	a_2	互联网技术	1=影响非常大，2=影响比较大，3=一般，4=影响比较小，5=影响非常小
外部环境	经济	宏观经济	a_3	宏观经济	1=影响非常大，2=影响比较大，3=一般，4=影响比较小，5=影响非常小
内部环境	平台企业	管理诱因	b_1	管理制度民主	1=非常好，2=比较好，3=一般，4=比较差，5=非常差
内部环境	平台企业	管理诱因	b_2	集体合同签订	1=是，2=否
内部环境	平台企业	管理诱因	b_3	行业协会参与	1=是，2=否
内部环境	平台企业	发展诱因	b_4	劳动保护	1=非常好，2=比较好，3=一般，4=比较差，5=非常差
内部环境	平台企业	发展诱因	b_5	权益诉求	1=非常好，2=比较好，3=一般，4=比较差，5=非常差
内部环境	平台企业	发展诱因	b_6	劳动争议处理	1=非常好，2=比较好，3=一般，4=比较差，5=非常差
内部环境	平台企业	经济诱因	b_7	管理费计提	1=5%，2=5%~10%，3=10%~20%，4=20%~30%
内部环境	平台企业	经济诱因	b_8	社保承担主体	1=单位按工资全额缴纳，2=单位按最低标准缴纳，3=个人缴纳，4=未缴纳

续表

一级组变量	二级组变量	三级组变量	代码	变量名称	变量赋值
内部环境	劳动者	经济诱因	c_1	薪酬水平	0＝否，1＝是
			c_2	福利待遇	1＝很不满意，2＝不满意，3＝一般，4＝满意，5＝很满意
			c_3	生活质量	1＝30%以下，2＝30%~50%，3＝50%~80%，4＝80%，5＝入不敷出
			c_4	劳动合同期限	1＝1年以下，2＝1~3年，3＝3年以上
		发展诱因	c_5	培训次数	1＝0次，2＝1次，3＝2次，4＝3次及以上
			c_6	组织承诺	1＝非常符合，2＝比较符合，3＝一般，4＝比较不符合，5＝非常不符合
			c_7	职业发展	1＝很不满意，2＝不满意，3＝一般，4＝满意，5＝很满意
		个体诱因	c_8	工作乐趣	0＝否，1＝是
			c_9	家业平衡	1＝非常符合，2＝比较符合，3＝一般，4＝比较不符合，5＝非常不符合
			c_{10}	工作自由度	0＝否，1＝是
			c_{11}	人际关系简单	0＝否，1＝是
			c_{12}	工作时间	连续型变量
	消费者	情绪	d_1	消费者情绪	1＝影响非常大，2＝影响比较大，3＝一般，4＝影响比较小，5＝影响非常小
		评价	d_2	消费者评价	1＝影响非常大，2＝影响比较大，3＝一般，4＝影响比较小，5＝影响非常小
控制变量			k_1	性别	1＝男，2＝女
			k_2	年龄	1＝30岁以下，2＝30岁及以上
			k_3	受教育水平	1＝大专以下，2＝大专及以上
			k_4	婚姻状况	1＝未婚，2＝已婚，3＝离异/丧偶
			k_5	户籍	1＝本地户籍，2＝外省城镇户籍，3＝外省农业户籍

三、实证分析及结果

(一) 抽样及分布

笔者于 2016 年 7~10 月,采访了部分互联网企业中具有代表性的职业,包括互联网行业中 C2C 模式企业中的劳动者,如淘宝店主、微商、滴滴专车、优步、爱彼迎、线上房产中介、58 到家、百度外卖、河狸家、爱大厨等平台上的非典型雇佣劳动者。为保证调查的科学性和有效性,本文在选取抽样范围和样本时,一方面是基于本文的社会关系和能力范围,方便调查的进行和保证数据的真实;另一方面也注意抽样的覆盖范围和代表性问题,保证调研的信度和效度。笔者通过实证调研,从非典型雇佣关系角度进行研究,采用方便抽样的原则,本次调查共发放问卷 680 份,回收 595 份,回收率 87.5%,其中有效问卷 500 份,有效率 84%。通过 α 系数法对该问卷进行内部一致性信度检验,所有题目 Cronbach's Alpha 系数为 0.732,说明该问卷的信度较高。在文献研究和请教专家的基础上,认为此内容具有良好的内容效度。通过因子分析得到,KMO 统计量分别为 0.821,巴特利特球度检验近似卡方值分别为 3003.328,且都在 0.001 的水平上具有统计学意义,说明该问卷都具有良好的结构效度。调查抽样范围覆盖全国 23 个省、自治区、直辖市,除云南、西藏、广西、海南、湖南、甘肃、青海等 8 个省未涉及。从样本职业分布来看:淘宝店主和微商占 40.82%,网约车司机占 20.82%,搜房网、爱屋及乌等互联网房产中介占 15.89%,互联网家政服务类占 8.22%,其他平台占 14.25%。

(二) 有序回归结果及变量作用效果

如表 3 所示,模型 I 中由 vif 命令可知,各变量膨胀因子取值均在 1 以内,明显小于 10 且均值小于 5,即各自变量间相关度较低,即多重共线性对于回归结果的影响较小。由有序回归分析结果可知,有效观察量为 N = 261,R^2 = 0.5811,LR chi2 (25) = 370.27,P = 0.000,说明模型 I 以劳动关系和谐作为因变量的回归方程具有统计学意义。模型 II 中,在模型 I 的基础上加入控制变量,如性别、年龄、受教育水平、婚姻状况、户籍状况等因素。得到模型 II 有效观察量为 N = 255,R^2 = 0.5803,LR chi2 (30) = 359.22,P = 0.000,模型

表 3 有序响应回归结果

一级组变量	二级组变量	三级组变量	变量名称	代码	模型Ⅰ	模型Ⅱ	模型Ⅲ	模型Ⅳ	模型Ⅴ	模型Ⅵ	模型Ⅶ
外部环境	社会	宏观政策	宏观政策	a_1	-0.480**	-0.418*	0.055	—	—	—	-0.240
	技术	互联网技术	互联网技术	a_2	-0.190	-0.148	0.621***	—	—	—	-2.071***
	经济	宏观经济	宏观经济	a_3	0.850***	0.842***	0.531***	—	—	—	1.516**
内部环境	平台企业	管理诱因	管理制度民主	b_1	0.477	0.359	—	0.469	0.353	—	1.521**
			集体合同签订	b_2	0.706*	0.808**	—	0.593	0.570*	—	-0.197
			行业协会参与	b_3	0.900*	0.883**	—	0.908**	0.504	—	0.761
		发展诱因	劳动保护	b_4	1.861***	1.967***	—	1.745***	1.788***	—	4.742***
			权益诉求	b_5	1.686***	1.620***	—	1.509***	1.356***	—	2.846***
			劳动争议处理	b_6	0.564	0.633	—	0.751*	0.850***	—	-1.174
			管理费计提	b_7	-0.330*	-0.346*	—	-0.345*	-0.281*	—	-0.925*
			社保承担主体	b_8	-0.245	-0.247	—	-0.199	0.117	—	-0.498
	劳动者	经济诱因	薪酬水平	c_1	1.248***	1.291***	—	1.203***	—	-0.127	0.864
			福利待遇	c_2	-0.310	-0.296	—	-0.213	—	-0.273*	-0.816
			生活质量	c_3	0.132	0.181	—	0.150	—	0.173*	-0.265
			劳动合同期限	c_4	-0.186	-0.169	—	-0.137	—	-0.104	-0.098
		发展诱因	培训次数	c_5	-0.060	-0.035	—	-0.030	—	-0.148***	0.304
			组织承诺	c_6	0.459**	0.428**	—	0.432**	—	0.443***	0.929
			职业发展	c_7	0.165	0.227	—	0.103	—	-0.178	0.037

续表

一级组变量	二级组变量	三级组变量	代码	变量名称	模型Ⅰ	模型Ⅱ	模型Ⅲ	模型Ⅳ	模型Ⅴ	模型Ⅵ	模型Ⅶ
内部环境	劳动者	个体诱因	c_8	工作乐趣	1.078**	1.141**	—	—	—	0.516*	1.487
			c_9	家业平衡	0.818***	0.646**	—	—	—	1.718***	1.167
			c_{10}	工作自由度	1.030***	0.988**	—	0.793***	—	0.058	0.478
			c_{11}	人际关系简单	1.073**	0.985**	—	0.948**	—	0.128	2.392**
			c_{12}	工作时间	0.005	0.005	—	1.103**	—	0.001	0.005
	消费者	情绪	d_1	消费者情绪	-1.253***	-1.224***	—	0.005	—	—	-1.741**
		评价	d_2	消费者评价	1.175***	1.204***	—	-1.087***	—	—	3.158***
控制变量			k_1	性别	—	-0.471	—	1.070***	—	—	—
			k_2	年龄	—	-0.088	—	—	—	—	—
			k_3	受教育水平	—	0.003	—	—	—	—	—
			k_4	婚姻状况	—	0.117	—	—	—	—	—
			k_5	户籍	—	-0.015	—	—	—	—	—
N					261	255	498	261	304	424	119
R^2					0.5811	0.5803	0.0987	0.5652	0.5104	0.1989	0.7091
Log likelihood					-133.47	-129.89	-486.71	-138.54	-175.10	-389.47	-36.84
LR chi2					370.27	359.22	106.61	360.12	365.09	193.38	179.61
P>chi2					0.0000	0.0000	0.0000	0.0000	0.0000	0.0000	0.0000

注：* $P<0.1$，** $P<0.05$，*** $P<0.01$。

虽同样具有统计学意义，但 R^2 低于模型Ⅰ，说明回归方程中即便纳入了更多的变量但并没有增强对因变量的解释能力。除此之外，且各自变量对因变量的显著性并未改变，说明控制变量的加入与否并不影响自变量对因变量的作用效果。模型Ⅲ至模型Ⅵ是按照组变量对自变量进行拆解研究，各回归方程都具有统计学意义。从 R^2 的比较可以看到，在所有模型中模型Ⅰ该项指标数值最高，该模型中具有显著影响作用的自变量分别是宏观政策、宏观经济、集体合同签订、行业协会参与、劳动保护、权益诉求、管理费计提、薪酬水平、组织承诺、工作乐趣、家业平衡、工作自由度、人际关系简单、消费者情绪、消费者评价，分别在 $\alpha=0.1$、$\alpha=0.05$、$\alpha=0.01$ 的水平上具有统计学意义。模型Ⅶ是淘宝、微店电商的分类回归模型，可以看到该模型有效观察量为 $N=119$，$R^2=0.7091$，LR chi2 (25) = 179.61，$P=0.000$，说明模型Ⅶ以淘宝、微店店主为研究对象的回归方程具有统计学意义。但也可以明显看出，模型Ⅰ与模型Ⅶ中自变量的显著性有较大不同，后者中具有显著影响作用的自变量分别是互联网技术、宏观经济、管理制度民主、劳动保护、权益诉求、管理费计提、人际关系简单、消费者情绪、消费者评价，分别在 $\alpha=0.1$、$\alpha=0.05$、$\alpha=0.01$ 的水平上具有统计学意义。

如表4所示，由于 ologit 回归模型的回归系数不能反映各自变量对因变量的影响程度的真实大小，只能作为各自变量相互比较、排序的依据。因此各自变量对因变量的影响程度和方向需要通过定量的计算得到具体数值，即通过发生比率（Odds Ratio）对各自变量的回归系数进行解释。也就是说在非线性回归中 OR 值比回归系数更能够准确的反映各自变量对因变量的影响程度大小。通过表3与表4对比可知，模型评估的有效性检验参数并没有发生变化，例如各模型的 R^2、LR chi2、P 值等。通过表3各自变量对因变量的影响效果，现将模型Ⅰ、模型Ⅱ以及模型Ⅶ代入到表4中。可以看到，在模型Ⅰ中，该模型中具有显著影响作用的自变量分别是宏观政策、宏观经济、集体合同签订、行业协会参与、劳动保护、权益诉求、管理费计提、薪酬水平、福利待遇、生活质量、家业平衡、人际关系简单、工作时间、消费者情绪、消费者评价，分别在 $\alpha=0.1$、$\alpha=0.05$、$\alpha=0.01$ 的水平上具有统计学意义。然而模型Ⅱ中加入控制变量后并未对自变量对因变量的影响效果发生改变。也可以看到，表4的模型Ⅰ中福利待遇、生活质量以及工作时间都在一定程度上对雇佣关系起到显

表 4 各模型的 OR 值

一级组变量	二级组变量	三级组变量	代码	变量名称	模型 I			模型 II			模型 VIII		
					OR	Std.	z	OR	Std.	z	OR	Std.	z
外部环境	社会	宏观政策	a_1	宏观政策	-0.619	0.145	-2.05**	0.658	0.158	-1.75*	0.787	0.415	-0.45
	技术	互联网技术	a_2	互联网技术	0.827	0.203	-0.78	0.862	0.216	-0.59	0.126	0.097	-2.70***
	经济	宏观经济	a_3	宏观经济	2.339	0.662	3.01***	2.321	0.681	2.87***	4.554	3.155	2.19**
内部环境	平台企业	管理诱因	b_1	管理制度民主	1.611	0.475	1.62	1.432	0.452	1.14	4.578	2.854	2.44**
			b_2	集体合同签订	2.026	0.756	1.89*	2.243	0.884	2.05**	0.821	0.639	-0.25
			b_3	行业协会参与	2.452	1.211	1.82*	2.417	1.202	1.78*	2.140	2.421	0.67
		发展诱因	b_4	劳动保护	6.427	2.516	4.75***	7.150	2.839	4.95***	114.617	138.381	3.93***
			b_5	权益诉求	5.400	2.098	4.34***	5.052	2.028	4.04***	17.217	19.44	2.52**
		经济诱因	b_6	劳动争议处理	1.757	0.695	1.43	1.884	0.766	1.56	0.309	0.346	-1.05
			b_7	管理费计提	0.719	0.136	-1.75*	0.708	0.141	-1.74*	0.396	0.182	-2.01**
			b_8	社保承担主体	0.783	0.155	-1.23	0.781	0.161	-1.20	0.608	0.301	-1.01
	劳动者	经济诱因	c_1	薪酬水平	3.484	1.571	2.77**	3.636	1.681	2.79**	2.371	2.590	0.79
			c_2	福利待遇	2.800	1.082	2.66***	2.687	1.068	2.49**	1.613	1.441	0.54
			c_3	生活质量	2.925	1.400	2.24**	2.677	1.345	1.96*	10.935	12.139	2.15**
			c_4	劳动合同期限	1.004	0.004	1.32	1.005	0.004	1.24	1.005	0.006	0.83
		发展诱因	c_5	培训次数	0.734	0.189	-1.20	0.744	0.194	-1.14	0.442	0.236	-1.53
			c_6	组织承诺	1.142	0.179	0.84	1.198	0.198	1.09	0.767	0.268	-0.76
			c_7	职业发展	0.830	0.102	-1.52	0.844	0.109	-1.31	0.907	0.251	-0.35

续表

一级组变量	二级组变量	三级组变量	代码	变量名称	模型Ⅰ			模型Ⅱ			模型Ⅷ		
					OR	Std.	z	OR	Std.	z	OR	Std.	z
内部环境	劳动者	个体诱因	c_8	工作乐趣	0.942	0.160	-0.35	0.966	0.169	-0.20	1.355	0.501	0.82
			c_9	家业平衡	1.582	0.337	2.16**	1.534	0.328	2.00**	2.532	1.579	1.49
			c_{10}	工作自由度	1.180	0.309	0.63	1.255	0.339	0.84	1.037	0.609	0.06
			c_{11}	人际关系简单	2.940	1.546	2.05**	3.129	1.721	2.07**	4.423	5.038	1.31
			c_{12}	工作时间	2.267	0.639	2.91***	1.908	0.557	2.21**	3.209	2.300	1.63
	消费者	情绪	d_1	消费者情绪	0.286	0.091	-3.91***	0.294	0.096	-3.75***	0.175	0.121	-2.52**
		评价	d_2	消费者评价	3.239	1.009	3.77***	3.334	1.063	3.78***	23.520	21.372	3.48***
控制变量			k_1	性别	—	—	—	0.625	0.250	-1.18	—	—	—
			k_2	年龄	—	—	—	0.916	0.255	-0.32	—	—	—
			k_3	受教育水平	—	—	—	1.003	0.131	0.02	—	—	—
			k_4	婚姻状况	—	—	—	1.124	0.523	0.25	—	—	—
			k_5	户籍	—	—	—	0.985	0.226	-0.06	—	—	—
N					261			255			119		
R^2					0.5811			0.5803			0.7091		
Log likelihood					-133.47			-129.89			-36.84		
LR chi2					370.27			359.22			179.61		
P>chi2					0.0000			0.0000			0.0000		

注：* $P<0.1$，** $P<0.05$，*** $P<0.01$。

著影响作用，而这在表4中并未表现出来。模型Ⅶ中，该模型中具有显著影响作用的自变量分别是互联网技术、宏观经济、管理制度民主、劳动保护、权益诉求、管理费计提、生活质量、消费者情绪、消费者评价，分别在 $\alpha=0.1$、$\alpha=0.05$、$\alpha=0.01$ 的水平上具有统计学意义。表4的模型Ⅶ中生活质量对雇佣关系和谐起到了显著影响作用，而此变量在表3中并未表现出来。

（三）结果分析

通过非典型雇佣影响因素模型的建立和实证检验，结合表5对各影响因素贡献度排序，笔者发现我国非典型雇佣关系在演进和发展过程中面临着一些不容忽视的问题。理性准确地发现和总结问题，有助于清楚地认识现阶段我国非典型雇佣关系所面临的瓶颈和阻力，向稳定和谐的趋势发展。

1. 关于外部环境

近些年，随着互联网经济的发展，政府的宏观政策主要针对的是互联网经济的规范以及非典型雇佣劳动形式的规范，尤其是近期为确保乘客的权益、乘车安全、服务质量得到有效保障交通运输部网站公布出台了《网络预约出租汽车经营服务管理暂行办法》等，对网约车司机的户籍、车型、使用年限管理方式等都有了不同程度的规范要求，在一定程度上抑制了网约车行业的快速发展。因此，对这部分从事非典型雇佣的劳动者来说，宏观政策并没有促进非典型雇佣关系的和谐发展，反而有一定的阻碍作用。分析结果显示，宏观政策限制每增加一个单位，非典型雇佣的和谐程度就会减少0.48个单位。可见，目前政府角色在劳动者心目中并没有发挥到预期的作用，政府亟待在相关管理制度上实现创新性发展。

非典型雇佣的兴起与社会经济背景有着密切的联系，其和谐程度也受经济形势影响较大，具体来说产业结构的调整，尤其是第三产业的发展壮大，由于消费需求的多样化，服务业必须随之多样化、个性化促进了非典型雇佣的发展。经济的高速发展也必将产生新增就业岗位和派生性就业需求，加之"双创"氛围下的互联网经济快速发展，为非典型雇佣提供了新的土壤，使其重新恢复了生机，分析结果显示：宏观经济每增加一个单位，非典型雇佣的和谐程度就会增加0.85个单位，实证数据验证了上文的理论分析。

2. 关于内部环境

（1）平台企业。

其实目前，在非典型雇佣的人群中，集体劳动合同签订率极低，在访谈过程中，很多劳动者甚至不知道集体劳动合同为何物，在行业协会参与度一题中，参加行业协会的劳动者仅为13.2%，69.2%的劳动者没有参加，17.6%的人表示不知道。但是笔者在访谈过程中发现，由于非典型雇佣的劳动者劳动地点和劳动时间比较分散，彼此交流主要依靠QQ群和微信群，他们还是希望能够有工会组织或者行业协会等官方组织为他们搭建沟通的平台，为他们保护自己的利益做相应的指导和帮助。分析结果显示，集体合同签订率和行业协会参与度每增加一个单位，非典型雇佣的和谐程度就会增加0.706个和0.9个单位，影响比较显著。

劳动法中对于劳动条件的规定一般是参照传统劳动关系设计的，在非典型雇佣兴起之后能否继续适用成了问题，非典型雇佣劳动者由于其工作时间的不确定性，工作地点的灵活性导致其劳动保护并没有相关的执行标准，且我国劳动保护的整体水平也较国际劳动组织的规定有差距，加之劳动监管部门的缺位，导致在问卷调查中仅有25.8%的人认为所在企业劳动保护较好和非常好，62.4%的人认为很一般。其实企业对劳动保护的投资和对劳动者权益诉求通道的建设，是促进雇佣关系和谐的最有效手段，因为其是建立在对劳动者的充分尊重和重视的基础上的。从对立的管理与被管理转型成为合作共赢的伙伴关系，是新型企业在创新管理机制过程中要着力实现的。分析结果显示，劳动保护程度和权益诉求解决程度每增加一个单位，非典型雇佣的和谐程度就会增加1.86个和1.67个单位，影响最为显著，且存在杠杆作用，可见在企业层面上的管理创新是最为有效的影响因素，也是非典型雇佣关系优化路径中最重要的一条。

企业管理费有不同的收取形式，有的以平台服务费的形式，如网约车企业；有的以信息提供费的形式，如大部分互联网家政；有的以广告费用的形式，如阿里巴巴和腾讯；有的以平台利益分成的形式，如房产中介等。无论其以什么形式存在，主要都是企业以引领工作、提供平台、派发任务、有效监督为名对劳动者劳动所得的一部分占有。由于非典型雇佣劳动一般均为简单劳动，劳动过程管理相对容易，价值创造流程简单，因此管理费基本在20%~

30%不等。分析结果显示,企业管理费每增加一个单位,非典型雇佣的和谐程度就会降低 0.33 个单位,呈负相关。

(2) 劳动者。

薪酬水平作为劳动者的经济诱因,是最直接影响非典型雇佣关系的影响要素。尽管灵活就业中也有高收入者,但是其整体收入水平偏低是不争的事实,因此作为大多数生活在社会底层温饱线上挣扎的人来说,薪酬水平是最重要的影响因素。分析结果显示,劳动者的薪酬水平增加一个单位,非典型雇佣的和谐程度就会降低 1.248 个单位,也印证了管理费计提标准与其和谐度呈负相关的事实。

组织承诺一般是指个体认同并参与一个组织的强度,是一种"心理契约"。在组织承诺里,个体确定了与组织连接的角度和程度,特别是规定了那些正式合同无法规定的职业角色外的行为。由于非典型雇佣劳动群体一般文化层次较低,专用性技能较低,所以企业一般需要在招聘后对其进行大规模训和教育以提高企业忠诚度。由于互联网经济的特点,商业模式的同质性比较强,各平台企业竞争比较激烈,就要求企业增加劳动者的服务黏性,因此组织承诺越高,雇佣关系和谐度越高。数据显示,组织承诺增加一个单位,非典型雇佣的和谐程度就会增加 0.47 个单位,验证了理论模型。

很多人选择非典型雇佣形式是由于他们崇尚灵活雇佣,即在工作实践中有一定的灵活度和自由度,人们可以自由决定自己的工作计划、工作时间和工作地点,并可以尝试远程办公和适当的工作分享。当互联网和人工智能为工作世界带来更多的机会和资源,让人们可以在不同工作任务和不同身份之间自由切换,拥有全新的多元的工作体验,并可以从辛苦工作转向工作与生活的平衡与融合,从事更有趣更有意义的工作,享受更幸福更有意义的生活。很多女性选择这种雇佣形式是为了能跟家人有更多的相处时间,可以实现工作和生活的平衡,不用考虑过多的办公室政治斗争,可以通过网络实现交互和协同。工作乐趣、家业平衡程度、工作自由度、人际关系简单 4 个因素的系数分别为1.078、0.818、1.030、1.073,其中家业平衡程度和工作自由度两个指标为非常显著,工作乐趣和人际关系简单为很显著。

(3) 消费者。

消费者是非典型雇佣关系主体中一个重要主体,消费者的评价和消费者的情绪直接影响非典型雇佣劳动者的收入和职业发展，消费者的体验直接影响非典型雇佣企业方的利润和存续时间，很多劳动者甚至认为享受服务的消费者是雇主，与消费者存在雇佣关系。让用户能够简单、直观、轻量、合乎逻辑与习惯地获得服务，是非典型雇佣关系得以存续的基础，也与非典型雇佣的劳动者收入、培训、职业发展、职业成就感息息相关。在网约车行业，乘客的评价对于司机的考核、评价、奖励发挥了重要作用，在电商激烈竞争的时代，顾客的评价是阿里巴巴和腾讯管理淘宝卖家、微商的重要技术手段。因此组织承诺越高，雇佣关系和谐度越高，数据显示，消费者情绪每增加一个单位，非典型雇佣的和谐程度就会下降 1.253 个单位，消费者评价每增加一个单位，非典型雇佣的和谐程度就会上升 1.175 个单位，验证了理论模型。数据显示，消费者情绪每增加 1%，非典型雇佣的和谐程度就会下降 0.286%，消费者评价每增加 1%，非典型雇佣的和谐程度就会上升 3.24%，可见让消费者的成长与互联网经济的发展同步，引导其在消费过程中进行良性互动是平台企业和政府要做的重要工作。

模型Ⅶ中，该模型中具有显著影响作用的自变量分别是：互联网技术、宏观经济、管理制度民主、劳动保护、权益诉求、管理费计提、生活质量、消费者情绪、消费者评价分别在 $\alpha = 0.1$、$\alpha = 0.05$、$\alpha = 0.01$ 的水平上具有统计学意义。与模型Ⅰ的显著变量略有不同，互联网技术、管理制度民主两个变量对非典型雇佣关系的和谐程度影响显著。其中，管理制度的民主程度变量比较显著，即管理制度的民主程度每增加一个单位，非典型雇佣的和谐程度就会上升 1.521 个单位，在访谈过程中，劳动者普遍反映，在企业管理的过程中，企业制定相应的管理制度并不会征求用户或者劳动者的意见，他们自己也缺乏参与管理的意识，尤其在网约车行业，司机觉得自己在平台企业面前只是一个弱者，只能执行管理制度，认为参与管理是很难实现的。然而淘宝店主和微商却对平台的管理制度制定过程有很大意见，认为阿里巴巴和腾讯的管理过程过于简单粗暴，忽略了他们的意见和主观感受，尤其是广告策略和广告价格制定、评价管理等直接影响收入的重要条款。

表 5 影响因素贡献度排序

一级变量	占比（%）	二级组变量	占比（%）	三级组变量	占比（%）	变量名称	占比（%）
外部环境	7.52	社会	1.23	宏观政策	1.23	宏观政策	1.23
		技术	1.64	互联网技术	1.64	互联网技术	1.64
		经济	4.65	宏观经济	4.65	宏观经济	4.65
内部环境	92.48	平台企业	42.08	管理诱因	12.10	管理制度民主	3.20
						合同或协议签订	4.03
						行业协会参与	4.87
				发展诱因	27.00	劳动保护	12.77
						权益诉求	10.73
						劳动争议处理	3.49
				经济诱因	2.99	管理费计提	1.43
						社保承担主体	1.56
		劳动者	43.39	经济诱因	20.30	薪酬水平	6.92
						福利待遇	5.56
						生活质量	5.81
				发展诱因	5.38	劳动合同期限	2.00
						培训次数	1.46
						组织承诺	2.27
						职业发展	1.65
				个体诱因	17.71	工作乐趣	1.87
						家业平衡	3.14
						工作自由度	2.35
						人际关系简单	5.84
						工作时间	4.51
		消费者	7.01	情绪	0.57	消费者情绪	0.57
				评价	6.44	消费者评价	6.44

四、结论与建议

由研究结论可以看出，在外部环境方面，宏观经济形势对非典型雇佣的发展有较大的促进作用，宏观政策对非典型雇佣的影响较大，政府未发挥到预期的作用，亟须制度创新。政府作为非典型雇佣关系外部环境的重要主体，有极大的优化空间，政府可以摆脱之前行政干预的形式，通过减免税收、延缓缴纳社保的形式来鼓励创新，通过设立职业互助基金、对非典型雇佣员工培训进行投资补贴的形式来保护劳动者。

在企业管理层面，集体合同签订率和行业协会参与度作为企业的管理诱因有利于非典型雇佣关系的和谐稳定。要大力推进区域、行业工会和雇主协会的发展。在政府主导型的市场经济条件下，面对雇主协会发展尚未成熟的状况，应该发挥一定的培育作用，建立政府主导的管理型雇主组织，建立区域和行业层面的工会组织。雇主协会的功能不仅是推动劳动关系的和谐稳定，还应承担掌握本行业国内外发展动态，做好行业统计、产业损害预警调查、组织人才、技术、职业、管理等培训，指导协助会员企业改善经营管理、代表和组织会员企业维权等并开展法律服务和信息服务。行业工会不仅可以把中小型企业覆盖进来，更可以覆盖到灵活就业群体，在互联网行业中小型创业企业云集，建立本行业的行业工会和雇主组织会起到良好的示范作用和引领效果。

在美国，工作场所雇主往往是首要或唯一被要求遵守《职业安全和健康法案》的一方与工作场所有关伤害的责任首先由使用单位负责，当临时雇员接受其管理时，要求保留临时雇员的疾病和伤害记录。工作场所雇主还必须向临时雇员讲明工作地点的危险因素，而这些显然在我国目前的管理实践中缺失。

在企业管理过程中要重视员工权益诉求的实现途径，重视直接的民主参与形式通过团队简报与员工报告等方式，进行由上而下的沟通；通过质量环（Quality Circles）与员工提案改善制度等做法，汲取员工的知识和意见，由下而上解决问题；通过工作轮调、工作丰富化、团队合作等做法，让员工受到鼓励或期待扩大工作的范围与类型；通过财务参与，利润分享计划与员工持股计划。

消费者情绪和消费者评价是影响非典型雇佣关系的重要因素。消费者的评价和消费者的情绪直接影响非典型雇佣劳动者的收入和职业发展，消费者的体验直接影响非典型雇佣企业方的利润和存续时间。因此在服务行业消费者是影响雇佣关系和谐的重要主体，要加强对消费者的培训和管理，正确看待消费者评价对企业管理创新和劳动者服务质量的关系，区分消费者体验的不同表达形式和表达途径，让消费者能够与互联网经济同步健康成长，并形成消费者与互联网雇主与雇员的良性互动。

从非典型雇佣劳动者层面，对雇佣关系和谐产生重要影响的是薪酬水平、组织承诺、工作乐趣、家业平衡、工作自由度、人际关系简单，所以在企业管理创新的过程中要充分重视其崇尚自由、工作家庭平衡、自主支配时间和工作地点的特征，在劳动过程管理的过程中突出结果导向的物质激励，缩短心理契约筛选与解读信息，产生缔约期望，要约与反要约，承诺回应四个环节的反应弧，由于非典型雇佣关系和传统劳动关系不同，跨越了不同组织，其心理契约的建立增加了对工作任务进行编码后产生对雇主权利与义务的期望，以及对消费者服务的权利与义务的期望，通过现实工作的感受与期望的对比形成是否要约与反要约的结果。因此在企业管理创新中应该统合雇主和消费者的权利义务和期望，使两者有效统一，减少雇员在组织承诺编码过程中的损耗。通过业务竞技、弹性工作时间、子女学业保障计划、大病互助基金等的设立，在工作乐趣、自由度、人际关系和谐等方面增加雇员的组织依赖度和组织黏性，通过企业与雇员共同缴纳意外险、大病保障险、健康养老计划等商业保险，为非典型雇佣劳动者的社会保障做有效的补充。

参考文献：

［1］Polivka A. E. Contingent and Alternative Work and Arrangement Defined［J］. Monthly Labor Review，1996，119（10）：3-9.

［2］Rousseau D. M. New Hire Perspective of Their Employer's Obligations：A Study of Psychological Contracts［J］. Journal of Organizational Behavior，1990，11（5）：389-400.

［3］Rousseau D. M. Psychological Contracts in Organizations. Understanding Written and Unwritten Agreements. Thousand Oaks，CA：Sage Publications，Inc.，1995.

［4］Stata Corp L. P. STATA Data-management Reference Manual Release［M］. Texas：A Stata Press Publication College Station，2009.

［5］Tusi，A. S. Peace，J. L. Porter，L. W. & Tripoli，A. M. Alternative Approaches to the Employee Organization Relation：Does Investment in Employees Pay off［J］. Academy of Management Journal，1997，40（5）：1089-1121.

［6］［美］凯瑟琳·马歇尔，格雷琴·B. 罗斯曼. 设计质性研究：有效研究计划的全称指导（第5版）［M］. 何江穗译. 重庆：重庆大学出版社，2014.

[7] [美] 瓦尼·布鲁雅. logit 与 probit：次序模型和多类别模型 [M]. 张卓妮译. 上海：格致出版社，上海人民出版社，2012.

[8] 赵薇. 劳资关系系统模型及其在我国的适用性 [J]. 管理世界，2002（7）：144-146.

[9] 姚先国，郭东杰. 改制企业劳动关系的实证分析 [J]. 管理世界，2004（5）：97-107.

[10] 詹婧，阮敬. 企业民主参与制度中的员工评价实证研究 [J]. 中国劳动关系学院学报，2009（2）：64-67.